现代信息管理与信息系统核心教材

商务智能与数据分析

申贵成　韩丽华　张玮炜　李小燕　于建业　编著

清华大学出版社
北京交通大学出版社
·北京·

内 容 简 介

近年来，企业经营的数字化转型已经成为研究热点，而商务智能是企业数字化转型的关键。本书结合商务智能的发展趋势，对商务智能的基础知识及其应用进行了详尽的阐述。本书首先介绍商务智能的概念、发展历史等，然后介绍数据仓库、监控与运营、数据挖掘、文本挖掘与Web挖掘、大数据分析、商务智能案例、相关法规等内容。本书融理论、方法、技术、应用于一体，并运用案例阐述商务智能如何来帮助企业进行战略、战术及运作决策，提高企业洞察现状、应对挑战的能力。

本书适合作为信息管理与信息系统、电子商务、管理科学、大数据管理与应用及其他相关专业的本科生和研究生教材，也可以作为从事商务智能的信息化人员的参考资料。

本书封面贴有清华大学出版社防伪标签，无标签者不得销售。
版权所有，侵权必究。侵权举报电话：010-62782989　13501256678　13801310933

图书在版编目（CIP）数据

商务智能与数据分析 / 申贵成等编著. -- 北京：北京交通大学出版社：清华大学出版社, 2025. 4. -- ISBN 978-7-5121-5487-2

Ⅰ. F713.36；TP274

中国国家版本馆 CIP 数据核字第 20253SV455 号

商务智能与数据分析
SHANGWU ZHINENG YU SHUJU FENXI

责任编辑：田秀青

出版发行：	清华大学出版社	邮编：100084	电话：010-62776969	http://www.tup.com.cn
	北京交通大学出版社	邮编：100044	电话：010-51686414	http://www.bjtup.com.cn

印　刷　者：河北宏伟双华印刷有限公司
经　　　销：全国新华书店
开　　　本：185 mm×260 mm　　印张：15.5　　字数：397 千字
版　印　次：2025 年 4 月第 1 版　　2025 年 4 月第 1 次印刷
定　　　价：49.00 元

本书如有质量问题，请向北京交通大学出版社质监组反映。对您的意见和批评，我们表示欢迎和感谢。
投诉电话：010-51686043，51686008；传真：010-62225406；E-mail：press@bjtu.edu.cn。

前 言

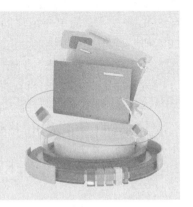

商务智能的核心是企业充分利用企业的内外部数据,从数据中发现知识,得到最精确、最及时的信息,以帮助企业制定战略决策、战术方案、运营策略等,为企业的战略提供支持。

目前多数商务智能教材的主要内容仅包含数据仓库、数据挖掘、大数据分析等内容,讲述了大量的信息技术,但对于如何利用这些技术解决企业业务问题的介绍不多,学生学完相关内容之后,熟悉技术理论但不能熟练应用相关技术。这类商务智能教材只是一些信息技术的简单综合,无法与企业的实际业务相结合,缺少应用指导性。

本书对商务智能技术只进行了简单的原理介绍,具体理论与技术可参考相应的教材。在此基础上,本教材使用了大量的应用案例,介绍了企业如何利用商务智能技术进行决策支持,以提高企业运行效率、降低成本、提高收益。选用的案例既有国外案例,也有国内案例。

本书的目标是让学生不仅能掌握商务智能技术的基本原理,而且能知晓如何运用这些技术提高企业的运营效率,增强企业的竞争力,以更好地服务于我国的数字经济发展。

本教材共分为八章,具体介绍如下。

第 1 章　商务智能概述,主要介绍商务智能的发展过程及其组成部分,说明商务智能对企业的重要性,由李小燕老师编写。

第 2 章　数据仓库,主要介绍数据仓库的发展过程及主要特点,重点讲述了数据仓库的组成部分、开发方法及管理与维护,由申贵成老师编写。

第 3 章　监控与运营,主要介绍数据可视化分析、绩效管理方法,以及如何利用这些方法与技术对企业的运营进行实时监控,以便及时为企业预警等,由韩丽华老师编写。

第 4 章　数据挖掘,主要介绍数据挖掘的基本概念以及数据挖掘流程,重点介绍决策树、神经网络、聚类分析以及关联分析,用一些案例说明企业是如何利用这些技术来降低成本,提高收益的,由申贵成老师编写。

第 5 章　文本挖掘与 Web 挖掘,主要介绍文本挖掘与 Web 挖掘的基本方法,自然语言处理与社交媒体分析,并说明如何在企业管理中使用这些技术与方法来提高企业竞争力,由于建业老师编写。

第 6 章　大数据分析,主要介绍大数据的几个核心技术,包括 MapReduce、Hadoop 以及

NoSQL 等技术，简单介绍它们的基本原理，以智能电网为例说明大数据技术的应用，由申贵成老师编写。

第 7 章　商务智能案例——阿里巴巴集团，介绍该公司的数据仓库开发过程，以及数据分析与可视化、大数据分析与挖掘方法等，具有较强的实用价值，由张玮炜老师编写。

第 8 章　相关法规与商务智能发展的趋势，介绍国内外相关法规以及商务智能的发展趋势，包括移动 BI、自助 BI、移动分析以及讲故事等，对企业发展商务智能有一定的参考意义，由张玮炜老师编写。

由于作者水平有限，本书难免存在疏漏之处，恳请广大读者批评指正，以便更好地为读者服务。

编　者

2024 年 1 月

目 录

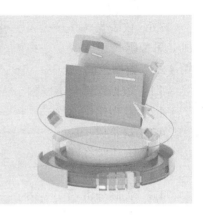

第1章 商务智能概述 ··· 1
  1.1 商务智能的产生 ·· 1
  1.2 商务智能的概念 ·· 4
  1.3 商务智能的发展历史 ·· 7
  1.4 商务智能现状 ·· 10
  思考题 ·· 15

第2章 数据仓库 ··· 16
  2.1 数据仓库的基本概念 ··· 16
  2.2 数据仓库架构 ·· 22
  2.3 数据集成与转换 ··· 25
  2.4 数据仓库的开发方法 ··· 27
  2.5 数据仓库的数据表示 ··· 30
  2.6 数据仓库的开发 ··· 34
  2.7 数据仓库的应用 ··· 36
  2.8 实时数据仓库 ·· 42
  2.9 数据仓库的管理 ··· 44
  2.10 数据仓库的安全 ··· 46
  2.11 数据仓库的发展趋势 ··· 47
  思考题 ·· 50

第3章 监控与运营 ·· 51
  3.1 可视化基础 ··· 51
  3.2 可视化分析 ··· 59
  3.3 商务智能与可视化 ·· 63
  3.4 企业绩效管理 ·· 70
  3.5 企业绩效管理方法 ·· 73

3.6 仪表盘 ………………………………………………………………………… 84
思考题 …………………………………………………………………………… 88

第 4 章 数据挖掘 ………………………………………………………………… 89
4.1 数据挖掘基本概念 ……………………………………………………………… 89
4.2 数据挖掘流程 …………………………………………………………………… 93
4.3 决策树 …………………………………………………………………………… 99
4.4 人工神经网络 …………………………………………………………………… 106
4.5 聚类分析 ………………………………………………………………………… 112
4.6 关联分析 ………………………………………………………………………… 117
4.7 数据挖掘软件 …………………………………………………………………… 122
思考题 …………………………………………………………………………… 125

第 5 章 文本挖掘与 Web 挖掘 …………………………………………………… 127
5.1 文本挖掘 ………………………………………………………………………… 127
5.2 自然语言处理 …………………………………………………………………… 131
5.3 情感分析 ………………………………………………………………………… 134
5.4 Web 挖掘 ………………………………………………………………………… 137
5.5 搜索引擎 ………………………………………………………………………… 141
5.6 社交媒体分析 …………………………………………………………………… 143
思考题 …………………………………………………………………………… 147

第 6 章 大数据分析 ……………………………………………………………… 149
6.1 大数据概述 ……………………………………………………………………… 149
6.2 MapReduce 技术 ………………………………………………………………… 151
6.3 Hadoop 技术 ……………………………………………………………………… 154
6.4 NoSQL 技术 ……………………………………………………………………… 159
6.5 大数据与数据仓库的对比 ……………………………………………………… 162
6.6 流分析（实时分析）…………………………………………………………… 164
6.7 数据科学与数据科学家 ………………………………………………………… 174
思考题 …………………………………………………………………………… 179

第 7 章 商务智能案例——阿里巴巴集团 …………………………………… 180
7.1 阿里巴巴集团的数据仓库建设 ………………………………………………… 180
7.2 数据分析与可视化 ……………………………………………………………… 188
7.3 大数据与数据挖掘 ……………………………………………………………… 194
7.4 阿里巴巴集团的发展现状 ……………………………………………………… 212

第 8 章 相关法规与商务智能发展的趋势 …………………………………… 213
8.1 商务智能的相关法规 …………………………………………………………… 213
8.2 商务智能与商务分析 …………………………………………………………… 217
8.3 用户端发展趋势 ………………………………………………………………… 221
8.4 影响商务智能发展的主要技术 ………………………………………………… 225

参考文献 ………………………………………………………………………………… 232

第 1 章
商务智能概述

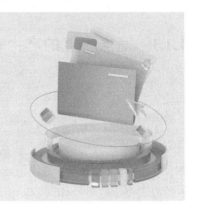

在经济全球化、贸易自由化、竞争激烈化的环境下，企业面临更为复杂的生存条件，更加难以形成并维护其竞争壁垒。为了迎接挑战，企业要在复杂多变的环境下做出快速反应，准确把握市场，分析消费者的消费趋势，找出企业经营上的问题，挖掘新的商业机会，并对未来进行预测。而这些都建立在企业能及时、准确地获得信息的基础上。

随着各种基于互联网的信息系统在企业中的应用，企业将收集越来越多的关于客户、产品及销售情况的业务数据，如何利用这些隐藏着巨大商机的数据，从中提炼出有价值的信息，对企业的有效运营和获取市场竞争力至关重要，因此，需要利用信息处理工具，从海量的、冗余的业务数据中挖掘出有用的信息。然而，传统的信息处理工具已经不能满足企业决策的需要，人们开始探寻更为有效的工具，因此，商务智能逐渐得到学术界和企业界的重视。商务智能能够帮助企业整合业务数据，并把数据转化为知识，辅助决策者做出更好的商务决策，选取、分析和发现新的商务机会和潜在的降低成本的机会。

1.1 商务智能的产生

在以知识经济和信息技术为代表的新时代，商业活动正以非比寻常的速度进行发展。企业资源规划、销售终端、市场调查、供应商、客户、网络、政府部门等都在不断地给企业添加信息，企业进入一个信息爆炸的时代，空前的信息量使企业的决策过程变得越来越复杂，严重影响了企业对市场的快速响应。商务智能（business intelligence，BI）可以帮助企业对数据进行关注、分析，指导企业将大量的数据，如订单、库存、交易账目、客户资料等转换成可靠的、有用的信息，以增加利润和市场份额。商务智能的出现为企业解决这些问题提供了有效的方案，并被广泛认为是最好的解决方案，因此成为企业界、IT 界关注的重点。商务智能是随着互联网快速发展和企业信息化不断深入而产生的，使企业的决策者能够对企业信息进行有效、合理的分析和处理，为生产决策提供可靠的依据，企业一直在寻找对商务智能的理解和实现的方式，以增强企业的核心竞争力。

1.1.1 商务智能的产生背景

商务智能是将结构复杂的信息通过数据仓库进行组织，利用联机分析处理和数据挖掘等技术，对数据进行分析、运算，通过报表工具将结果进行显示的方法与技术。

1. 企业面临数据问题

随着信息技术的不断推广应用，企业资源规划、客户关系管理、供应链管理等平台都积累了大量的业务数据，平均每 18 个月信息量就翻一番，具体包括销售、成本质量控制、库存、顾客服务等各方面。如何才能将这些大量的数据转换为有用的信息以帮助企业增加市场份额，成为企业关注的热点。

在经济全球化、信息化的时代，企业管理者需要将大量的、模糊的、有噪声的实际应用数据转化成有用的商业信息，将潜在的信息和知识转变为竞争优势，提高企业的决策能力。企业需要从这些海量信息中发现存在的关系和规则，根据现有的数据预测未来的发展趋势，从而带来巨大的信息价值。管理者要掌握迅速分析数据的技术和方法，从而将这些数据转化为有用的信息，正是在这种实际需求下，商务智能及其技术应运而生。

2. 企业运营模式改变

随着计算机技术、多媒体技术、网络技术的快速发展，客户获得产品和服务的渠道更为畅通，传统的以生产为中心的经营策略很难适应这些改变，企业逐步转向以客户为中心、面向服务的运营模式，从传统的推式营销向拉式营销转变。在市场竞争中，企业必须能及时、准确地了解客户的需求，为客户提供个性化的服务，这就要求企业能迅速地获取客户的信息。

同时，随着互联网的普及和网络技术的不断成熟，在新的以电子商务为背景的企业不断涌现的同时，传统企业也为降低成本和寻找新的利润增长点纷纷实施电子商务。电子商务正在改变着全球商务活动的方式，现在电子商务既是一种企业运营商务模式，也是企业发展战略的组成部分，还是一种企业运作环境。电子商务由起步阶段转化到蓬勃发展的应用阶段，信息流的急剧增长不仅丰富了电子商务的内容，扩展了电子商务的应用，同时也增加了信息的复杂性。在电子商务产业链中，不管是企业、客户、合作伙伴，还是服务提供商，都提出了大量的商务智能要求。建立在互联网之上的企业经营模式以及电子商务、电子邮件、电子数据交换、电子支付系统、电子营销等技术的发展和应用，为商务智能提供了市场和生存环境。

3. 市场竞争对快速决策的要求

在过去几十年里，很多企业花费了大量的财力和人力构建联机事务处理系统和企业资源规划系统，全球经济一体化进程和信息技术的发展，消除了许多流通壁垒，管理者面临的外部环境正在迅速发生变化，企业比以往任何时候都面临着更为复杂的生存环境。激烈竞争的市场对企业制定决策的质量、速度提出了更高的要求。

传统的分析工具整合能力有限，实用性和应变能力不强，传统报告也有多细节少趋势、格式固定、时效性差、流动性差、问题解答不彻底等不足，使企业决策者很难快速、准确地获得信息，及时做出决策。随着竞争的加剧，企业快速决策的需要，促使人们积极探索能及时、准确分析信息的工具，这推动了商务智能技术的产生和发展。

商务智能的出现很好地满足了企业管理决策层快速、准确决策的需要。商务智能由

Howard Dresner 于 1989 年首次提出，它描述了一系列的概念和方法，通过应用基于事实的支持系统来辅助商业决策的制定，其包含的数据存储、数据查询及数据分析能力可帮助企业得到有价值的信息。

1.1.2 商务智能的支撑技术

商务智能的发展也得益于相关信息技术的发展。商务智能是在计算机硬件、软件、网络、决策分析等多种技术成熟的基础上出现的，是通过对数据的预处理与分析，为决策提供依据的一项技术。商务智能技术是运用数据仓库、在线分析处理（online analytics processing，OLAP）、数据挖掘、大数据等技术来处理和分析数据的技术，能够帮助企业进行经营分析、战略支持和绩效管理。

数据仓库、OLAP、数据挖掘是商务智能的三大支撑技术，其中数据仓库是商务智能的基础，OLAP 与数据挖掘是商务智能系统中的数据分析工具。数据仓库的作用是为系统中的分析工具提供数据基础，OLAP 和数据挖掘的作用是要把数据仓库中的数据变成知识，把潜在的知识变成可以为决策所用的知识，帮助管理者在业务管理和发展上及时做出正确的判断，为决策者提供问题解决方案以及决策依据。

1. 数据仓库技术

数据仓库是一个用于支持企业或组织决策分析处理的数据集合，是面向主题的、集成的、相对稳定的数据存储池，随时间不断变化而变化，支持管理决策的制定。数据仓库以关系数据库、并行处理和分布式技术为基础，具有丰富的数据采集、数据管理、数据分析和信息描述能力。数据仓库技术的智能性是有限的，其关键技术包括数据的抽取、清洗、转换、加载和维护技术。

数据仓库是商务智能解决方案的基石，是企业长期事务数据的准确汇总。数据仓库完成了数据的收集、集成、存储、管理等工作，商务智能面对的是经过加工的数据，使得商务智能更专注于信息的提取和知识的发现。通过数据仓库，商务智能系统可撷取与载入原始资料，归并各种数据源的数据，并以 Web 界面为企业主管提供信息分析与查询，支持企业管理和商业决策。商务智能要充分发挥潜力，就必须和数据仓库结合起来。

2. OLAP

OLAP 与数据仓库密切相关，它用于支持复杂的数据库分析操作，偏重对决策人员提供支持，可以对大数据量的信息进行快速、灵活的复杂查询处理。OLAP 利用数据仓库的多维数据进行在线数据分析，在生成新的信息的同时，监测业务运作的成效，并按用户的要求将复杂的分析查询结果快速地返回给用户。

OLAP 是在数据仓库基础上的在线应用，是商务智能中不可缺少的一部分，是商务智能的分析处理工具之一，它从多种角度对原始数据进行分析，将其转化为用户所理解的并真实反映企业经营情况的信息，使用户对数据有更深入的了解，为决策提供依据。

3. 数据挖掘技术

数据挖掘是一种决策支持过程，是一种数据分析技术，它结合了机器学习、可视化技术、统计学、数据库技术和人工智能技术等众多领域的知识，是解决从大量信息中获取有用知识、提供决策支持的有效途径。先进的数据挖掘技术如人工神经网络、文本挖掘、Web 挖掘的出现，进一步提高了数据挖掘分析数据的能力。

随着企业数据量的急剧增大，数据理解和数据产生之间出现了越来越大的鸿沟，数据挖掘就是为解决这一矛盾而出现的一种新型数据分析技术。数据挖掘技术的智能化程度最高，它能高度自动化地分析企业数据库或数据仓库中的数据，做出归纳性的推理，从中挖掘出潜在的模式，找出企业经营者可能忽视的信息，以便于理解和观察的形式反馈给用户，帮助企业的决策者调整市场策略，减少风险，做出正确的决策。为了充分利用企业内外流动的大量商业数据，企业商务智能系统必须采用数据挖掘技术实现商务知识的发现，真正实现智能化。

数据仓库、OLAP、数据挖掘等技术的出现为商务智能奠定了基础。数据仓库能够帮助企业存储和管理庞大的历史数据。在数据仓库的基础上，利用 OLAP 和数据挖掘这两种技术可以帮助决策者找到历史数据之间的潜在联系，并利用已有的数据对未来的商业活动进行预测。近年来，大容量数据存储、并行处理、数据集成以及数据分析等技术不断发展，成本不断下降，使企业有能力投资商务智能，能以较低的成本取得较高的投资回报率。另外，网络技术发展使得企业与供应商、分销商、零售商的数据共享与访问成为可能，因此相关信息技术的发展为商务智能的产生提供了技术上的保障，也促进了商务智能的广泛应用。

1.2　商务智能的概念

在信息时代，数据是宝贵的财富，只有充分利用这种财富，识别信息、获取知识、辅助商业决策，企业才能从数据中获得价值。

1.2.1　数据、信息和知识

数据是记录、描述和识别事物的符号，通过有意义的组合来表达现实世界中某种实体的特征。数据是相对于信息与知识而言的，与信息和知识比较，数据更强调客观性、具体性、未加工性和粗糙性。决策者可以通过查询相关数据进行决策，但当数据量迅猛增长以及决策者能力有限时，决策者就很难从冗余的数据中找出有价值的数据。

信息是对数据进行系统的采集、组织、整理、分析后得到的结果，目的是使数据结构化、有序化。信息是数据所表示的含义，也是知识的表现形式，因此可以将信息看作是对数据的解释。虽然信息具有一定的价值，能为人们提供决策支持，但数据转换为信息时强调其必须与所要解决的问题有关。同样的数据对一个人来说可能是很有价值的信息，但对其他人却可能只是简单的数据。所以数据转换成信息的过程，与使用者的知识、问题、所处环境等都有关系，因此需要从数据中抽取有关事物的共性及知识，为使用者服务。

关于知识的定义，人们有不同的看法，至今尚未有统一的结论。"知识是称为模型的存储信息，被人们用于解释、预测，并对外部世界做出适当的响应"，"允许人们进行决策的有关外部世界的信息"，这些是从不同角度对知识的定义。通过对已有知识定义的整理，本书认为，知识是加工了的、深思熟虑过的、经过推理了的、已经达成共识的关于实体的状态以及实体之间联系的一系列事实。

知识分为事实性知识和经验性知识，事实性知识是人类对于客观事物和现象的认识结果。

经验性知识多是一种隐性知识，是存储在人们大脑中的经历、经验、技巧、体会、感悟等尚未公开的知识。知识作为一种资源，其重要性越来越受到重视。知识可以用来指导行动，理解自然规律，并根据规律预测实际系统行为。知识反映同类事物的共同本质，是对数据的概括、提炼和抽象，是以多种方式把一个和多个信息关联在一起的信息结构。知识有助于方案的产生，拥有的知识越多，获得更多解决问题方案的可能性就越大。

在计算机技术快速发展、数据量迅速增长、信息爆炸的时代，应充分利用先进技术从数据中获取信息，从信息中发现知识。这使得商务智能的产生和发展成为必然，商务智能的实质就是从数据中有效地提取信息，从信息中发现知识，为人类的思维决策和战略发展服务。

1.2.2 商务智能的定义

商务智能是一门新兴的边缘学科，从20世纪90年代开始，已经在众多企业中引起广泛关注，成为业界关注的热点。一方面，越来越多的企业提出了对商务智能的需求，把商务智能作为帮助企业达到经营目标的一种有效手段，Gartner公司对亚太地区500家企业的CIO调查表明，企业对商务智能的关注已上升为管理应用系统首位；另外，计算机界很多著名公司已经认识到商务智能巨大的发展潜力，纷纷加入商务智能研究和软件开发的行列，比如IBM建立了专门从事BI方案设计的研究中心，Oracle、Microsoft等著名的软件厂商纷纷推出支持商务智能开发与应用的软件系统。

Gartne公司是全球最具权威的IT研究与顾问咨询公司，它将商务智能定义为：商务智能描述了一系列的概念和方法，通过应用基于事实的支持系统来辅助商业决策的制定。商务智能技术提供给企业迅速分析数据的技术和方法，包括收集、管理和分析数据，将这些数据转化为有用的信息，然后分发到企业各处。

此外，提供商务智能解决方案的一些著名厂商，对商务智能的概念都有其不同的定义，具体如下所述：

IBM在其官方网站给出的商务智能的定义：商务智能是指利用已有的数据资源做出更好的商业决策。它包括数据访问、数据处理和业务分析以及发现新的商业机会。

Microsoft认为，商务智能是任何尝试获取、分析企业数据以更清楚地了解市场和顾客，改进企业流程，更有效地参与企业竞争的能力。

Oracle认为，商务智能是一种商务战略，能够持续不断地对企业经营理念、组织结构和业务流程进行重组，实现以顾客为中心的自动化管理。

Microstrategy认为，商务智能是一系列能够使公司分析数据库中的数据，并根据收集的信息获得的洞察力来决策的软件系统。这种洞察力可以帮助公司提高效率和生产力、构造强大的客户关系、优化生成收入的战略、增加收入并使收益最大化。

SAP认为，商务智能是收集、存储、分析和访问数据以帮助企业更好决策的技术。

国际数据公司（International Data Corportation，IDC）认为，商务智能是下列软件工具的集合：终端用户查询和报告工具、在线分析处理工具、数据挖掘软件、数据集市、数据仓库产品和主管信息系统。

美国数据仓库研究院把商务智能比作数据精炼厂，认为商务智能是由事务操作型系统产生数据并经过数据仓库和一系列工具和模型的转化，实现数据向信息、知识、策略再到行动的转变，并指导事务型系统的循环过程，如图 1-1 所示。该体系关注业务层面的需求，并将商务智能的结果转变为 OLTP 系统中的行动从而实现循环，立足于解决数据到利用再到数据的单一方面问题。

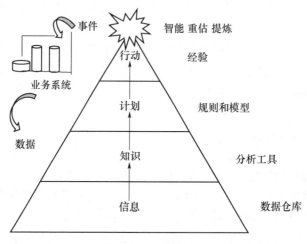

图 1-1　数据精炼厂

人们从不同的角度表达了对商务智能的理解。企业界认为商务智能是一种能力：商务智能是企业利用现代信息技术收集、管理和分析结构化和非结构化的商务数据和信息，创造和累计商务知识和见解，改善商务决策水平，采取有效的商务行动，完善各种商务流程，提升各方面商务绩效，增强综合竞争力的智慧和能力。学术界的观点是：商务智能实际上是帮助企业提高决策水平和运营能力的概念、方法、过程及软件的集合，其主要目标是将企业所掌握的信息转换为竞争优势，提高企业决策能力、决策效率、决策准确性。

在总结有关商务智能的各种定义后，可以从下面几个角度阐述商务智能。

（1）从技术角度看，商务智能的过程是企业的决策人员以企业中的数据库为基础，经由联机分析处理工具、数据挖掘工具加上决策规划人员的专业知识，从数据中获得有用的信息和知识，帮助企业获取利润。

（2）从应用角度看，商务智能帮助用户对商业数据进行联机分析处理和数据挖掘，预测发展趋势、辅助决策、对客户进行分类、挖掘潜在客户等。

（3）从数据角度看，商务智能将很多事务性的数据经过抽取、转换之后存入数据库，经过聚集、切片或者分类等操作之后形成有用的信息、规则，来帮助企业的决策者进行正确的决策。

整个商务智能的实现过程涉及软件、硬件以及相关咨询服务和应用，其基本体系结构包括数据仓库、联机分析处理和数据挖掘技术三部分。其中数据仓库主要用于抽取、整合、分布、存储有用的信息；联机分析处理可用于全方位了解现状；数据挖掘则可以发现问题、找出规律、进行预测，实现真正的智能效果。商务智能的核心是数据仓库，从系统的观点来说，商务智能过程首先需要准备正确可用的数据，其次需要将这些数据转换成有价值的信息，用于指导商业实践。通过先进的数据仓库、联机分析处理和数据挖掘技术实现商务智能，整合客户不同系统中的数据，进行综合分析，以报表、图形等多种形式提供实时而有效的决策辅助信息，使各级决策者获得相关知识和专业鉴别能力，提高决策质量和决策效率。

1.2.3 商务智能的特点

商务智能具有以下主要特点：

1. 商务智能服务企业决策

商务智能对企业的内外部数据进行分析，支持企业战略管理，为决策者提供信息，提高决策的效率、准确率。哈佛商学院迈克尔·波特博士在一篇文章中把战略分为三个方面：定位、取舍和配称（各项运营活动之间如何关联），而商务智能可以通过数据分析帮助企业对这些方面进行规划。

2. 商务智能提升企业绩效

商务智能有时被认为是一个纯技术项目，然而商务智能更多的是解决管理问题。通过商务智能，能从企业积累的大量业务数据中挖掘有效模式，辅助管理决策，为决策者提供决策所需信息。随着商务智能应用的发展，商务智能逐渐由技术驱动向业务驱动转变。商务智能在企业绩效管理中扮演重要的角色，而商务智能相关的产品在管理角色和方法、管理职能和过程等方面烙印渐深，并且融合了越来越多的企业管理的理念。

3. 商务智能具有强大的数据分析功能

商务智能是多项技术的综合应用，集合了数据仓库、联机分析处理和数据挖掘等多项数据分析工具。商务智能根据业务需要收集数据，并进行提炼和加工，发现数据背后隐藏的商机或威胁，获得洞察力，了解企业和市场的现状，把握趋势，在正确的时间做出正确的决策。

4. 商务智能用户具有多样性

商务智能服务于企业的各级决策者。传统上，商务智能主要支持中、高级管理人员决策，为他们提供信息。目前，商务智能平台的用户包括一线的业务人员、各级管理者，甚至顾客和商业伙伴，这是因为业务经营决策已经扩展到包括操作层、战术层和战略层在内的多个层次。

1.3 商务智能的发展历史

商务智能的发展依赖于相关技术的发展，更依赖于企业对商务智能深入的认识。商务智能是随着 IT 技术发展的，其发展历史中一些重要的事件包括：

1951 年，美国的 Univac 大型计算机利用磁带和打孔卡来存储数据，并于 1952 年用于预测美国总统选举工作的进展。

1985 年，美国宝洁公司设计并开始利用类似商务智能的信息体系。

1989 年，美国 Gartner 公司的分析师 Howard Dresner 首次提出了"商务智能"这一名词。

1991 年，世界数据仓库之父比尔·恩门（Bill Inmon）出版了《建立数据仓库》一书。

1993 年，发明关系数据库的埃德加·科德（Edger Codd）等人发表《为分析员提供联机分析处理》一文，指出了多维概念模型的重要性，用多维思想为企业的数据收集、管理、处理和表达，提供了一种有效的解决办法。

1996 年，美国 Gartner 公司提出了信息民主概念，指出商务智能是企业在竞争市场中保持领先地位的关键所在。正确的商务决策以准确和及时的信息为基础，用户可以凭借有效的数据分析及查询工具，形成相关数据分析报告，从中得到有价值的综合信息。

1997年，IDC提出了分析型应用软件的概念，分析型CRM等概念也随之而出。

商务智能在一个先关注数据收集、储存、转移，后关注数据分析处理和利用的长期过程中逐渐发展起来，成为辅助企业决策的一个重要手段。回顾商务智能的发展历程，它先后经历了事务处理系统、高级管理人员信息系统、管理信息系统和决策支持系统等阶段，最终演变成目前的商务智能系统。

1.3.1　事务处理系统

事务处理系统是以计算机处理代替手工操作，进行日常业务处理、记录、汇总、综合、分类，并为组织的操作层次提供服务的基本商务系统。其主要作用是借助于计算机运算能力将人们从某些领域中大量的重复性劳动中解脱出来。事务处理系统的优点是可以帮助组织降低业务成本，提高信息准确度，提升业务服务水平，在企业中的应用主要是市场营销、生产制造、财务会计、人力资源。事务处理系统提高了工作效率，节约了工作时间，缺点是仅针对某个具体事务进行数据的输入输出，当事务处理结束后，有关该事务的数据就会湮没在以前积累的浩瀚数据中，不大可能被利用，造成信息资源的浪费。随着技术的发展，事务处理系统越来越难以满足商务需求，于是高级管理信息系统应运而生。

事务处理系统是企业信息化的基础，系统中产生的数据构成了企业庞大的数据资源库，它为高级管理人员信息系统、管理信息系统、决策支持系统、商务智能系统提供了所需的基础数据。

1.3.2　高级管理人员信息系统

高级管理人员信息系统是根据预先定义的查询，以报表或图表的形式向使用者提供商业活动情况信息。高级管理人员信息系统是出于帮助高级管理人员制定决策的目的而设计的，其服务对象是高层管理者和执行人员，是高级管理人员观察企业运营的窗口。通常以预先定义的查询报表或图表形式向使用者提供包括销售总额、每种产品的销售额及销售数量等商业活动情况的相关数据。高级管理人员信息系统的优点在于使决策者在一定程度上掌握企业的业务状况，通过该系统，高级管理分析人员可以精确指出问题，并发现对于管理至关重要的趋势；缺点在于应用面太窄，只能为高级管理人员服务，并且系统的用途和所使用的数据格式都是由软件开发人员在编码时事先设定的，若有新的需求，则需要重新开发软件。

1.3.3　管理信息系统

高级管理人员信息系统的进一步发展是面向所有管理人员的管理信息系统，其应用范围比高级管理人员信息系统更为广泛。管理信息系统是一个以人为主导，利用计算机硬件、软件、网络通信设备以及其他办公设备，进行信息的收集、传输、加工、储存、更新和维护，以获得企业战略性竞争优势、提高效益和效率为目的，支持企业的高层决策、中层控制、基层运作的集成化的人机系统。它解决了高级管理人员信息系统中的有关问题，可以面向所有管理人员，覆盖企业所有业务，帮助管理人员了解日常业务进展情况，并对它进行有效的控制、组织和规划。管理信息系统最大的效用对象是中层管理人员，能够帮助管理人员了解日常业务，并进行高效的控制、组织、计划。虽然管理信息系统已有很大进步，但仍然不能满足需求，由于管理信息系统处理的都是日常事务，对中层管理者的效用最大，但对高层决策者而言，却无法从全局的、战略的高度给予很大的支持。

1.3.4 决策支持系统

决策支持系统是一个基于计算机技术、商业数据以及商业运作规律的支持系统，以人机交互方式将数据和模型结合起来，支持决策者解决半结构化和非结构化决策问题。它是管理信息系统向更高一级发展而产生的高级信息管理系统，能够为决策者提供决策信息，规划商业问题的解决方案，从而减轻从事低层次信息处理和分析的负担，使他们能专注于最需要决策智慧和经验的工作。决策支持系统是一个由多个子系统集成的系统，其基本结构如图1-2所示。

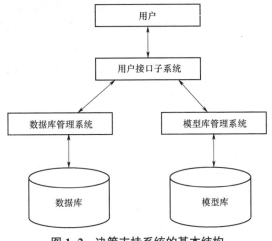

图 1-2 决策支持系统的基本结构

决策支持系统可以为决策者提供分析问题、建立模型、模拟决策过程和方案的环境，同时调用各种信息资源和分析工具，为决策者提供决策信息以及问题解决方案，帮助决策者提高决策水平和质量。

随着决策理论、计算机技术、人工智能、信息技术的发展，决策支持系统在概念、结构和应用方面都取得了较大进展。决策支持系统的体系结构，最初是 R. H. Sprague 提出的基于人机对话系统的数据库与模型库的两库结构。后来，模型与方法的分离存储出现了三库结构。20世纪80年代决策支持系统增加了知识库构成了四库系统。后来随着数据仓库和数据挖掘技术的成熟，出现了基于数据仓库和数据挖掘的决策支持系统结构以及综合决策支持系统结构。

决策支持系统比管理信息系统灵活，它允许决策者查询存储于关系数据库中的任何问题，甚至存储于不同计算机系统或网络中的数据库中的有关数据，并以多样化的格式提交给决策者，其他信息系统则主要输出固定的格式；决策支持系统支持深入分析，能回答许多系统不能解答的问题；决策支持系统支持最优化的、满意性的和启发式的方法。由于决策支持系统是直接与企业的商业模式和商业需求相关的，对灵活性要求很高。然而一般来说，决策支持系统的设计与开发又和建立其他信息系统一样，需要进行系统分析、数据结构设计和程序设计，所建立的系统仅仅实现原定的决策支持要求，当用户需求变化时又必须从头设计。

1.3.5 商务智能系统

随着基于互联网的各种信息系统在企业中的应用，企业将收集越来越多的关于客户、产品及销售情况在内的各种信息，这些信息能帮助企业更好地预测和把握未来。企业迫切需要从大量数据中挖掘有价值信息的技术。许多成熟技术的出现，如并行处理技术、软件挖掘工具等，为商务智能的产生准备了有利条件。因此在决策支持系统基础上发展商务智能成为必然。面对当前激烈的市场竞争，商务智能系统是针对企业出现的大量原始数据而设计的高质量、有价值的信息决策支持系统。它使决策者能多视角地观察世界，提供更加贴近决策者思维过程的支持，替代决策者进行复杂的数据、信息处理，及时向决策者提供制定决策所需的有关信息。随着海量数据处理等信息技术的日趋成熟，商务智能具有较高的可实施性。

在复杂多变的市场环境下，企业要成为市场的领导者，而不是追随者，商务智能系统的最大好处是可以得到最精确、最及时的信息，帮助企业获得竞争优势。企业的决策者可以据此分析顾客的消费趋势、培养忠实顾客、加强与供应商的联系、减少财政支出、挖掘新的商业机会、分析未来发展趋势、展开商业策略，以及调整产品结构、分销渠道、工作流程和服务方式等。

总之，从商务智能的总体发展来看，从事务处理系统到商务决策系统，经历了一个从数据处理→信息处理→知识处理的过程。在这个过程中，应用系统的设计越来越少，有关数据和固定程序设计环节也越来越少，决策信息和分析处理信息的综合程度、复杂程度却越来越高。

1.4 商务智能现状

商务智能开始于 20 世纪 90 年代初期，当时的目标是希望将企业的信息汇集到一个统一的存放地，可以随时提取和调用。20 世纪 90 年代中期，数据仓库才开始逐步解决这个问题。这个时期，数据仓库的建模和 ETL 成为信息整合的主要技术。数据的准确性和数据调用的灵活性得到有效提高。到了 20 世纪 90 年代后期，数据挖掘、多维分析与展现成为商务智能的主流。如何将数据仓库中的信息展示给用户，如何从海量数据中挖掘出有用的信息和知识成为建设的重点。OLAP 和数据挖掘共同开创了商务智能的分析时代。2000 年以后，文本挖掘和 Web 挖掘正在受到越来越多的关注。

从全球范围来看，商务智能已经成为最重要的信息系统。在国内，商务智能已经被越来越多的企业管理者所认识，其中包括金融、电信、保险、能源、零售等行业的决策者。商务智能已经成为这些行业信息化建设的重中之重，并得到越来越广泛的应用。

1.4.1　商务智能的应用价值

由于商务智能具备强大的数据分析、数据管理、决策支持功能，越来越多的企业开始提出对商务智能的需求，商务智能市场竞争日益激烈，已成为继企业资源规划（enterprise resource planning，ERP）、客户关系管理（customer relation management，CRM）、供应链管理（supply chain management，SCM）等企业电子商务解决方案之后的又一热点。各企业为争夺市场领导地位，纷纷采取各种措施提高竞争力。目前，无论国内市场还是国外市场，各行业都面临着激烈的竞争。越来越多的企业管理层开始认识到，只有充分利用、发掘其现有数据，才能实现更大的收益。商务智能在挖掘业务数据的潜在价值、支持企业管理决策方面体现了其他管理应用软件无法比拟的价值，商务智能让企业信息化价值得以升华。商务智能的应用价值具体体现在以下几个方面：

1. 经营分析

应用商务智能的经营分析功能，可以简便、快捷地制定各种成本收益报表，对不同的业务活动进行成本核算，深入分析偏差和改进方法，从而降低成本，提高收入。例如，汽车零件中一个小小的螺母，其价格微不足道，但如果年产 100 万辆汽车，那么每个螺母 0.1 美元的价格偏差就将导致至少几十万美元的成本支出。生产汽车的菲亚特公司在引入商务智能解决方案后，立刻意识到了这个问题，并及时地与螺母供应商洽谈，从而降低了生产成本，增加了利润。

2. 市场营销策略

利用商务智能技术构建商业模型，确定合适的营销策略。美国的知名零售企业 Sears 公司在 20 世纪 90 年代曾经面临倒闭的危险，后来引入了商务智能系统，把业务系统的数据整合到数据仓库后挖掘不同家庭的消费习惯，从而精确地投放具有针对性的广告策略和促销计划，在竞争中击败对手，获得了成功，目前 Sears 公司已是美国第二大零售企业。麦当劳风靡全球，然而顾客众多使经营策略的制定出现了困难。在麦当劳的顾客中，不同的顾客有不同的选择，商务智能系统可以分析顾客的偏好。麦当劳对不同顾客选择产品的数据进行收集和分析，发现相当多的顾客在购买汉堡包时也会点上一杯可乐，而且一定比例的顾客在购买薯条的同时配上一份鸡翅。根据这些顾客的消费习惯麦当劳推出了相应的套餐，并给这些套餐特价优惠。事实证明，套餐举措是成功的尝试，既吸引了顾客的注意力，又节省了交易成本。电信企业利用商务智能也可以进行用户发展分析、优惠策略预测、套餐分析、促销分析等，对市场营销的成本和收益进行评估。

3. 客户管理

企业正在逐渐由"以产品为中心"转化为"以客户为中心"，应用商务智能中的在线分析处理和数据挖掘等技术，处理大量的交易记录和相关客户资料，可以对客户进行分类，针对不同客户制定相应的服务策略。客户管理是商务智能在客户关系管理中的应用。电信企业利用分析型 CRM 进行客户分类、客户信用度评估、大客户管理、通话分析、欠费与欺诈分析、客户流失分析、网络性能分析、未接通呼叫分析、客户投诉分析等，以提高客户的满意度和忠诚度，最大化客户价值。

4. 风险管理

在银行、保险、电信等领域，商务智能可以识别潜在的问题，给出存在欺诈行为的用户特征。例如，银行的贷款业务应用数据挖掘技术可以对客户进行信用分析，发现其中的欺诈行为特征，将之作为有效的预警机制，为企业减少损失。电信企业也可以对重大事件、重点业务进行动态跟踪和监控，及时发现业务收入下降的原因，避免更大的损失。

5. 战略决策支持

商务智能可缩短管理者收集数据、获取信息所花费的时间，加速决策过程，使正确的信息在正确的时间流向决策者。在企业战略决策支持层面，可以根据企业各战略业务单元的经营业绩和经营定位，选择一种合理的投资组合战略；在业务战略决策支持层面，由于商务智能系统中集成了更多的外部数据，如外部环境和行业信息，各战略业务单元可据此分别制定自身的竞争战略；在职能战略决策支持层面，由于来自企业内部的各种信息源源不断地输入进来，相应地可以提供营销、生产、财务、人力资源等决策支持。例如，电信企业通过业务分析支撑系统把数据整合后进行分析，辅助企业高层进行企业关键业绩指标分析、竞争对手分析、新业务可行性分析、投资收益分析等。

6. 绩效管理

商务智能技术能够从企业的各种应用系统中提取出各种基础绩效指标与关键绩效指标。为了考核员工的绩效，企业可以先将希望员工要做的工作进行量化，借助商务智能工具，管理人员可以追踪、衡量和评价员工的工作绩效，引导员工的思想方向和行动与企业的整体目标保持一致，监控关键绩效指标，掌控业务执行的状况，以便及时调整策略。

7. 市场响应能力

借助商务智能还可以预测市场变化，精简流程，确定需要改进的环节，适应外部环境的变动，提高企业的市场响应能力。根据全球最大的管理咨询公司对高绩效企业的调查，不少领先企业已经大量投资构建强大的商务智能系统。这些系统成为企业提高市场响应能力、制定成功战略的重要工具。

1.4.2　商务智能的应用现状

商务智能在欧美等地已经成为人们关注的焦点，并逐步应用在普通用户的计算机上。在北美地区，商务智能已经成功地应用于社会生活的方方面面，如政府管理决策、电子商务、科学研究、企业决策支持等领域。20 世纪 90 年代初，国外一些银行就已经开始建立自己的商务智能解决方案，如美洲银行、加拿大皇家银行、澳洲国民银行、英国巴克利银行等，其主要应用领域都集中在客户关系管理、利润贡献度分析、绩效考核、信用风险管理、资产负债管理等方面。随着时间的推移，每个项目的应用都进一步深入和发展。据 IDC 对欧洲和北美地区 62 家采用了商务智能技术企业的调查分析发现，这些企业的 3 年平均投资回报率为 401%，其中，25%的企业的投资回报率超过 600%。

在发达国家，商务智能得到了广泛应用，通用电气、宝洁等行业巨头对其统计数据的精选优化工作已经进行了数十年。如今，药品生产商、零售商、大学及其他科研机构也都在使用商务智能。Red Robin Gourmet Burgers 是一家拥有 19 个分店的餐饮连锁店，它利用商务智能系统来跟踪其所有的业务，从市场推广到观察哪一个州的用餐者订购的鸡肉汉堡包最多。该店很快就发现在从未使用过的牛奶沙司上浪费了 1 万美元，从此该店从购买牛奶沙司转为自己调配沙司。Sesame Workshop 利用相同的系统来预测 Elm 玩具如何在货架上销售。在 2003

年圣诞假期中,零售商 Lands End 开始在 183 家西尔斯商店销售其最新款的服装,利用 Business Objects 的软件来监控每一家商店的销售情况,实时掌握销售情况。AT&T Universal 公司通过部署商务智能解决方案,每年减少信用卡欺诈额高达 8 000 万美元。Cadbury 巧克力公司借助商务智能系统,使市场份额很快从 28%快速提升到 30%。

商务智能在 20 世纪 90 年代中后期进入中国,现在,商务智能已在银行、电信、零售、保险、制造等一些竞争比较激烈、信息基础比较扎实的行业得到广泛应用。银行、金融、保险领域的国有企业,大部分已经建立了部门级的数据集市,以及简单的前端展示系统。例如,中国农业银行大连分行采用商务智能解决方案为决策提供支持,帮助企业管理者提高决策水平,提升企业的竞争力。中国加入 WTO 后,国外以及国内各商业银行之间的竞争日益加剧,使银行业面临着挑战。另外,一些国外大银行已经开始应用商务智能系统进行风险分析、业务决策等。在这种情况下,中国农业银行大连分行经过反复考虑,最终决定采用 IBM 的商务智能解决方案来提升企业决策水平。经过反复考察,银行最终决定选择 IBM 的软件产品承担从数据库到商务智能应用的各阶段任务;利用 IBM Visual Warehouse 对数据进行抽取、转换和存储,然后进行必要的分析和挖掘,最后显示数据;利用 DB2 OLAP Server 快速分析传统监视和报告范围之外的应用程序数据;利用 Wired OLAP 可对数据进行图形化分析,为决策者直观地展示分析结果。

商务智能的实施,给中国农业银行大连分行带来了明显的效益。以前中国农业银行大连分行报表最快两天一次,一般来说是每旬做一次,采用商务智能系统后能够得到每日的报表。这样行长不但可以自己从计算机上看到当日储蓄、贷款、回款的真实数据,而且能够尽快地依此决策,起到及时监控、减少风险的作用;统计分析表全部由商务智能系统直接从业务数据库中提取,从数据的提取到最终报表的形成全部由自动引擎完成,基本不需要人工干预;帮助银行真实地分析财务状况和盈利水平,规范了全行的业务行为和管理行为,使银行的管理决策由人为经验型转向科学决策型。

尽管国内已有很多行业开始实施商务智能,但由于起步较晚,与国外商务智能的实施和应用水平存在很大的差距。目前,国外一些企业已经进入多维分析和数据挖掘阶段,而国内大多数企业对商务智能的应用仍处在基本的数据整合和简单的统计分析阶段,真正实现深度数据分析的项目不多。同时,国内各行业商务智能发展水平也参差不齐,一些资金雄厚、信息化起步早的行业,如银行、电信等行业商务智能应用水平较高,这些企业很多都建立了部门级数据集市以及简单的前端展示系统,并继续向企业级的商务智能应用发展。不同规模的企业应用商务智能的差距也在拉大,中小企业的规模较小,信息化起步较晚,所积累的历史数据较少,它们关注的重点仍然是企业当前的运营数据,因此,商务智能的普及率仍然较低。

在竞争日益激烈的国内商务智能市场中,要想获得并扩展生存空间,国内商务智能厂商还需要加强与国际知名厂商的合作,积累商务智能领域产品开发与实施方面的经验,充分发挥本土化、特色化的优势,不断加强创新能力,提高其市场竞争力。

1.4.3 商务智能发展趋势

随着竞争加剧,人们广泛了解商务智能技术后,企业对商务智能提出了更高层次的需求:

要求其能实时地支持决策，及时地适应市场变化，满足客户需求；要求与企业已有的应用系统，如 SCM、CRM 等无缝集成，避免重复投资；要求商务智能产品趋于标准化，使不同的商务智能产品间界面统一、信息共享等。这些需求形成了商务智能的未来发展趋势。

1. 实时性

企业利用商务智能帮助决策者做出正确的决策。然而，随着市场竞争日趋激烈，客户的个性化需求日益增多，企业的决策不仅需要正确性，还需要适应市场变化的及时性，满足客户需求。在这种情况下，支持实时决策的商务智能已成为商务智能发展的一个方向。支持实时决策的商务智能可以减少数据滞后、分析滞后、决策滞后的问题，发现更多的商业机会。支持实时决策的商务智能体系在传统商务智能的基础上增加了实时 ETL、实时数据缓存，它更有利于企业及时发现数据背后隐藏的商机或威胁，了解企业和市场的现状，把握趋势，进行及时、有效的决策。在快速决策的需求下，实时性是商务智能发展的必然趋势之一。商务智能厂商发现这种趋势后，纷纷在产品中增加实时处理功能。例如，iWay 软件开发公司已经开发了一套基于面向服务架构的适配器，可以集成多种数据源。这个适配器已经在 Google 的 One Box 搜索工具中应用，实现搜索工具实时地跟踪多种类型的数据库。

2. 标准化

随着企业对商务智能需求的不断提高，单一的商务智能产品很难满足用户的各种需求，使不同部门往往使用不同商务智能产品。市场中的商务智能产品缺乏一定的标准，各自有独特的数据收集、数据管理、数据分析、信息展现方法等，不同产品间很难兼容。企业大多以部门为单位开展商务智能应用，每一部门使用各自的商务智能产品，具有局部的分析工具，具有独特的用户范例、专用格式和元数据、不同的数据提取与转换方法，使部门间存在产品功能交叉、分析结果不一致、信息共享困难等问题。解决这些问题要求商务智能工具和技术趋于标准化，开发一套兼顾技术、体系结构和商务智能厂商实际状况的准则。

3. 集成性

数据集成应用将得到更为广泛的重视。在一些大型企业中往往有几十个甚至几百个信息系统，要将这些数据整合到数据仓库中，一般用 ETL 工具抽取多个厂商数据库的数据，有些甚至还包含非结构化数据，如 Excel、文本等。这些数据往往需要加工和整理放入操作数据存储（ODS），最后以规范、标准的格式存储到数据仓库之中。在这个数据集成的过程中，要做到系统兼容性好、开发效率高、处理性能好，并且能够捕捉数据的变化处理增量数据。数据集成是建立实用的数据仓库的关键，而且数据集成的过程占商务智能应用中一半以上的工作量，因此越是大型企业越重视数据集成。

4. 实用性

商务智能的价值在于提高决策的质量，提高企业盈利能力，降低成本并改善客户满意度。以前，商务智能只重视一些高端的应用，遗憾的是，这些高端应用的很多功能很难在企业中部署起来，真正用到的功能很少。同时一些商务智能软件提供商在设计软件时忽略了企业的实际情况，所以设计出的功能往往实用性不强，或者苛刻的条件导致能够使用的企业很少。

自 2006 年开始，商务智能的应用已经从传统的报表、多维分析转向企业绩效管理，企业希望商务智能系统能够加强企业的绩效管理，给出商务决策的同时监督这些决策产生的结果。目前，一些先进的商务智能解决方案已涵盖了绩效管理功能，如 SAP 所拥有的商务智能解决方案就提供了绩效管理模块。全球最大的运输企业之一新加坡东方海皇集团（NOL）购买了

SAP 的商务智能、企业绩效管理以及 GRC（公司治理、风险管理与合规性管理）解决方案。该方案所提供的可轻松获取的信息将使 NOL 能够不间断地测量和监测业务绩效，根据实时提供的信息制定决策，缩小制定策略与具体执行之间的差距。

5. 大众化趋势

商务智能正朝着大众化的方向发展。商务智能技术不仅仅被用于企业高层管理者的决策分析，越来越多的商务智能分析结果正被用于普通员工的日常工作流程中，直接推动业务的执行。商务智能系统与业务系统的数据交换更加紧密，操作型商务智能在银行、证券、电信、零售、电子商务等多个行业将得到越来越重要的应用（例如，在家乐福购物时，收银员已经可以根据顾客的购物篮进行产品推荐）。

6. "云端部署+移动 BI"将成为主流

随着云计算的快速发展和普及应用，以云为基础的商务智能应用和在线服务将成为全新的商务智能部署的主流方向。目前 Oracle、ArcPlan、Jasper 等公司已建设了支持云计算的商务智能平台。此外，移动互联网时代已经来临，移动商务智能将实现随时随地的数据查询与分析，其应用前景不容忽视。移动商务智能融合了计算机技术、通信技术、互联网技术，消除了时间和空间的限制，企业高层和基层员工均可将移动商务智能作为辅助决策的有力工具。通过使用移动终端设备，用户能够随时随地获取所需的业务数据及分析展现，完成独立的分析与决策应用，实现决策分析无处不在的实时动态管理。移动商务智能重在体验，它是传统商务智能的扩展应用，它具有传递及时性、使用便利性、不受时空限制等特征。

除了以上所述趋势，商务智能还具有关注数据质量、提高系统易用性等趋势。商务智能正处在全面发展的新阶段，借助其核心技术，无论在技术层次，还是在应用领域中商务智能都将比以往更加智能化。

思 考 题

1. 商务智能的产生背景是什么？
2. 商务智能有哪些支撑技术？
3. 请说明数据、信息以及知识之间的关系。
4. 商务智能有哪些特点？
5. 商务智能系统包括哪些部分？
6. 请简述商务智能的发展过程。
7. 请说明商务智能系统与管理信息系统、事务处理系统、高级管理人员信息系统以及决策支持系统之间的区别与联系。
8. 请举例说明商务智能可以应用到哪些行业？为什么有些行业首先使用商务智能？
9. 请查找资料，说明商务智能的发展趋势。

第 2 章
数据仓库

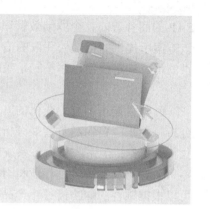

当今竞争优势的主要驱动力是知识、能力和相关的无形资产。数据仓库是一种通过提供数据和信息来增强企业竞争优势的方法，这些数据和信息对于发展客户服务、内部运营和商业伙伴关系等战略目标的实现是必要的。数据仓库允许组织将信息转化为知识，并在整个企业中共享这些知识。事务处理数据库支持业务操作，而数据仓库增强了决策过程，它通过收集和存储来自企业内外的数据和信息来实现这一点，这些数据和信息对于识别组织的优势、劣势、机会和威胁非常有用。数据仓库保存的数据和信息可以减少管理者对公司的看法和组织环境现实之间的差距。有了所需的数据，管理者就有能力分析市场变化的影响，这些知识可以成为竞争优势的来源。

2.1 数据仓库的基本概念

数据仓库是信息系统领域最重要的战略举措之一，它对于企业理解客户行为、连接供应链上的贸易伙伴、实施客户关系管理策略以及支持全面的绩效评估系统方面起着至关重要的作用。

2.1.1 数据仓库的基本特征

数据仓库之父 Inmon 认为，数据仓库是面向主题的、集成的、非易失的并且随着时间而变化的数据集合，它被用来支持管理决策。数据仓库包含细化的公司数据，这些数据可以用于不同的目的，包括未来的需求。因此，数据仓库是为决策支持而创建的数据集合，它提供数据基础架构，消除了许多决策支持应用程序失败的原因——缺乏高质量的数据。

数据仓库具有以下四个特征：

1. 面向主题

在数据仓库中，数据是按主题领域组织的，而不是按功能领域组织的。但是，每个主题的相关数据可能分布在整个组织的数据库中。

所谓主题，就是在一个较高的管理层次上对信息系统中的数据按照某一具体的管理对象进行综合、归类所形成的分析对象，它是一些数据集合，这些数据给出了分析对象比较全面的描述，另外还刻画了对象与对象之间的联系。经典的运作系统围绕着公司的功能应用而组织。对于制造商而言，主要主题领域可能是产品、订单、供应商、物料清单和原始材料产品；对于零售商而言，主要主题领域可能是产品、SKU（库存保有单位）、销售、供应商等。每种类型的企业都有自己独特的主题集。因此数据仓库的创建与使用都是围绕主题来实现的，必须按照决策要求来抽取主题，根据所抽出的主题，决定应该包含哪些数据，这些数据应该如何组织等。

2. 数据集成

数据集成意味着一个集中的位置，其中包含已"清理"并已正确聚合的数据。数据必须在名称、格式和度量属性上一致。数据仓库中存储的数据一般来自内部数据和外部数据。内部数据一般来自它的业务系统，包括 ERP 系统、遗留系统、销售点（POS）系统以及 Web 门户系统等；外部数据一般来自竞争对手、国家政策与法规，以及 Web 网页等。

这些数据并不是简单复制到数据仓库中，而是要经过抽取、筛选、清理、转换、综合等工作。如果不对数据进行处理，直接加载到数据仓库中，就会犯"垃圾进去、垃圾出来"的错误。

3. 时变

时变意味着数据仓库中的每个数据单元在一些时刻下是准确的。在一些情况下，记录带有时间戳，其他情况下，记录中有交易日期。数据仓库中的数据是批量载入的，是稳定的，这使数据仓库中的数据总是拥有时间维度。因此数据仓库中的数据实际是系统不同时刻的快照，把各个快照链接起来，就会再现系统运作的全过程。

数据仓库中的数据是历史的，不能更改。在这个综合系统中，数据的时间范围可能是 5~10 年。随着时间的不断流逝，老化的数据会被不断移出数据仓库，保存到备份介质中，以便将来不时之需。

4. 非易失性

数据仓库中的数据与业务系统中的数据是相分离的，这些数据来源于运作环境下的应用数据。数据仓库功能只涉及从运作数据库加载数据和用户访问数据，禁止插入、删除和更改等更新，能够提供在运作数据库中无法提供的汇总数据的计算。

2.1.2 数据仓库与传统数据库的对比

数据仓库是传统数据库发展的必然结果。传统数据库系统的主要任务是执行联机事务和查询处理，这种系统称为联机事务处理（online transaction processing，OLTP）系统。OLTP 涵盖了一个组织的大部分日常操作，如购买、库存、制造、银行、工资、注册、记账等。这些任务结构化且重复，由简短的、原子化的、相隔离的交易组成。交易要求详细的最新数据，并阅读或更新一些（数十个）记录，通常通过其主键访问。运作数据库通常在几百兆字节到几千兆字节之间。数据库的一致性和可恢复性是关键，最大化交易吞吐量是关键性能指标。

相反，数据仓库的目标是决策支持。历史的、汇总的、合并的数据比详细的单个记录更重要。由于数据仓库包含合并的数据，可能来自多个运营了很长时间的数据库，它们是比业务数据库规模大几个数量级的数据库，预计企业数据仓库（enterprise data warehouse，EDW）的大小从几太字节到几十太字节。工作负荷是密集的、即席的、复杂的查询，可以访问数百万条记录并执行大量扫描、连接和聚合。查询吞吐量和响应时间比交易吞吐量更重要。因此数据仓库系统在数据分析和决策方面提供支持服务，这种系统也称为OLAP系统。它们的区别如下：

1. 数据内容不同

传统数据库存储的是当前数据，随着业务的不断进行，数据不断变化，不断产生、修改以及删除记录。数据仓库系统存放的是大量的、历史的、存档的、归纳的、计算的数据，提供汇总和聚合机制，并在不同的粒度级别上存储和管理信息。

2. 数据目标不同

传统数据库系统是面向业务操作，用于底层操作人员、信息技术专业人员以及客户的事务和查询管理。数据仓库是面向主题的，主要是管理人员的决策分析，管理人员包括经理、主管、分析人员等。

3. 数据特性不同

传统数据库存储的是当前数据，数据是动态变化的，按照字段进行更新操作，读入以及修改的数据量小。数据仓库中数据是批量载入的、静态的，系统定期执行提取过程，为数据仓库增加数据，一次读写的数据量大。

4. 数据结构不同

传统数据库系统采用面向应用的数据库设计，使用实体-关系（E-R）模型，以高度结构化和复杂的形式组织数据，以适应复杂的事务操作的需求，几乎没有冗余。数据仓库通常采用面向主题的星形数据或雪花数据组织模式，以适应分析决策，数据结构简单，有适当的冗余。OLTP与OLAP的区别见表2-1。

表2-1 OLTP与OLAP的区别

比较内容	OLTP	OLAP
特性	操作处理	信息处理
面向	事务	数据分析
用户	操作人员，数据库专业人员	管理人员（经理、主管等）
功能	日常操作	长期信息需求，决策支持
数据库设计	基于实体-关系模型，面向应用	星形数据/雪花数据，面向主题
数据	当前的，确保最新	历史的，跨时间维护
汇总	原始的，高度详细	汇总的，统一的
视图	详细，一般关系	汇总的，多维的
工作单元	短的，简单业务	复杂查询
访问	读/写	大多为读
关注	数据进入	信息输出

续表

比较内容	OLTP	OLAP
操作	主码上索引/散列	大量扫描
访问记录数量	数十	数百万
用户数	数千到数百万	数百
数据库规模	GB，高达 PB	大于 TB
优先	高性能，高可用性	灵活性，终端用户自治
度量	事务吞吐量	查询吞吐量，响应时间

既然业务数据库中存储了大量的数据，那为什么不在它上面进行分析处理，为科学决策提供支持，而要另外花费时间和资源去构造分离的数据仓库呢？分离的主要原因是两个系统的目标不一样。业务运作系统的目的是为已知的服务和负载设计的，要求的是较快的响应速度、精确的记录查询、存取、修改、删除等，而数据仓库的使用方法不是固定的，不同的人、不同的部门有着不同的分析处理，对于响应速度不做要求。

2.1.3 数据仓库的相关概念

1. 数据集市

数据集市类似于数据仓库，因为它的范围比数据仓库小，所以它还倾向于包含更少的数据并支持更少的应用程序。数据集市通常是数据仓库的子集，针对的是特定的业务或群体。数据仓库具有企业范围的深度，而数据集市中的信息属于单个部门。在一些部署中，每个部门或业务部门均被视为其数据集市的所有者，包括所有硬件、软件和数据。这使得每个部门可以隔离使用、操纵和开发其数据。

数据集市使得用户能够检索单个部门的信息或主题，从而缩短响应时间。数据集市有三种基本类型：

（1）依赖于数据仓库的数据集市，提供集中化并支持来自单个数据仓库的组织数据。

（2）无需使用中央数据仓库即可构建独立的数据集市，非常适合企业或组织中的较小团体。由于独立的数据集市无法正常与数据仓库交互，因此用户需要对企业数据（如关系数据库）进行一致且集中的存储，才能被多个用户访问。

（3）混合数据集市，将来自不属于数据仓库数据源的输入进行组合，例如运营数据，并为用户提供临时集成。混合数据集市需要较少的数据清理，支持大型存储结构，并且非常灵活。

2. 操作数据存储

当需要亚秒级的响应，并且能够访问集成的决策支持系统（decision support system，DSS）数据时，有一种结构称为操作数据存储（operational data store，ODS），它用来执行高性能的处理。

在许多方面，ODS 和数据仓库是互补的作用。两者都位于运作环境之外，都支持 DSS 处理，都使用集成数据。ODS 和数据仓库之间的数据流以双向方式进行。在某些情况下，ODS

为数据仓库提供数据。在其他情况下，数据仓库提供数据给 ODS。在任何情况下，ODS 的物理结构与数据仓库不同，ODS 都不会驻留在数据仓库中。与数据仓库环境不同，ODS 是高性能的事件处理。ODS 与数据仓库的关系如图 2-1 所示。

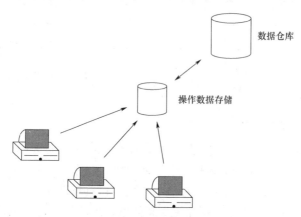

图 2-1　ODS 与数据仓库的关系

不同于数据仓库相对不变的内容，ODS 中的数据在整个业务运营过程中不断更新。ODS 常常用于核心应用相关的实时决策，而不关心企业数据仓库的中期决策或长期决策。ODS 将多个系统中的数据集成起来，提供对当前易变数据的近实时的、集成的视图。

3. 企业数据仓库

企业数据仓库（enterprise data warehouse，EDW）是一个战略存储库，可提供有关企业核心运营的分析信息。EDW 支持整个企业范围业务需求，对于帮助 IT 发展和创新至关重要，同时仍遵循一个原则："以更少的投资提供更多的功能。"

实施数据仓库的最主要动机是拥有一个更好的数据报告平台，合并来自其他业务数据库中的数据，数据仓库成为用户获取数据的唯一来源。使用数据仓库，报表编写者无须学习多个数据库或试图在多个数据库之间连接数据。使用数据仓库完成报告的另一个优势是，可以部署通用报告工具和报告分发系统，以便为用户提供一个平台。通过使用数据仓库数据，几乎任何人都可以创建复杂的模型，构建图表和计算，管理各种报告功能，分析和制定决策。

EDW 将不同来源的数据集成为一个标准形式，支持商务智能和决策支持的有效运作。它为多种决策支持系统提供数据，包括客户关系系统、供应链管理系统、企业绩效管理、业务活动监控、产品生命周期管理、收入管理系统以及知识管理系统。

4. 元数据

根据王丽珍等的文献，元数据是描述数据的数据，在数据仓库中，元数据是定义数据仓库对象的数据。元数据包括相应数据仓库的数据名和定义，数据提取操作时被提取数据的时间和地点，以及数据清理或数据集成过程中添加的字段等。它提供了有关数据的环境，用于构造、维持、管理和使用数据仓库，在数据仓库中尤为重要。

本书认为，元数据就是定义与描述数据仓库/商务智能系统的结构、操作、内容有关的所有信息。数据仓库/商务智能行业经常指的是元数据的三个主要类别：技术、业务和流程元数据。技术元数据主要是定义性的，而业务和流程元数据主要是描述性的。

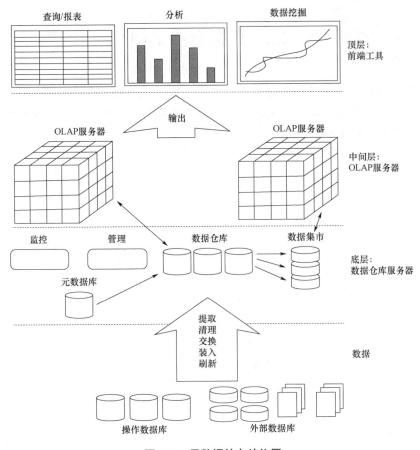

图 2-2 元数据的存放位置

（1）从技术角度来看，技术元数据定义了构成数据仓库/商务智能系统的对象和处理。它包括系统元数据，这些元数据定义了它们自身的数据结构，例如，关系引擎中的表、字段、数据类型、索引、分区，以及数据库、维度、度量和数据挖掘模型。在 ETL 过程中，技术元数据定义了特定任务的来源和目标、转换及其频率。技术元数据在前台也执行相同的操作。它定义了数据模型以及如何向用户显示数据模型，以及报告、日程表、分发列表和用户安全权限。

（2）业务元数据告诉用户拥有的数据、数据的来源、数据含义，以及它与仓库中其他数据的关系。呈现的名称和内容描述字段是业务元数据的基本示例。业务元数据通常用作数据仓库/商务智能系统的文档。

（3）流程元数据描述了仓库中各种操作的结果。在 ETL 流程中，每个任务都会记录有关其执行的关键数据，例如，启动时间、结束时间、使用的 CPU 秒数、磁盘读取、磁盘写入以及已处理的行。用户查询仓库时会生成类似的过程元数据。这个数据最初对于 ETL 或查询过程进行故障排除很有价值。在人们开始使用该系统以后，此数据是绩效监控和改进过程的关键输入。监视用户也可能很有价值，它既可以用来查看仓库的受欢迎程度，也可以用于访问安全和合规的目的。

2.2 数据仓库架构

数据仓库本身也是一个管理信息系统，因此，管理信息系统的一些架构方法也可以应用到数据仓库中去。目前的管理信息系统通常是客户端/服务器架构或者是多层架构，其中最常用的是两层架构和三层架构（如图2-3所示）。

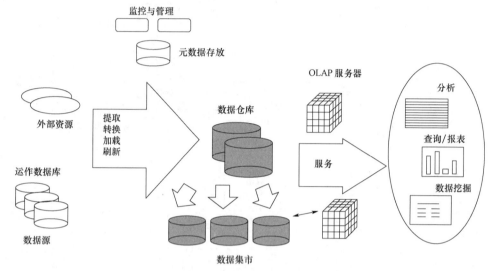

图 2-3 数据仓库的架构

2.2.1 数据仓库的总体架构

数据仓库可以分为多层，具体取决于它们代表的层数。

在单层架构中，每条数据只存储一次，并且只有一次，"中间件"层作为用户和运作数据库的接口进行运行。因此，单层架构没有物化数据仓库，而是用视图来进行"模拟"。它允许快速开发低成本的数据仓库，但导致每次都要用计划活动来进行查询，如数据源识别、数据转换等，缺乏历史数据。另外，对于最终用户来说，结束时间不可预测。

相反，两层架构是基于与数据源分离的想法。在这样的架构中，"第一"层包含源数据，而衍生数据存储在"第二"层中。衍生资料可以是源数据的简单副本，也可以是通过抽取或聚合流程从中获得的副本。两层架构使用方便，但是它有一个缺点，即通常意味着大量的数据重复。实际上，由于每个决策支持应用程序都有其派生数据，因此不可能将信息存储到多个决策支持应用程序中作为共同的唯一副本。因此，对于每个利用它们的决策支持应用程序，都存在这些公共派生数据的一个副本。

考虑到用于决策支持的数据衍生需要经过两个阶段：（1）核对属于不同部门的业务数据来源；（2）来自审核数据的决策支持数据的派生。从这个意义上讲，三层架构既包括操作数据，又包括审核数据和派生数据。在此模型中，第一层存储可操作的数据，第二层存储审核数据，第三层存储支持决策数据。

2.2.2 数据仓库的系统结构

1. 独立数据集市

独立数据集市不提供"单一版本的真相",它们有不一致的数据定义和不同的维度和度量,这使跨数据集市的数据分析变得困难。独立数据集市的体系架构如图 2-4 所示。

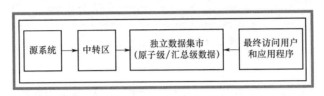

图 2-4　独立数据集市的体系结构

2. 具有关联维度的数据集市总线结构

具有关联维度的数据集市的创建始于对特定业务流程的业务需求分析,如订单、交付、客户电话或账单,它是使用维度与度量来建立的。使用这些一致的维度来开发数据集市,从而产生逻辑集成的数据集市和数据的企业视图。原子级的数据在数据集市中维护,并以星形模式组织以提供一个数据的维度视图。数据集市的总线结构如图 2-5 所示。

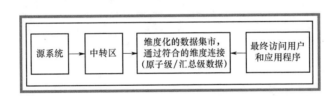

图 2-5　数据集市的总线结构

3. 中心辐射形结构

中心辐射形结构是使用数据企业视图,以迭代的方式开发的体系结构。原子级数据主要以三范式的形式保存在数据仓库中,从属数据集市从数据仓库获取数据。

中心辐射形结构如图 2-6 所示。

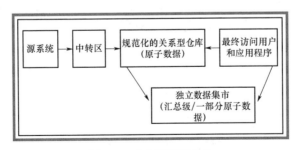

图 2-6　中心辐射形结构

4. 集中式数据仓库

集中式数据仓库类似于中心辐射形结构,只是没有从属的数据集市。数据仓库包含原子级数据、一些汇总数据和数据的逻辑维度视图。查询和应用程序从关系数据和维度视图访问数据。它通常是企业信息工厂（corporate information factory，CIF）的逻辑实现，而不是物理实现。集中式数据仓库结构如图 2-7 所示。

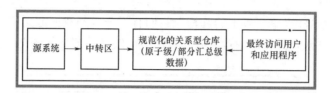

图 2-7　集中式数据仓库结构

5. 联邦结构

联邦结构保留了现有的决策支持结构（如运作系统、数据集市和数据仓库），根据业务需求，可以从这些数据源访问数据。它通过使用共享密钥、全局元数据、分布式查询以及其他方法，在逻辑上或物理上集成数据。对于已经拥有复杂的现有决策支持环境而不希望重新构建系统的公司，该体系结构被认为是一种实用的解决方案。联邦结构如图 2-8 所示。

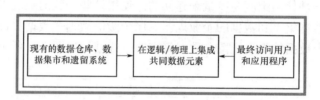

图 2-8　联邦结构

2.2.3　数据仓库的选择

目前，有多种数据仓库架构可供选择，最受欢迎的是中心辐射形结构。另外，数据集市总线架构也比较受欢迎。选择合适的结构是数据仓库成功的关键之一。

五种结构评分见表 2-2。

表 2-2　五种结构评分[①]

指标	独立数据集市	数据集市总线结构	中心辐射形结构	集中式数据仓库	联邦结构
信息质量	4.42	5.16	5.35	5.23	4.73
系统质量	4.59	5.60	5.56	5.41	4.69
个人影响	5.08	5.80	5.62	5.64	5.15
组织影响	4.66	5.34	5.24	5.30	4.77

① 评分使用 7 分制，分数越高表示该结构越受欢迎。

2.3 数据集成与转换

2.3.1 数据集成

除传统的决策支持应用程序之外，数据仓库的范围已经扩展到战术决策层面，更好地将数据集成到 IT 基础设施已经成为一种必要。因此，企业应用集成（enterprise application integration，EAI）已经成为高级数据仓库实施架构中的关键组件。

在数据仓库部署的背景下，EAI 和企业信息集成（enterprise information integration，EII）是两种不同的架构。EAI 将数据从源系统推入数据仓库中，而 EII 是为了满足信息请求，从源系统中拉取数据。EII 试图通过使用嵌入在中间件中的集成逻辑来动态集成数据，该中间件用于跨多个数据源联合信息。EII 通常用于将来自数据仓库的集成信息与仓库外部的数据源相结合，这些数据源可能包含更多最新的数据（如一个可操作的源系统）或尚未插入数据仓库的外部数据源。当数据量大时，不建议使用 EII，因为这种技术意味着从不同的数据源获取跨网络的数据，并为查询动态集成数据。

而 EAI 可用于促进直接（接近）实时数据仓库的数据获取，或向 OLTP 系统交付决策，OLTP 系统将负责相关的记录活动。过程集成的 EAI 允许"闭环"决策。从记录环境反馈到实时数据仓库的数据将（选择性地）导致基于事件的触发器触发（基于业务规则），并启动反馈到操作维护系统执行的决策。

利用实时数据仓库中的信息资产来支持战术决策，需要企业中的智能解决方案与 OLTP 应用程序更紧密地合作，以促进接近实时的数据获取和决策交付。EAI 在提供与传统记录系统无缝集成的决策能力方面起着关键作用。用于 EAI 部署的具体工具将取决于技术基础设施的成熟度和企业内部需求的确定。EII 可以通过允许实时集成外部数据源的数据来补充实时数据仓库部署，但不应该通过使用 EAI 工具来替代将核心决策数据集成到仓库中。

2.3.2 数据的提取、转换、加载

从运作系统中提取数据并把它加载到数据仓库中的过程叫作 ETL，ETL 表示的是提取（extract）、转换（transform）和加载（load）。ETL 在 20 世纪 70 年代开始流行，当时企业开始使用多个数据存储库或数据库来存储不同类型的业务信息，整合分散在这些数据库中的数据的需求迅速增长。ETL 成为从不同来源的数据中提取数据，并在将其加载到目标源之前进行转换的标准方法。

ETL 流程是任何以数据为中心项目的集成组件，ETL 通常需要占用以数据为中心项目 70%的时间，对于任何一个 IT 管理人员来说都是一种挑战。ETL 流程主要包括如下操作。

1. 提取过程

提取过程的主要目标是尽可能使用较少的资源从源系统中调出所有需要的数据。提取过程应该不会对源系统的性能、响应时间或其他任何方面产生不利影响。ETL 有两种提取方法：

逻辑提取法和物理提取法。

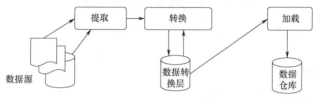

图 2-9　ETL 的通用框架

逻辑提取法的提取方式如下：

（1）更新通知。如果源系统提供了一条记录发生变化的通知，并说明了变化原因，就是最简单的获取数据的方式。

（2）增量提取。可能有些系统无法提供变化的通知，但能够找出哪些记录被更新了，并提供该记录的提取。

（3）完整提取。完整提取依赖于保存上一次提取的副本，以保持相同的格式，以便能够找出修改的数据。完整提取还可以处理删除的问题。

物理提取法的提取方式如下：

（1）在线提取。直接从源系统本身提取数据。提取过程可以直接连接到源系统，访问源表，也可以连接到中心系统，以预定义的方式存储数据，例如，快照日志或变更表。

（2）脱机提取。数据不是直接从源系统中提取出来的，而是从原始源系统中明确组织出来的。这些数据已经有了一个现有的结构（如重做日志、归档日志），或者是由一个提取程序创建的。

2. 转换过程

转换过程中会对数据进行计算、DML（data manipulation language，数据操作语言）操作、连接、约束、主键应用外键应用。例如，如果想得到总年金的平均数，在转换中应用平均公式加载数据。在加载到数据仓库系统之前，数据转换过程还涉及修正数据，删除不正确、重复或不完整的数据，修复数据错误，格式化不兼容的数据。这个过程包括数据的清洗、转换和集成。它定义了事实表的粒度、DW 结构、维度表、事实表。所有的转换规则和所产生的模式在元数据存储库中描述。

数据转换包括以下内容：

（1）将不同表中的同一类数据进行量纲统一，可以解决数据的不一致问题。

（2）将一些变量的取值进行统一，例如，对于性别，有的地方用的是男、女，有的地方用的是 M、F，等等。

（3）对缺失值进行处理。对于分类型的数据，可以利用众数进行补齐，对于连续变量的取值，可以用平均值代替，当然也可以使用指导变量，采用算法进行补齐等，例如，采用决策回归树的方法进行补齐。

3. 加载过程

在这个过程中，提取和转换的数据被存储到终端用户和应用系统访问的多维结构中。加载过程包括加载维度表和加载事实表两个方面。为了使加载过程高效地进行，在加载前禁用任何约束和索引，在加载过程完成后才启用。为了确保一致性，ETL 过程应保持完整性。

为了确保 ETL 过程的准确性与效率，必须对 ETL 过程进行测试。可以使用的各种测试方法包括：生产验证测试、源到目标计数测试、源到目标数据测试、数据整合/阈值验证测试、应用迁移测试、数据检查和约束测试、重复数据检查测试、数据转换测试、数据质量测试、增量测试、回归测试、复测、系统集成测试、导航测试。

2.4 数据仓库的开发方法

Inmon 主张采用自上而下的数据仓库开发方法，使传统的关系型数据库工具适应企业级数据仓库的开发需求。从这个企业范围内的数据仓库中，开发出单个部门的数据库服务于大多数决策支持需求。另外，Kimball 提出了一种自下而上的方法，即使用维度建模，这是数据仓库特有的数据建模方法。Kimball 建议，与其建立一个单一的企业级数据库，不如为每个主要的业务流程建立一个数据库（或数据仓库）。Kimball 的另一个创新，即数据总线标准，实现了企业级的凝聚力。

2.4.1 Inmon 开发模型

Inmon 的架构环境包括了整个组织中的所有信息系统及其数据库。他把这个庞然大物称为企业信息工厂（corporate information factory，CIF）。Inmon 将组织的整体数据库环境分为四个层次：运作层、原子数据仓库层、部门层以及个人层，最后三个层次构成了数据仓库。

Inmon 提出了三级数据模型。

第一级是 ERD（实体关系图）。ERD 用于探索和提炼实体、实体的属性以及实体之间的关系。开发团队为每个预计要使用数据仓库的部门创建一组 ERD。企业 ERD 是所有部门 ERD 的总和。

第二级是数据模型，它建立了各部门的数据项目集（data item set，DIS）。同样，各部门 DIS 的总和构成了企业 DIS。

第三级是物理模型。Inmon 认为，物理模型是仅仅通过扩展中层模型而创建的，它包括模型的主键以及物理特征。

完成三级数据模型是使用 Inmon 特别改进的螺旋式开发方法的唯一前提，他称之为 Meth2 模型（Meth1 模型用于开发运营系统、Meth3 模型用于调整现有数据仓库），如图 2-10 所示。Inmon 将数据模型分析称为 DSS1（用于决策支持），将完成的三级数据模型第一个输入流程，下一步是对该流程进行大小/粒度分析（图 2-10 中的 DSS2）。粒度用来衡量数据的详细程度。粒度问题解决后，选择第一个主题领域（DSS5）。这将成为第一个部门数据库。团队分析第一个主题的源系统（DSS7），编写规范（DSS8），编码程序（DSS9），并填充数据库（DSS10）。原子数据仓库数据库设计同时开始（DSS6）。当有足够的信息时，团队进行技术评估（DSS3）。这种评估确保了仓库中的数据可以被访问和管理。

图 2-10 显示了 Meth2 模型的迭代性，通过显示线路连接各个步骤。线路连接源系统分析步骤（DSS7）和规范步骤（DSS8），以及原子数据仓库设计（DSS6）。这意味着，在每次开发新的部门数据库时，原子数据仓库设计都要重新审视。连接部门数据库（DSS10）的人

口与技术环境（DSS4）的线也显示了 Meth2 的迭代性。通过对技术环境（DSS4）的准备，确保数据仓库的网络、存储硬件、操作系统和所有的接口和访问软件已准备好接收数据。

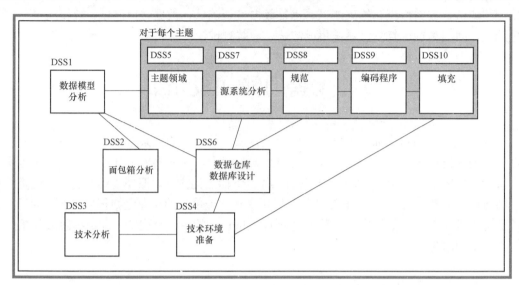

图 2-10 Meth2 模型

三级数据模型有助于支持螺旋式的方法论，即所有的用户视图都与企业模型一致。开发团队使用他们在开发早期部门数据库时创建的代码和流程来推导出后续的部门数据库。这意味着开发第二个部门数据库所需的时间应该比第一个部门数据库从 DSS1 到 DSS10 所需的时间要短得多。

2.4.2 Kimball 开发模型

Kimball 开发模型在几个重要的方面与传统的关系型数据库不同。Kimball 模型构建的数据仓库使用了数据仓库特有的数据建模方法——多维数据建模，另外，Kimball 模型的整个架构具有多个数据库，这些数据库被期望具有高度的互操作性，数据总线使之成为可能。

维度建模从事实表或维度表开始，而不是从实体属性数据模型（如 ERD）开始。事实表包含度量，而维度表包含的属性是事实表的背景信息。维度表通常包含重复组，这违反了正则化规则。维度建模违反了正则化规则，以实现数据仓库中的高水准性能，同时保持终端用户的可访问性。

事实表包含的行数多而列数相对较少，可以有效地减少数据量。与事实表不同，维度表可能有上百列或更多。这是因为它们以高度非正则化的形式包含了事实表中数据的所有属性。维度建模是一种利用数据仓库的独特要求进行数据建模的方法。将事实表保持在少量的行数和允许维度表高度分化都是必不可少的。由此产生的数据集市对最终用户来说是高度可访问的，并提供合理的查询响应时间。

在 Kimball 开发模型中，数据仓库总线让数据集市的总和真正成为一个集成的整体数据仓库，即所有的数据仓库都必须使用标准化的、一致的维度。共享维度的基本要求是键、列名、属性定义和属性值在跨业务流程的过程中一致。

Kimball 推荐了一种数据仓储特有的开发方法论，它涉及一种自下而上的方法，对于数据仓库来说，它意味着一次建立一个数据仓库。维度设计过程的四个步骤是：选择业务流程、声明粒度、选择维度、识别事实。

图 2-11 中的事实表显示的是所有的事实，但维度表只显示了它们的主键。图 2-11 中每个维度表都有几十个维度。维度的丰富程度允许终端用户执行任意的查询。

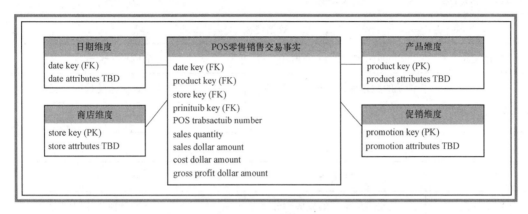

图 2-11　Kimball 的事实表与维度表

业务需求驱动数据仓库的流程和性质。Kimball 定义了数据仓库的目标：使信息易于获取、始终如一地呈现本组织的信息、适应性和应变能力强、保护信息以及作为改进决策的基础。Kimball 的四步开发法，对于终端用户来说使用起来足够简单。图 2-11 显示了最终形式数据集市的用户友好特性。属性名称以及事实表与维度之间的关系表，对于需要查询零售业销售数据的用户来说是非常熟悉的。

2.4.3　两种模型的对比

1. 相似点

Inmon 模型和 Kimball 模型最突出的相似之处是使用时间戳数据，以及提取、转换和加载过程，虽然它们在这两个模型中的执行方式不同，但数据属性和查询结果却非常相似。

2. 区别

Inmon 模型与 Kimball 模型的区别见表 2-3。

表 2-3　Inmon 模型与 Kimball 模型的区别

比较内容	Inmon 模型	Kimball 模型
方法与架构		
总体方法	从上到下	从下到上
框架结构	企业数据仓库支持部门数据	数据集市对单独的业务流程建模，通过数据总线和统一的模型实现企业数据的一致性
方法的复杂度	相当复杂	相当简单

续表

比较内容	Inmon 模型	Kimball 模型
与已有开发方法的比较	源于螺旋方法	4步流程：关系数据仓库管理的一个分支
物理设计的考虑	较完全	不完全
数据建模		
数据定位	面向主题或数据驱动	面向业务流程
工具	传统的数据流图（ERD、DFD）	多维建模，关系建模的分支
终端用户的可访问性	低	高
理念		
主要用户	IT 专家	终端用户
组织中的定位	企业信息工厂的集成部分	操作数据的转换者和保留者
目标	基于已被印证的数据库方法和技术，实现一种可行的技术解决方案	实现一种解决方案，使终端用户方便地直接查询数据，并在合理的时间内响应

2.5 数据仓库的数据表示

2.5.1 维度建模

维度建模是一门设计学科，与三范式形式的实体关系建模相比，它没有那么严格，但由于它能适应数据库的复杂性，因此更具有实用性。维度建模首先要把世界分为度量和语境。度量通常是数字化的，数字化的度量是事实。事实总是被上下文所包围，而这些上下文在记录事实的那一刻是真实的。事实是非常具体的、定义明确的数字属性。相比之下，围绕着事实的上下文是开放性的。虽然人们可以把所有的上下文组合成一个宽泛的、逻辑的记录，但通常会将上下文分为独立的逻辑块状物。例如，人们自然而然地将上下文划分为产品、商店、时间、客户、文员，以及其他几个类别等。这些逻辑簇称为维度，一般非正式地假设这些维度是独立的。图 2-12 为一个典型杂货店事实的维度模型。

维度设计的基本原理非常简单。维度设计通过对业务流程的度量方式进行建模，支持对业务流程的分析。

度量和上下文这两个简单的概念，是维度设计的基础。每一个维度方案都通过捕捉度量的内容和评估度量的上下文来描述一个过程。在一个维度设计中，度量被称为事实，上下文描述被称为维度。它们可以在语句或问题中识别，也可以在报告规范中找到。

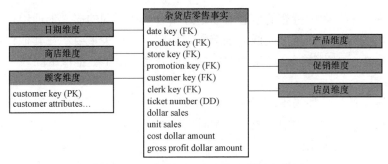

图 2-12　一个典型杂货店事实的维度模型

2.5.2　模型类别

1. 星形模型

关系型数据库的维度设计被称为星形模型。相关的维度被分组为维度表中的列，而事实作为列存储在事实表中。星形模型的名称来自它的外观：当以事实表为中心绘制时，它看起来像一个星号。图 2-13 为一个简单的星形模型，它是一个基于订单流程的事实和维度表。

在星形模型中，维度表包含代表维度的列，这些列将为事实提供上下文说明。维度表的作用为研究事实提供了丰富的背景资料。在查询和报告中，维度用于指定如何将事实上卷起来（聚合程度），维度值可用于过滤报告。它们将被用来为每个度量提供上下文，通常以文本标签的形式出现在报告的每一行事实之前。

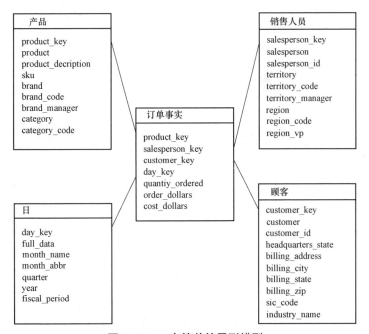

图 2-13　一个简单的星形模型

星形模型的核心是事实表。事实表除包括事实之外，还包括代理键，这些代理键指向每个相关维度表。事实表中的每一行都以特定的详细程度存储事实。这种详细程度被称为事实表的粒度。然而，事实表中持有的信息可以通过聚合，在不同的层次上使用。在某些数据仓库体系结构中，星形模型以尽可能低的细节级别捕获信息至关重要。在其他体系结构中，这一点就不那么重要，因为数据仓库架构中的独立部分是为原子数据保留的。

2. 雪花模型

在一个维度设计中，如果维度属性之间的关系被明确化，其结果就可以称为雪花模型。雪花的名字来自其以事实表为中心进行绘制时所展现的外观。在图 2-14 中，维度表就像雪花的分支一样，从中心发出来。

图 2-14 中的雪花模型是通过实例化图 2-13 中的层次结构得到的。在单独的物理表中，需要在每个层次结构中增加代理键，例如，在类别和品牌中添加 category_key 和 brand_key；在层次结构的实例化中需要添加外键，以识别出每个级别的父级产品，例如，每个产品都包含一个 brand_key，它标识产品适当的品牌。可想而知，雪花会变得更加错综复杂，例如，众多产品属性可能有编码和描述。这些编码和描述可以成为雪花模型中其他表格的基础。雪花型的配置很吸引人，它显示了数据中的自然分类学。对于受过 ER 建模训练的人来说，雪花模型反映了在运营系统服务中学习到的最佳实践。但是，雪花模型的作用主要在于节省一些空间，分析数据库的作用不大。

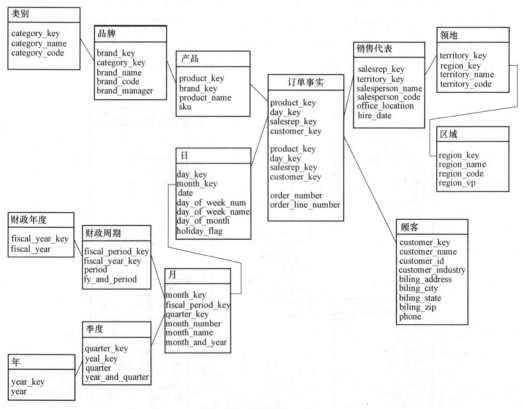

图 2-14 雪花模型示意图

星形模型与雪花模型的对比见表 2-4。

表 2-4 星形模型与雪花模型的对比

比较内容	雪花模型	星形模型
维护与修改	没有冗余，因此易于维护与修改	有冗余数据，因此维护与修改比较困难
操作难易	查询复杂，难于理解	查询简单，易于理解
查询效率	更多的外键，因此更多的查询执行时间	更少的外键，因此更少的查询执行时间
数据仓库类型	适合用于数据仓库的核心，简化复杂的关系（多对多）	适合于简单关系的数据集市（1对1或1对多）
连接	大量的表连接	很少的表连接
维度表	对于1个维度，它可以有多于1个的维度表	每个维度，只含有1个维度表
适用场合	当维度表相对比较大的时候，选择雪花模型，因为它使用更少的空间	当维度表只包含一些行的时候，使用星形模型
是否规范化	维度表是规范化的，而事实表不是规范化的	维度表与事实表都不是规范化的
数据模型	从下到上的方法	从上到下的方法

3. 星座模型

对于每一个星形模型，可以构建事实星座模型（如图 2-15 所示），例如，将原来的星形模型拆分成更多的星形模型，每一个星形模型在另一个层面的维度层次结构上描述事实。事实星座架构包含多个事实表，这些事实表共享许多维度表。事实星座模型的主要缺点是设计比较复杂，因为必须考虑和选择许多特定种类聚合的变体。此外，维度表仍然很大。模型中有两个事实表："销售"和"采购"。有一些维度与两个事实表相关联，也有一些维度只与一个事实表相关联。例如，"零售商"维度只能由"销售"事实表访问。

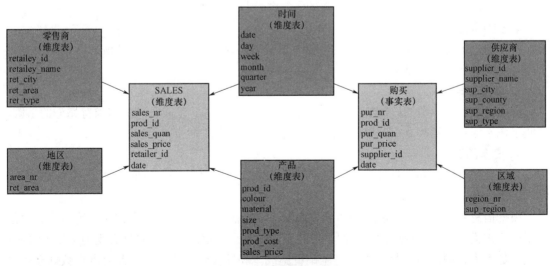

图 2-15 星座模型示意图

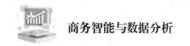

2.6 数据仓库的开发

2.6.1 数据仓库开发的选择

数据仓库的本质,是用户最初永远无法阐明他们所有的需求,所以当选择数据仓库开发外包时,每一个新的重大机会都需要重新谈判和修改合同。下面通过了解数据仓库中的每一个主要活动,评估这些活动哪些适合外包。管理人员应该认识到,企业丰富的信息存在于现有员工的头脑中。

1. 数据建模

虽然在一个垂直行业内有建模的共性,但每个组织都有自己的经营方式,这些独特的流程应该包含在模型中。一个外部顾问可能对整个行业非常了解,但他不会知道这个组织的独特流程,所以数据建模不应外包。

2. 数据库设计

数据库可以由外部顾问设计,这些顾问必须充分理解处理要求,这将需要时间。因为数据库管理员的活动在数据库生命周期内是一项很重要的工作,外部顾问必须留下,或者外部顾问应将数据库的设计或运行的知识转移给数据库管理员。因此数据库设计可以外包,但前提是要有计划地培养自己的全职员工。

3. 提取、转换和加载

提取、转换和加载过程的第一步是了解数据源,这最好由深入了解这些数据源的公司员工来完成。外来顾问需要花费大量时间和精力去研究数据源,同时也需要向公司员工提出问题。数据转换和加载是组织特有的,最好交给公司员工来完成。整合有时也包括在 ETL 过程中,因为它需要对组织及其业务有深入的了解,所以不适合外包。

4. 数据清洗

数据清理的分析和流程应该由具备相关知识的公司员工来完成,但清洗旧数据的重复性工作可以由外包商来完成。

5. 商务智能

分析工作不应该外包,因为它需要对数据、业务、管理,以及管理的需求有充分的了解。这些工作不应该交给外包商来做。但是,创建一些定义清晰的报告可以外包。

6. 安全问题

外包会带来内部员工所不具备的额外风险。掌握这些风险需要时间和精力,并降低了外包的经济效益。

根据信息系统外包以及数据仓库外包的理由与风险的研究,可以得到如下的结论。对于小型企业来说,由于经济原因,它们不可能专门成立一个信息部门,这样会支出大量的成本,一方面是人力资源成本,另一方面是基础设施成本和软件维护成本,因此可以把数据仓库系统的开发与维护外包给供应商,使企业专门进行业务开发,开拓市场等。对于中型企业来说,它们应该有自己的信息部门,数据仓库设计可以外包,但是必须有一个专人负责与供应商对接，全程了解数据仓库的设计过程，掌握数据仓库中表之间的关系。数据清洗可以外包，平台搭建可以外包，其他的工作（如系统的维护、备份，商务智能操作），都由信息部门来负责，对于大型企业来说，由于数据量大，营业额大以及信息安全的原因，数据仓库的开发与维护工作不建议外包，数据仓库系统的分析、设计、实施与维护等工作可以由信息部门来完成，而商务智能的操作由管理部门来完成。

2.6.2 数据仓库的可扩展性

所谓数据仓库的可扩展性，是指随着数据仓库的使用时间不断延长，数据仓库的使用性能没有显著的下降。与可扩展性相关的主要问题包括数据仓库的数据量，数据仓库预计增长速度，并发用户数量，用户查询的复杂度。

数据仓库必须能够水平和垂直地扩展。所谓水平扩展，是指购买更多的系统部件。硬盘空间不够，则购买更多的硬盘，水平扩展能力主要体现该系统是一个并行的系统，可以添加新的系统组件。垂直扩展，是指提高系统的单个能力。垂直扩展时，系统一般需要暂时停止服务，有时需要系统重新安装等。

由于数据量的不断增长和支持新业务功能的需求，数据仓库也必须能够支持扩展。数据增长可能是周期性数据或者历史数据增加的结果。前期做出正确的选择，可以让数据仓库有能力处理剧烈增长的需求。以下是在新的数据仓库设计中实现可扩展性的五大策略。

1. 了解业务需求

第一步是弄清楚要处理的事情，其中两个因素比较突出：一是要开始使用的数据仓库的大小，二是访问它的用户数量。知道用户可能进行的查询类型很重要，这有助于在数据仓库中构建索引。还应该调查应用库，有些应用产生的数据要比其他应用多得多。

2. 评估业务需求后，精简数据，规范所有的数据

这意味着，如果有 20 个关于客户信息的数据仓库数据源，应该在这些数据源内部设置指针，以替换所有的冗余数据，如地址和账单代码等。归一化带来更少的冗余数据，更少的索引空间，是增长的关键因素。

3. 设置数据分区

数据分区是可扩展数据仓库的下一个关键设计特征。例如，分区可以用来管理以时间为单位的数据，1 个分区可以以 1 天为单位，另 1 个分区以 7 天为单位，还有 1 个分区以 30 天为单位，将分区与业务操作相匹配。这种方法对于更新现有的数据仓库特别有用，当加载到 1 天的分区中并建立索引时，会在微秒内更新整个数据仓库。

4. 选择有能力的系统

当可扩展性对数据仓库至关重要时，底层技术也很关键。软件包可扩展性不同，对于高达数百兆字节的大规模数据仓库来说，Oracle 公司的 8i 和 9i 以及 IBM 公司的 DB2 数据库是最好的选择，这些软件应该在大型主机上运行。为了获得最大的可扩展性，2000 年开始对称多处理系统（SMP）成为首选的架构。

5. 考虑外包

公司面临将软件升级到更强大数据分析软件包的问题，硬件和支持成本也随之增加。为了帮助控制成本并跟上不断扩大的数据量，公司可以考虑将数据仓库业务外包。

良好的可扩展性意味着查询和访问其他数据功能会随着数据仓库大小呈近似的线性增长。因此在进行数据仓库实施时，必须将数据仓库的可扩展性纳入考虑范围，估计出数据量的增长速度，同时，对于存储时间比较长的数据进行汇总，将详细数据移出数据仓库，进行数据备份。对经常使用的查询语句以及使用到的数据进行优化，建立索引等，加快查询速度，提高数据仓库的使用效率。

2.7 数据仓库的应用

数据仓库的应用方面主要介绍在线分析处理软件（OLAP）。

2.7.1 OLAP 的概念

OLAP 可以使业务分析员、管理人员快速、一致、交互地对业务数据进行分析和可视化。OLAP 的功能是对组织的综合数据进行动态、多维度的分析，使终端用户的活动既能进行分析，又能进行导航。OLAP 是为了与数据仓库一起工作而设计的，它能够从数据仓库中浏览数据，其结构适用于信息的研究与展示。

OLAP 的基本特点如下：

（1）面向查询技术。OLAP 环境中的主要操作是查询数据。

（2）数据不改变。使用 ETL 流程将数据添加到数据仓库中时，旧的数据不被替换为新的数据。但是，可以迁移到备份服务器上。

（3）数据和查询的管理。保证存储在数据仓库中的数据有一个良好的性能，同时也要保证查询的优化过程。

（4）多维度的数据视图。将数据组织起来，进行多维度的分析。

（5）复杂的计算。可以使用数学函数对数据进行计算。

（6）时间序列。将数据与时间关联起来。

2.7.2 OLAP 的数据模型

1. 立方体

立方体是一种数据结构，它通过每个维度的层次和层次结构来聚合度量。立方体将多个维度（如时间、地域和产品线）与汇总数据（如销售额或记录数）相结合。

2. 维度

维度是可以用来查询数据的业务元素。它们可以被认为是表的"根据"部分，即根据什么做报表。基于立方体的环境允许用户在维度结构中轻松地浏览和选择元素或元素组合。

3. 度量

度量是指数值单位，即报告的数值。典型的例子是部门的销售额、销售价值和成本。

4. 层次

一个维度可以包含 1 个或多个层次结构。层次结构是利用这个维度的真正的可导航或钻取路径。它们的结构就像家族树一样，使用了一些相同的命名惯例（子女/父母/后代）。层次结构给 OLAP 报告带来了巨大的力量，因为它们允许用户轻松地选择不同的数据粒度（日/月/年），并通过数据深入更多层次的细节。图 2-16 提供了一个最常见的层次结构，可以在给定的一些维度中找到。

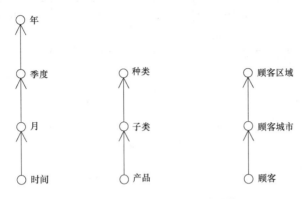

图 2-16 一个最常见的层次结构

5. 成员

成员是一个层次结构中的任何单个元素。例如，在标准的时间层次结构中，2008 年 1 月 1 日是成员，2008 年 2 月 20 日也是成员。然而 2008 年 1 月或 2008 年本身也可以是成员，它们属于天数的聚合。成员可以是实体成员，也可以是计算成员。计算成员是指常见的业务计算和指标可以封装到立方体中，并且可供用户轻松选择，例如，在最简单的情况下，利润=销售额-成本。

6. 聚合

聚合是基于立方体报表速度的关键部分。为什么一个立方体在选择一整年的数据时可以非常快速，是因为它已经计算出了答案。一个典型的关系型数据库可以轻松地对数以百万计的日级记录进行汇总，以获得年度总数，而分析服务立方体则会在立方体构建过程中计算这些汇总，因此一个设计良好的立方体可以快速返回答案。总和是最常用的聚合方法，但也可以使用平均值、最大值等。例如，如果将日期作为度量衡来存储，那么将它们相加是没有意义的。

立方体引入了许多维度、层次和度量，对感兴趣的业务进行建模，最终用户可以通过这些维度、层次和度量，快速、方便地进行选择、下钻、上卷、切分和切块。通过一个设计良好的立方体，用户可以从一个高度灵活的报表环境中获益，它包含了用户经常使用的预先计算的业务指标，并且在数据检索方面也非常快速。

一个数据立方体可以用二维表、三维表或三维数据立方体来表示。例如，可以考虑一个场景，在这个场景中，一个公司打算跟踪销售情况，考虑的维度是商品、时间、分公司和地点。这个信息在二维表中的可能表示方式见表 2-5。但在表 2-6 中，只有时间和项目的记录。根据销售的项目类型，新德里的销售情况是按照时间和项目来显示的。如果想多看一个维度的销售数据，比如位置维度，那么三维表就很有用。销售数据的三维表见表 2-6。

表 2-5 销售数据

Time（quarter）	Location="New Delhi"			
	Item（type）			
	Entertainment	Keyboard	Mobile	Locks
Q1	500	700	10	300
Q2	769	765	30	476
Q3	987	489	18	659
Q4	666	976	40	539

表 2-6 三维表

Time	Location="Gurgaon"			Location="NewDelhi"			Location="Mumbai"		
	Item			Item			Item		
	Mouse	Mobile	Modem	Mouse	Mobile	Modem	Mouse	Mobile	Modem
Q1	788	987	765	786	85	987	986	567	875
Q2	678	654	987	659	786	436	980	876	908
Q3	899	875	190	983	909	237	987	100	1 089
Q4	787	969	908	537	567	836	837	926	987

三维表可以表示为三维数据立方体，如图 2-17 所示。

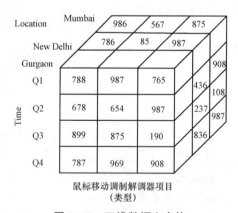

图 2-17 三维数据立方体

2.7.3 OLAP 的基本操作

以图 2-17 中的数据为例，详细介绍如何使用 OLAP 中常见的操作。对销售数量进行登记，考虑四个国家、两种产品和两个年份的数据。OLAP 操作示意见表 2-7。

表 2-7 OLAP 操作示意

Country	Product	Year	No.of Sales
Portugal	AAA	2017	25
Portugal	BBB	2017	45
Spain	AAA	2016	50
Spain	BBB	2016	65
Spain	AAA	2017	120
Spain	BBB	2017	80
Republic of Korea	AAA	2017	170
Brazil	AAA	2016	60
Brazil	AAA	2017	75

1. 下钻

下钻指的是在一个增加细节的层面上查看数据的过程。在本例中，执行一个向下钻取（国家）。在表 2-8 中，可以看到包含了一个名为"城市"的新维度。2017 年，"BBB"产品在葡萄牙的销售总量为 45。为此，需要对波尔图市和里斯本的销售数量进行汇总。类似的情况也发生在表格的其他行中。

表 2-8 下钻操作

Country	City	Product	Year	No.of Sales
Portugal	Porto	AAA	2017	25
Portugal	Porto	BBB	2017	35
Portugal	Lisbon	BBB	2017	10
Spain	Barcelona	AAA	2016	20
Spain	Madrid	AAA	2016	20
Spain	Valencia	AAA	2016	10
Spain	Madrid	BBB	2016	65
Spain	Madrid	AAA	2017	120
Spain	Madrid	BBB	2017	80
Republic of Korea	Seoul	AAA	2017	170
Brazil	Recife	AAA	2016	50
Brazil	Manaus	AAA	2016	10
Brazil	Brazil	AAA	2017	75

2. 上卷

上卷指的是查看数据的过程，在这个过程中细节越来越少。在本例中，执行上卷（国家）时有几种情况可能发生，但只考虑以下两种情况。情况一，考虑属于每个国家的大陆的信息。表 2-9 显示了这种情况一的结果。由于有两种产品和两个年份,"Europe"大陆出现了四条记录。

表 2-9 上卷操作(情况一)

Continent	Product	Year	No.of Sales
Europe	AAA	2017	145
Europe	BBB	2017	125
Europe	AAA	2016	50
Europe	BBB	2016	65
Asia	AAA	2017	170
South America	AAA	2016	60
South America	AAA	2017	75

情况二,"Country"维度将消失,对数据进行了汇总。结果见表 2-10。表 2-10 只有四行关于每个产品和年份的信息。

表 2-10 上卷操作(情况二)

Product	Year	No.of Sales
AAA	2017	390
BBB	2017	125
AAA	2016	110
BBB	2016	65

3. 切片与切块

切片和切块是指对数据仓库中的数据进行分割、查看和理解的一种策略。用户通过将一大段数据切割成较小的部分,并重复这一过程,直到达到正确的细节水平,以便进行分析。切片和切块有助于提供更近距离的数据分析视图,并以新的和不同的角度展示数据。

首先,像表 2-11 所示那样,每年做一张片子,例如,slice(Year="2017"),所有关于 2016 年的信息都被省略了。

表 2-11 切片操作

Country	Product	Year	No.of Sales
Portugal	AAA	2017	25
Portugal	BBB	2017	45
Spain	AAA	2017	120
Spain	BBB	2017	80
Republic of Korea	AAA	2017	170
Brazil	AAA	2017	75

然后，使用切块操作，它与切片功能非常相似，但它使用的维度不止一个。例如，考虑 2017 年销售数量的切块，操作如下：dice(Year="2017",销售数量＞100)。这个操作的结果见表 2-12，只有同时具备这两个条件的记录才会出现在结果中。

表 2-12　Dice 操作

Country	Product	Year	No.of Sales
Spain	AAA	2017	120
Republic of Korea	AAA	2017	170

2.7.4　OLAP 架构

最常见的 OLAP 架构有 MOLAP、ROLAP、HOLAP，表 2-13 给出了这三种架构的对比分析。

表 2-13　MOLAP、ROLAP、HOLAP 三种架构的对比分析

架构	性能	可扩展性	成本
MOLAP	High	Low	High
ROLAP	Low	High	Low
HOLAP	High	High	High

在 MOLAP 架构中，数据存储在一个多维数据库中，其中 MOLAP 服务器运行，用户在服务器上工作、挂载和操作不同的数据。多维数据库中的数据存储所需的空间要小于关系数据库存储所需的空间。在多维数据库中，数据被保存在数组数据结构中，以便在访问它们时提供更好的性能。它的优点除了架构速度比较快，另外具有多维数据库中丰富而复杂的分析函数集。

ROLAP 架构是在关系型数据库中做出的模拟 OLAP 技术，通过使用关系型结构，具有不限制数据存储量的优点。ROLAP 将多维数据库中的多维结构分为两类表：一类是维度表，用来记录维度信息；另一类是事实表，用来存储维度交叉点的度量信息及各个维度的码值。这样，多维数据立方体各个坐标轴上的刻度以及立方体各个交点的取值都被记录下来，因而数据立方体的全部信息就都被记录下来。其主要特点是可以进行任意查询，更好地服务于没有明确分析范围的用户。该工具的优点是采用成熟的技术、架构开放与标准化，得益于平台的多样性、可扩展性和硬件的并行性。其缺点是维度分析的函数集不完善，SQL 语言在执行重度查询时性能不佳。

HOLAP 架构，也就是混合处理，它可以将 ROLAP 工具的功能和可扩展性与多维数据库的杰出性能相结合。在这种情况下，ROLAP 服务器和关系数据服务器可以共存。两种结果集都会被前端工具处理。HOLAP 的主要优点是高性能（维度立方体只存储信息综合）、高扩展性（信息的细节存储在关系型数据库中），主要的缺点是结构复杂（呈现出最高的信息综合）。

2.8　实时数据仓库

随着交易数据的爆炸式增长，当今全球市场从获取更多、更新数据，向实时数据仓库进行转变。不管什么行业，数据都是一个组织最大的资产，也是推动当今企业发展的血液。组织不再面临存储数据地点和方式的挑战；相反，它正在努力改善企业数据集成，并使所有业务单位都能实时访问数据，同时确保数据的准确性和完整性。

2.8.1　业务需要实时性

业务时间正越来越实时。正如阿尔文·托夫勒在他的著作《第三次浪潮》中说到，计算机科学家谈到的时间单位已经从毫秒变成了纳秒——时间的压缩超出了人们的想象。就好像一个人 8 万小时的带薪工作时间可以压缩成仅仅 4.8 分钟。

商业决策的数量正以前所未有的速度增长，这些决策的复杂性也随着数据的多样性和数量的增加而增加。商业交易、客户人口统计、季节性的起伏、供应商数据和库存水平都必须仔细协调，以便做出明智的决定。由于企业可以同时接触到数百个客户，商业决策的影响是显而易见的。实时的错误可能影响数以百计的客户之后才能被纠正。及时准确地执行企业的分析能力为企业提供了大量的信息，使企业能够更加自信地做出决策。存储是支持企业分析的生命线数据，而企业数据仓库是商务智能框架的核心部分。随着企业越来越依赖企业分析来进行业务决策，数据仓库正在成为企业 IT 基础设施的应用程序中最关键任务之一。

现代数据仓库根据支持业务流程的规则和说明自动启动系统的操作。更传统的数据仓库已经从只用于报告的数据存储库发展到驱动关键业务流程的活动运作系统。企业需要实时运营以保持竞争力，企业数据仓库也必须跟随。

2.8.2　实时数据仓库的发展历程

数据仓库发展伊始，Inmon 将其定义为一个面向主题的、集成的、时变的和非易失的数据收集，以支持管理层的决策过程。企业想知道"发生了什么"，所以在其早期阶段，数据仓库就是报告从事务处理系统中汇总的历史信息，目标是提供一个统一的、综合的业务活动视图。

随着数据仓库的发展，企业不再满足于知道发生了什么，而是想要了解潜在的原因。数据仓库发展的第二阶段见证了数据集成技术的诞生，如提取、转换和加载。大量的数据必须从各种不同的来源引入、转换、关联和加载到数据仓库中。通常是自定义脚本和 ETL 工具的组合，每周或每天执行数据整合任务。

2000 年之后，许多遗留系统开始向数据仓库提供几十年的历史。数据量对数据仓库进行预测分析具有统计意义。数据的时间价值开始变得重要，不再是每月和每周的更新，数据仓库开始每日和每小时的更新。除了自定义脚本和 ETL 之外，诸如 EAI（企业应用集成）等技术也开始增强数据集成过程，以确保及时获取数据。商务智能技术成为主流，商业用户在其新兴的企业分析框架的帮助下变得越来越积极主动。

这时，许多数据仓库已经成为"后预测"。这是导致韦恩埃克森定义为鸿沟的阶段，数据仓库从监控业务流程，变成推动业务，并最终推动市场。为了实现企业数据仓库的真正潜力，并跨越鸿沟，数据仓库必须成为关键任务的企业资源。在后预测阶段，数据仓库开始运作。业务需要了解当前正在发生的事情，以便确定和影响下一步应该发生的事情，并开始利用企业数据作为组织内存。

业务数据仓库使业务用户能够积极主动发现机会。数据仓库不再是高管的战略决策工具，而是企业内广大受众的战术决策支持框架。数据仓库中的数据采集必须尽可能接近实时。当实时数据为数据仓库提供数据并匹配预定义的业务模式时，业务操作将自动触发。活动数据仓库根据规则和说明自动发起对系统的操作，以支持业务流程。使用活动数据仓库时，数据必须实时交付，并且必须维护其事务说明。

2.8.3 实时路径

一条经历企业分析的记录是从一个业务事件开始的。数据集成技术将事件记录传递到数据仓库。分析处理有助于将数据转化为信息，而业务决策则导致相应的行动。除非将数据延迟最小化，否则无法完成实时数据仓库。正确的时间分析应该永远是一个商业决策，而不是技术限制。除非技术是实时的，否则企业不能选择实时作为正确的时间。技术应该提供实时功能，并让业务用户选择最合适的延迟级别。"正确的时间"应该是决策延迟的一个组成部分，即用户偏好，决定什么时候应该执行操作。

2.8.4 实时数据仓库的数据采集方法

有许多数据集成技术可以满足数据仓库的数据采集需求。然而，只有少数技术提供实时的数据交付。选择标准侧重于诸如数据数量、频率、可接受的延迟、完整性、转换要求和处理开销等因素。传统的数据采集方法包括脚本、ETL、EAI 和 TDM（事务数据管理）。脚本和 ETL 是面向批处理的，而 EAI 和 TDM 是连续的。脚本是数据集成的快速解决方案。但是，它们会消耗开发人员的资源，并带来管理方面的挑战，如可管理性、文档和 SLA（服务水平协议）遵从性。另外，它们又具有开发和改造的灵活性和经济性。几乎每个运作系统都可以从内置的调度工具调用脚本。

EAI 最初是为应用集成而设计的，现在已经发展成为一种实时数据集成解决方案，这种解决方案可以增强 ETL 技术，并且常常与 ETL 技术共存。凭借实时移动数据和通过集成过程维护数据完整性的能力，EAI 提供了操作和活动数据仓库所需的大量实时功能。

实时数据集成的另一种方法是事务数据管理（TDM），它以非常低的开销和延迟提供持续的更改数据捕获和交付。EAI 和 TDM 移动的是数据更改和更新，而不是整个数据集。两者都不需要暂停数据源，因为它们维护了 DML 操作的完整性。这大大减少了所需的数据移动。ETL 在初始加载和转换方面占据优势，而 EAI 和 TDM 更适合连续数据集成。

2.9 数据仓库的管理

2.9.1 监控 ETL 过程

数据仓库管理中最重要的一件事就是监控 ETL 过程，其原因如下：

（1）ETL 流程可能有几百个任务，人工检查这些任务可能需要几小时。

（2）需要自动化 ETL 监控过程，因为它可能在没人注意的时候出错误。所以需要将 ETL 监控自动化，让监控工作更简单快捷。在自动化监控 ETL 流程中，每次都会执行相同的查询和相同的步骤，所以可以保证一致性。

在理想情况下，ETL 批量处理不应该因为坏数据而失败，但在实践中，这种情况会发生。坏数据应该进入数据质量隔离区，而不是加载到数据仓库中。另外，也可以根据业务规则，对数据进行自动修正，然后加载到数据仓库中。无论哪种方式，ETL 都不应该因为数据不好而失败。

2.9.2 监控数据质量

来自源系统的不良数据会被一个 ETL 任务接收，并被加载到数据仓库中。

常见的问题是大量的违反规则（或持续高涨、或稳步上升、或峰值）和违反规则行为的分布不均（只针对特定的产品类型、商店或其他项目）。每个组织中，造成这些问题的原因都不同。系统地了解组织中产生这些问题原因的方法是分析相应的行以及审计表，来研究每个违规，查看源数据库中的规则公式，并检查源系统中的源值。

另外，需要持续监测数据质量趋势。可能出现的情况是：违反某条规则的行为可能会减少，并达到一个稳定的高度，然后突然再次增加。有时，这种增加可能发生在许多规则中。这种事件的可能原因是影响广泛的活动，这些活动会影响到整个公司或组织，因而影响到数据仓库的许多领域。这些事件通常是提前知道的，如在全公司范围内进行年度的涨价，与另一家公司合并，一个新的源系统将数据送入数据仓库等，因而可以提前做好准备。

2.9.3 保证数据仓库安全

保证数据仓库安全是使需要访问数据仓库的人能够访问数据仓库，并防止不应该访问数据仓库的人访问数据仓库的过程，它包括认证和授权。

认证是识别数据仓库用户是否真的是访问权限的人，可以向用户的上级或 BIM 确认。认证用户之后，就可以创建这个用户。另外，需要从数据仓库用户列表中删除离职者或移动人员（换了部门的人员）。

授权是在允许用户访问数据仓库之前，验证用户是否有访问权，这包括允许或阻止对数据存储、数据库、报表、立方体、挖掘模型、门户和仪表盘的访问。这是使用安全组和安全角色来完成的。安全组是具有相同访问权限的用户的集合。创建安全组的目的是简化安全管理，并使整个组的访问权限一致。安全角色是一个有能力完成某些任务的功能职位。可以将一个用户或一个组分配给该角色，使该用户或组能够完成该角色所能完成的任务。

保证数据仓库安全的其他任务是检查安全日志和应用安全补丁。

2.9.4 维护数据库

维护数据库意味着要确保始终有足够的磁盘空间可用，定期进行备份，维护和优化索引，更新数据库统计。那么，有哪些数据库呢？对于一个基于 SQL Server 的数据仓库系统，有阶段性数据库、ODS 或 NDS 数据库、DDS 数据库和分析服务数据库等。数据仓库中几乎所有的数据都存储在数据库中，而数据库中的数据是用来支持做出业务决策的。维护数据库的工作如下。

1. 保持容量

管理数据库最重要的方面之一是确保始终有足够的磁盘空间。

2. 备份数据库

和任何数据库一样，备份需要有计划地执行，并对其进行监控。备份数据库的最好时机是在每天 ETL 批次成功运行之后。在许多组织中，备份到硬介质是跨服务器集中执行的，另外还需要安排异地备份。

3. 定期恢复数据库备份

数据库备份只有在状态良好的情况下才有用武之地，所以要定期备份，每 3～6 个月需要测试恢复阶段性数据库，分析服务数据库。

4. 维护索引

当碎片化大于 15%时，需要考虑维护索引。建议为每个事实表创建一个 SQL 查询，以便于对索引性能进行基准测试。一旦这个查询的响应时间小于基准，那么需要重新创建索引。

5. 维护表分区

这包括增加新的分区和删除旧的分区，以维持数据库的性能。另外，当事实表越来越大时，要把事实表从非分区表转换到分区表，以提高查询性能。将分区放置在正确的文件组上是很重要的，这样可以使查询性能得到提高，因此只需要备份最新的分区。

6. 改变架构

在数据仓库投入使用后，偶尔需要更新数据库架构。这里所说的架构是指数据库结构、表定义、触发器、视图和存储过程。

7. 改变数据

根据情况需要，有时会将数据直接加载到数据仓库中，这时需要改变数据。

8. 创建文档数据库

为了对某项目进行彻底的数据分析，需要创建一个文档数据库。这个文档数据库是主文档数据库的一个子集，包含某个数据集市和某个时间段的数据。

2.9.5 改进数据模式

在数据仓库上线运行后，有时业务流程会出现一些变化，此时就会产生新数据或改变原有数据，例如，安装一个新的人力资源系统为数据仓库中雇员维度增加了一个新的数据源。新数据也可以来自现有的系统，它可以是一个新属性，一个新度量，一个新维度，甚至一个新数据集市，这就需要改变数据仓库中的模式。由于数据仓库已投入使用，此类请求应该予以重视，作为变更请求处理。与任何 IT 系统一样，数据仓库需要建立一个正式的程序来处理变更请求。业务用户需要填写一份表格，描述请求和支持请求的原因或理由。在请求中，业务用户需要写明进行哪些数据变更，数据来自哪里，格式是什么，包含哪些信息，以及真实数据的样本。这样就可以了解需要什么样的模式变化来支持这个变化，然后由 BIM 对请求进行分析和优先级排序，并转交给 DWA 进行估算，然后再批准实施。

2.9.6 更新应用

数据仓库投入生产后，会有用户提出增强应用的请求，例如，在报表中增加列，在立方体中增加新的属性，或者在 BI 应用中更新计算。数据被修改后，应用程序也需要更新。就像把一个新的数据带入仓库时，也需要有一个更新应用程序的过程。这个过程与前面提到的程序类似。换句话说，业务用户需要填写一个表格，描述请求和支持请求的原因或理由。在请求中，用户需要指定数据仓库应用程序的哪个区域需要更改，需要哪些更改，新功能的概要；如果需要改变用户界面，则需要屏幕/页面模拟。如果更改报表，请求需要提及需要更改哪些数据，以及任何的报告布局的变化。这样就可以了解对报表布局进行更改对数据仓库应用的影响。BIM 对这些请求进行分析并确定优先级，确定变更对业务和请求产生的财务价值的影响。然后，在批准实施之前，BIM 将请求转给 DWA 进行估算，以此类推。

2.10　数据仓库的安全

数据仓库包含大量的组织数据，如财务信息、信用卡号码、组织商业机密和个人数据，因此它们很容易受到网络攻击。数据仓库必须确保当数据被整合到一个大的存储库中时，敏感数据不会泄露。许多已公布的安全统计数据显示，针对数据的攻击次数正在不断增加。数据安全的重点为保密性（confidentiality）、完整性（integrity）、可用性（availability），被称为简称为 CIA。

安全是进行数据仓库开发的一个重要要求，从需求开始，一直到实施和维护。联机事务处理（OLTP）系统的安全解决方案不适用于数据仓库，因为在 OLTP 中，安全控制应用于行、列或表，而数据仓库需要被不同数量的用户访问不同的内容，因为多维度是数据仓库的一个基本原则。安全问题必须在数据仓库系统的所有层级得到解决。此外，除非底层的操作系统以及网络的安全得到保证，否则无法确保数据仓库的安全。

2.10.1 数据仓库保密问题的安全方法

为了解决数据仓库的保密性问题，已经提出了许多处理访问控制的方法。访问控制机制涉及数据仓库和源数据库的调用和管理控制。认证和审计机制也属于访问控制的范畴，必须安装在数据仓库环境中。传统上,高级用户(如业务分析员和执行管理层)一直在访问数据仓库,因此,关键的访问控制问题也出现在数据仓库的前端。前端数据仓库应用程序可以同时提供静态和动态报告。对静态报告实施访问控制不是问题,因为它可以基于报告来定义。对于像数据挖掘查询这样的动态报告,很难提供适当的访问控制策略。这就导致了数据推断的问题,例如,用户可能没有获得特定信息的授权,但可以通过汇总查询来检索信息。

2.10.2 数据仓库完整性的安全方法

数据仓库完整性涉及数据保护,防止意外或恶意更改,如虚假数据插入、污染或破坏。访问控制机制的缺点是在聚合 OLAP 查询的情况下,没有捕捉到对数据进行的推断,而对数据的推断会导致完整性问题。为解决上述问题,人们研究出推理控制的方式,它可以分为基于限制的技术和基于扰动的技术。基于限制的技术只是拒绝不安全的查询,防止恶意推断;扰动技术在数据中添加噪声,交换数据,或修改原始数据,动态地修改每个查询。

桑托斯等人提出了一种数据掩蔽技术,用于仅由数值组成的数据仓库。所提出的方法是基于数学模数运算,如除法、余数,以及两个简单的算术运算,它可以在不改变 DBMS 源码以及用户应用的情况下使用。他们声称,拟议的公式所需的计算量很低,而且作为一个计算公式,它的计算量很低,查询响应时间的开销变得相对较小,同时还能提供适当的安全级别。

2.10.3 针对可用性问题的数据仓库的安全方法

在任何数据仓库系统中,数据可用性都是最重要的。这涉及从实时损坏或不正确的数据修改中恢复数据,以及连续不间断的用户访问。进行数据复制是为了能够使用许多拟议的解决方案来恢复受损的数据。通过这种方式,还可以避免因维护干预而导致的数据仓库停机,并且可以划分查询处理工作,避免数据访问的热点。

汉明码提供纠错码来恢复损坏的数据。建议的数据存储系统可以使用纠错码恢复损坏的数据块,重新映射坏的数据块,以及复制数据块。Marsh 和 Schneider 提出了一种分布式存储方法,该方法除了前述的功能而使用了加密方法。其他研究者也提出了架构评估和自愈方法来解决可用性问题。最近,Darwish 等人建立了基于云的协议来防御服务攻击。

2.11 数据仓库的发展趋势

1. 企业的"数据化"催生了更多的数据仓库

数据仓库在历史上是用企业应用的结构化业务数据来填充的。这些数据不仅可以来自计算机中收集,还可以来自数十亿的手机、百亿社交媒体帖子等。借助新的大数据技术,数据仓库的种类和范围不断扩大。这提高了商业决策的质量和速度,因为人们学会了如何获取、组织和分析这些大量的信息流入,并对其进行分析。

2. 按需分析环境满足了快速原型开发和信息发现不断增长的需求

商务智能和分析是资源密集型活动,由于其迭代性和工作负载的波动性,因此适合按需计算。这些多功能的"沙箱"环境可以随着数据量和速度的变化而灵活运用，使其成为分析能源使用情况、监控车间运营情况、判断消费者情绪以及进行其他许多大规模分析挑战的理想选择。

3. 数据仓库内分析

数据仓库内分析是一种在数据仓库内处理数据的方案，避免了数据移动，而数据移动会减缓响应时间。它包括在大量的数据中寻找模式和关系的各种技术。流行的数据仓库内分析功能包括在数据仓库中实现的数据挖掘算法、用于基本统计活动的本地 SQL 函数以及与统计编程语言的集成。由于这些技术直接在数据仓库内应用，分析师可以消除往返于服务器的数据移动，从而加快周期时间并降低总拥有成本。通过最大限度地减少数据移动并确保更好的安全性、可扩展性和性能，企业可以更容易地处理大数据项目。

4. 通过加速数据转换，优化了数据仓库环境

将数据从一种格式转换为另一种格式的过程就是数据转换。必须应对大数据的企业越来越多地使用 Hadoop（一个开放的数据交换平台，一个开源的软件）。Hadoop 能使企业能够利用廉价的服务器和存储设备处理海量的数据，以增强其传统的数据仓库资产。Hadoop 为管理大量非结构化数据提供了一个具有成本效益的平台，它可以存储和转换任何类型的数据，然后将其推送到数据仓库进行分析。它也足够灵活，能够适应机器数据、文档和社交媒体以及通过将资源密集型活动卸载到一个专门的低成本的转换平台来进行大批量操作。

5. 工程化系统成为大规模信息管理活动的标准

迅速发展的企业在其数据仓库计划中采用工程化系统，因为它们提供了一种更简单、更便宜、更灵活的方式来完成工作。工程化系统确保了最佳的性能，软件和硬件"和谐工作"，以确保创建一个有凝聚力的数据仓库平台。它们在数据仓库解决方案中特别受欢迎，因为它们的性能更好，而且完全集成，维护更简单。

6. 存储器内技术为数据仓库的性能带来了巨大的提升

过去，所有的数据都存储在磁盘上。现在，数据被转移到 RAM 中，实现了性能的提升，比以前的方法快了数个数量级。数据仓库管理员可以配置这些环境，根据启发式访问模式，在 RAM、闪存和基于磁盘的访问方式之间优化数据。这种快如闪电的数据仓库处理可以完全消除创建分析索引的需要。

7. 数据仓库平台支持混合工作负载

支持混合工作负载的工程系统将数据仓库和业务数据结合起来，以简化报告和分析。业务系统帮助处理数据以支持关键的业务需求。为了做到这一点，操作性数据库被创造出来，为相对较少的、定义明确的业务交易提供一个有效的处理结构。数据仓库的设计是为了支持像管理信息系统这样的运营系统，在这些系统中，关键数据得到了访问。这反过来意味着，数据访问技术可用于获取业务数据，并清楚地表明，数据仓库对锁定在业务系统中的信息是免费的，并可以很容易地将其与其他通常是外部数据源的信息相结合。越来越多的大型组织正在从外部数据仓库获取额外的数据。这些信息包括人口统计学、计量经济学、竞争和采购趋势。确定正确的数据源以及确定一个有效的程序来收集事实是非常重要的。

案例 2-1

Teradata 支持 Siemens Healthineers 的创新技术与服务

每天,全球约有 500 万名患者受益于西门子医疗的创新技术和服务。这家国际医疗设备制造商专注于医疗服务的进步和数字化。该公司由工程师和先驱者组成(因此被称为 Siemens Healthineers),其目的是通过将医疗数字化来帮助医疗服务提供者。

每小时约有 24 万个患者接触点,超过 70% 的关键临床决策受到 Siemens Healthineers 技术的影响。

用数字来说明 Siemens Healthineers:
(1) 60 万个已经安装的产品;
(2) 每天大概有 500 万病人;
(3) 每小时有 24 万个患者接触点;
(4) 48 000 名雇员。

Stefan Meiler,数据治理和分析服务副总裁

Siemens Meiler 先生负责一个由数据管理员、数据分析师、数据科学家、产品和项目经理组成的全球团队,该团队正在管理广泛的数据资产并实现多种分析用例。这些分析用例包括物联网数据分析、服务流程和资产优化,以及销售促进。

Mirko Appel 博士,分析服务主管

Mirko Appel 博士是 Siemens Healthineers 客户服务组织分析服务组的负责人,他负责全球的数据科学家团队,这些数据科学家实现和运营广泛的分析用例,包括物联网数据分析、服务流程优化或销售赋能。

Siemens Healthineers 的客户(医生、医院和医疗服务提供者)对 Siemens Healthineers 有两个重要的期望:提供最好的医疗护理,并以成本效益的方式提供这种护理。在急诊室的环境中,设备的正常运行是至关重要的,因为你不知道下一个需要急诊服务的病人何时会走进门。数据科学家和业务分析人员正在强调通过预测性维护来提高资产利用率,以提高西门子设备的正常运行时间。这使得 Siemens Healthineers 能够为医生和医院提供更多可用的产品和高效的服务。通过不断摄取安装在全球各地的设备的健康状态数据,Siemens Healthineers 的目标是在客户打电话之前就能得到正确的答案,甚至在派技术人员带上相应的部件前,已经充分了解了维修程序。这样一来,无论是操作效率还是临床诊断的质量,都提高了客户的满意度。为了进一步扩大服务范围,Siemens Healthineers 创造了更符合客户需求和医疗机构期望的新服务套餐。

对关键使命决策的答案——"通过将我们的数据资产转化为全球服务组织的具体行动,我们减少了维护系统所需的技术专长程度。我们避免了第一级现场故障排除,优化了服务交付流程,并且我们最大限度地减少了客户因停机情况造成的生产力损失。"

跨数据集的答案——"将数据转化为价值,需要多次开发迭代,同时利用创新的、可扩展的、易于使用的技术。我们的数据管家正在将各种各样的数据资产转化为经过策划的'单一事实点'数据集。在这些数据集的基础上,我们的数据分析师开发了仪表盘,为我们的全球安装基地和服务运营创造了透明度,而我们的数据科学家正在利用这种透明度,通过应用人工智能实现数据驱动的自动化服务。Teradata 使我们能够加速所有这些迭代,同时在我们的全球组织内提供一个快速、可靠和可扩展的骨干网。"

Siemens Healthineers 的文化是先锋和工程师的文化,专注于通过数据价值链(包括销售、机器、服务部件、技术人员和过程数据)的答案来提取价值。Teradata 使西门子健康管理公司能够汇总这些全球数据,供数据科学家和业务分析人员识别趋势。他们使用机器学习来开发模型,以不断了解维护趋势、服务部件错误、培训问题、供应商的故障部件,并改进其服务产品。

"模式识别算法在机器数据上的应用,使我们的服务提供朝着主动的方式转变:我们现在能够在某些系统故障对机器性能产生影响之前,在长达 21 天的时间内识别出这些故障。通过这种方式,我们可以显著提高服务交付的效率,而我们的客户也乐于获得更多宝贵的正常运行时间来为患者提供医疗服务。对大家来说是双赢的。"实验室运营分析主管 Torben Scaffidi 说。

资料来源:https://www.teradata.com.cn/Customers/Siemens-Healthineers。

思 考 题

1. 简述数据仓库的定义,说明数据仓库与数据库的区别与联系。
2. 请说明数据仓库、数据集市、操作数据存储之间的关系。
3. 简述元数据的定义,并说明元数据的作用。
4. 简述数据仓库结构的 5 种类型,以及每种结构的优点与缺点。
5. 简述数据集成与转换的重要性,以及 ETL 的过程与方法。
6. 简述数据仓库的开发方法,并比较它们的优点与缺点。
7. 简述数据仓库中数据表示的方法,以及它们的优缺点。
8. 简述数据仓库的开发过程。
9. 简述 OLAP 的基本操作。
10. 简述实时数据仓库的重要性及应用范围。
11. 简述数据仓库管理的内容及其重要性。
12. 简述数据仓库安全的重要性及数据仓库安全中的常用方法。
13. 根据你对信息技术的了解,简述你认为的数据仓库发展趋势。
14. 请到数据仓库厂商网站,查找数据仓库实施的成功案例。

第 3 章
监控与运营

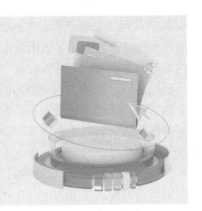

世界范围内经济、政治、军事、技术等方面的重大变革,企业面临的竞争也越来越激烈。为了在激烈的国际竞争中占有一席之地,企业都纷纷寻找适合自己的战略,并努力将之正确实施。然而众多失败的战略让企业意识到,想要实现战略目标困难重重,这主要是因为战略无法得到有效执行。为了保证战略执行的最终结果与预期的一致性,必须对战略执行过程进行监控,以评估战略执行过程中的绩效是否实现了战略目标。商务智能技术是企业绩效管理的技术基础。随着企业战略不断受到重视,商务智能与战略结合形成了以战略为驱动的企业绩效管理,它是企业用来衡量、监控及管理企业绩效的业务流程、方法、度量和技术。

3.1 可视化基础

人类社会的运行离不开信息的获取、传递、接收。人类可以通过视觉、听觉、触觉、嗅觉来接触外界信息,其中视觉是获取外界信息最重要的途径。通过视觉获取信息主要依靠人的眼睛,而人的眼睛具有很强的模式识别能力,对可视符号的感知速度远高于对数字、文本的感知速度。为了更好地传递信息,人们开始努力用图表的方式表达并传递信息,这便是可视化的起源。随着互联网、物联网、云计算等信息技术的迅猛发展,信息技术与人类世界政治、经济、军事、科研、生活等方方面面不断交叉融合,催生了超越以往任何年代的巨量数据。数据的背后隐藏着信息,而信息之中蕴含着知识和智慧。通过深入分析才能挖掘出所需的信息、知识以及智慧,在更好地展现数据之外,可视化可以帮助人们更好地从数据分析中获取信息和知识,在了解现在的同时,对未来的发展进行预测,协助决胜未来。

3.1.1 可视化发展

从可视化起源到 17 世纪之前这一段漫长的历史时期,随着人们记录、传递信息需求的提升,可视化图表慢慢获得发展。这段时期数据和信息量比较少,数据可视化的形式也较为简单。17 世纪，解析几何和坐标系、早期概率论、人口统计学的发展，开启了数据可视化的大门，制图理论与实践得到快速发展。同时物理测量理论与设备的发展，使人们开始关注航空、测绘等科学领域，可视化与这些科学技术的发展相伴相随，相互促进。18 世纪，化学、社会学开始发展，数学、物理学为其他学科发展提供了基础。数据大量产生，科学家们开始有意识地探索数据的表达形式，发明了一些新的图形表现形式。地图中出现了等值线、等高线，时间线在历史研究中被引入，现在应用广泛的饼图、条形图、折线图等基本图形也在这个可视化的繁荣时期出现了。19 世纪上半叶，社会管理科学得到发展，社会产生的数据从科学技术扩展到经济社会领域，科技、工业、社会发展对数据的积累和应用都提出了更高的需求，印刷形式的发展进步为可视化传播提供了机会。在技术和设计双重进步的支持下，统计图形和主题图这两种现代的数据可视化方式得到迅猛发展，散点图、极坐标图等常用图形在这几十年间基本都出现了。20 世纪上半叶，随着社会的整体发展，可视化面向政府、商业、科学等领域提供服务，并且为各领域的发展提供其独特的应用。20 世纪下半叶，现代计算机诞生并且快速普及，一方面为绘制数据可视化图形提供了更先进的技术，另一方面计算机的应用产生了越来越多的数据，数据量巨大而且形式多样，如何展现数据背后隐藏的信息和价值，对可视化产生了新的更深层次的需求。同期《图形符号学》一书出版，该书根据数据的联系和特征确定了构成图形的基本要素，并构建了图形设计的基本框架，为数据可视化提供了理论基础。可视化开始在各行各业得到应用，并且开创了一些新的形式，开始了现代化的繁荣之旅。

现代大数据时代，可视化是大数据分析的重要方法，它能够有效地克服计算机自动化分析方法的劣势与不足，整合计算机的分析能力和人们对信息的感知能力，利用认识理论、人机交互技术辅助人们直观有效地洞悉大数据背后的信息、知识与智慧。目前，大数据可视化呈现出 3 个主要趋势：对象正从传统的单一数据来源扩展到多来源、多尺度、多维度等广泛数据；分析理解数据的需求从传统的科研人员和商业用户延伸到社会化媒体和每位信息消费者；可视化包含数据变换、数据呈现和数据交互 3 个重要部分。从数据处理流程来看，可视化是数据中暴露给用户并与数据打交道的接口，利用数据整合、数据挖掘、数据搜索、多用户协作、知识管理、网络传输、Web 化、移动化等面向大数据的可视化方法，实现符合大数据特性的可视化和分析，并贯穿整个数据处理的生命周期。

纵观可视化的发展历史，人类对数据的需求由粗糙到精确、展现形式由一维到多维、数据类型由简单到复杂、应用领域由有限到丰富。大数据可视化注定成为可视化历史中新的里程碑。从历史规律来看，人类还需要数学、统计学等其他学科的研究成果帮助大数据可视化发展到成熟阶段；需要深刻认识到有效使用新技术和跨专业研究的重要性，不断在实践中创新与学习，利用可视化技术促进各领域发展的同时，利用其他领域的需求和发展来推动可视化学科的进步。

3.1.2　可视化分类

可视化与很多学科产生了交叉融合，成为这些学科发展的重要工具。在可视化与众多学科融合发展的现状下，可以从以下两个角度对可视化进行大致的归类。

1. 按可视化处理对象分类

1）科学可视化

在研究科学现象过程中对计算机图形学的使用，主要是利用计算机图形学来展示科学研究中的数据，它主要面向物理、化学、气象、航空航天、医学、生物学等各学科。因为这些学科的研究需要对数据和模型进行解释，才能理解数据和模型中的模式、特点、关系等内在信息。科学可视化主要关注三维真实世界的物理、化学现象，因此其可视化的基础数据通常是现实世界中的二维或三维空间中的数据，或者是时间维度的数据。

2）信息可视化

信息可视化是一个跨学科领域，它处理的对象是抽象的、大规模非数值型的数据集合，如文本、图表、层次结构等，通过将可视化技术在非空间数据领域应用，将信息转化为视觉形式，增强数据呈现效果，让用户以直观交互的方式实现对数据的观察，从而发现数据中隐藏的模式、特点、关系。信息可视化的演化过程是从数和图到文本，再到多媒体，以便最大限度地利用人们的多通道和分布式认知功能以及形象思维功能，达到意会。

2. 按可视化结果分类

1）静态可视化

静态可视化通常用来展示二维数据，一般选择基础的图表。静态可视化传递数据信息直观有效，但受数据类型和基础类图表所限，只能展示表层的、简单的数据，不能展示深层次、关系复杂的数据。静态可视化的典型是信息图，通过图标、图表、文字相组合，展示某个主题的数据、信息。这种表达方式可以让读者快速获取关键信息，简洁明了。

2）交互可视化

这类可视化的核心在于人机交互。交互可视化通常展示的数据类型是多维数据，通常选择组合型基础图表进行展示，通过鼠标实现多图多级联动。在交互可视化中，可以过滤筛选用户的需求，展示不同主题的数据。可以在数据节点上进行"上卷下钻"操作，查看数据内部关联情况。交互可视化能够促进人与数据的交流，增强自主参与度，通过筛选和锁定条件快速高效地寻找目标信息。

3）动态可视化

这类可视化主要可以体现数据变化过程，展示数据为多维数据。在充分利用交互可视化的基础上，将所有信息整合处理，以微动态的形式展示各维数据间的变化情况，让大脑在每一帧变化中感受变化，同时减少图表的张数，对数据之间的关联情况体会得更加深刻。动态可视化在视觉效果上比静态可视化酷炫，更能吸引人的注意力。

3.1.3 可视化图表

经过漫长的发展，可视化图表已经非常丰富。总体来说，可视化图表可以分为两类：一类是传统的基本统计图表，另一类是随着信息技术发展而出现的主题统计图表。本节主要介绍现代常用的可视化图表。

1. 基本统计图表

传统的基本统计图表是最早的可视化形式之一，包括柱状图、条形图、直方图、箱形图、折线图、面积图、饼图、散点图等。随着可视化技术的发展，基本统计图表发展出不同的变体应用。在现代、大型、复杂的可视化系统中,基本统计图表不再是唯一的、核心的可视化手段,但却是其中不可缺少的基本元素。

2. 主题统计图表

1)地理图

当数据集中包括任何形式的位置数据时,便可以把这些数据在地图上展示。地理图的绘制离不开地图数据,其中信息点(point of information,POI)是一个关键要素,它包含名称、类别、经度纬度、附近的商业数据等信息。

2)热力图

热力图以颜色来表现数据强弱、大小及分布趋势,呈现热力图的数据主要包括离散的坐标点及对应的强弱数值。通过热力图,可以轻易地发现数据在哪里比较强、在哪里比较弱。

3)雷达图

雷达图以二维图的形式显示多变量数据。该图首先从同一点开始向不同的角度延伸出轴,轴与轴之间的角度相等,每个轴代表一个变量,轴线的数据长度与变量的大小成正比,然后将每个轴线上的数据值用线连接起来。图3-1是某企业六个方向的预算和实际支出雷达图。

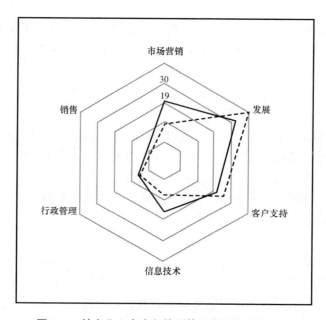

图3-1 某企业六个方向的预算和实际支出雷达图

4)子弹图

子弹图中间主条形的长度叫作功能度量,代表主要数据值,与主条形方向垂直的直线标记则称为比较度量,用来与功能度量所得数值进行比较。如果主条形长度超越比较度量标记的位置,则代表数据达标,反之则认为不达标。图3-2是某企业六个方向的预算与实际支出子弹图。

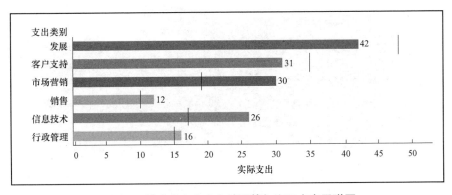

图 3-2 某企业六个方向的预算与实际支出子弹图

5）关系图

关系图主要用来展现事物相关性和关联性，通过大量的数据，展示某种信息的流动。关系图可以用来展现社交关系链、品牌传播、病毒营销等信息。

6）力导图

力导图通常在二维或三维空间里配置节点，节点之间用线连接，各连线长度几乎相等，且尽可能不相交。节点和连线都被施加了力的作用，力是根据节点和连线的相对位置来计算的。根据力的作用计算节点和连线的运动轨迹，并不断降低它们的能量，最终达到一种平衡有序的最终状态。力导图可以完成很好的聚类，方便用户看出点之间的亲疏关系。图 3-3 是纽约现代艺术馆制作的抽象派大师的人际关系力导图。

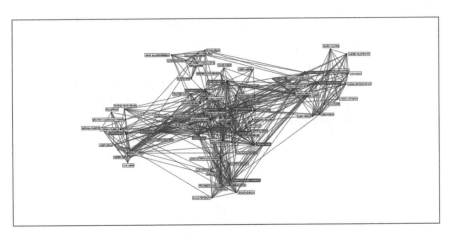

图 3-3 抽象派大师的人际关系力导图

7）桑基图

桑基图主要由边、流量和节点组成，边代表了流动的数据，流量代表了流动数据的具体数值，节点代表了不同分类。边的宽度与流量成比例地显示数据，边越宽，数值越大。桑基图最明显的特征就是，始末端的分支宽度总和相等，即所有主支宽度的总和应与所有分出去的分支宽度的总和相等，保持能量的平衡。图 3-4 是 2018 年美国全年能源及数量桑基图。

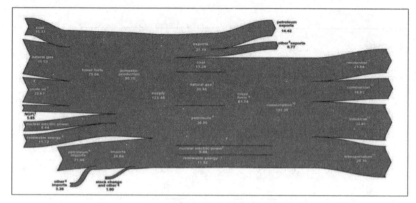

图 3-4　2018 年美国全年能源及数量桑基图

8）和弦图

和弦图又叫弦图，是一种用于表示数据间关系和流量的关系图。外围不同颜色的圆环表示数据节点，弧长表示数据量大小。连接圆上任意两点的弧形连接带叫作弦，连接带连接有关系的数据节点。连接带的宽度表示两个数据之间的关系程度或者比例关系，如果弦首尾宽度一致，表示数据节点之间是单向流量；如果连接带首尾宽度不同，表示数据节点之间是双向流量，连接带的颜色可以区分数据点间的不同关系。图 3-5 是欧盟出口交叉就业影响的和弦图。

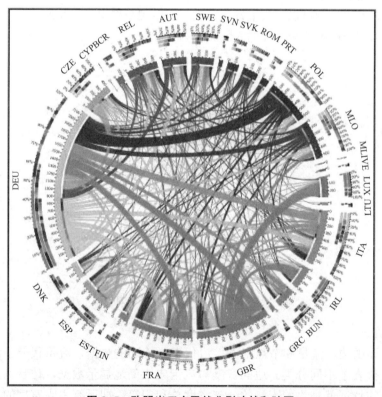

图 3-5　欧盟出口交叉就业影响的和弦图

9）矩形树图

矩形树图把具有层次关系的数据可视化为一组嵌套的矩形，树的每一个分支都是一个矩形，下面有更小的矩形代表子分支。叶子结点的矩形面积大小与分支数据占总数据的比例成正比。图 3-6 某企业三家公司服装销量矩形树图，它是一个包含等级的矩形树图。

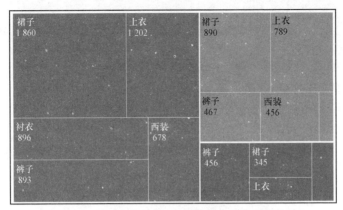

图 3-6　某企业三家公司服装销量矩形树图

10）漏斗图

漏斗图由多个倒置的梯形叠放在一起组成，每个梯形代表业务流程的一个环节，业务流程之间有逻辑关系。梯形面积代表这个环节的业务量，上下梯形面积的对比展示了不同环节业务量的对比。图 3-7 是某企业客户漏斗图。

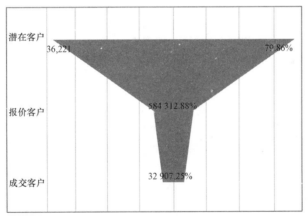

图 3-7　某企业客户漏斗图

11）仪表图

仪表图就像汽车的速度表一样，是一种拟物化的图表，刻度表示度量，指针表示维度，指针角度表示数据值。目前很多的管理报表或报告中都使用这种图表，直观表现出某个指标的进度或实际情况。图 3-8 是典型的企业运行绩效仪表盘图。

3. 可视化图表的选择

按可视化需求，可以将基本可视化需求划分为比较、分布、构成、联系四类，针对不同需求，Andrew Abela 整理出了可视化图表选择思维导图（如图 3-9 所示）。无论选择何种可视化图表，要谨记图表是为需求服务的工具，不可为追求工具的新颖、时尚、美观而放弃其实用性特征。图表是可视化的直观表达，但并不是所有的信息都需要用图表表达。对于某些信息量很小的信息，可以选用简洁的文本表达。总结来说，选择文本还是图表、选择哪个类型的图表，其目的都是清晰、简洁地展示数据，而不是展示图表本身。

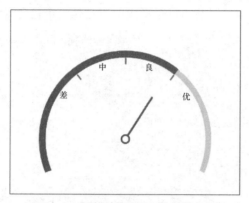

图 3-8 典型的企业运行绩效仪表图

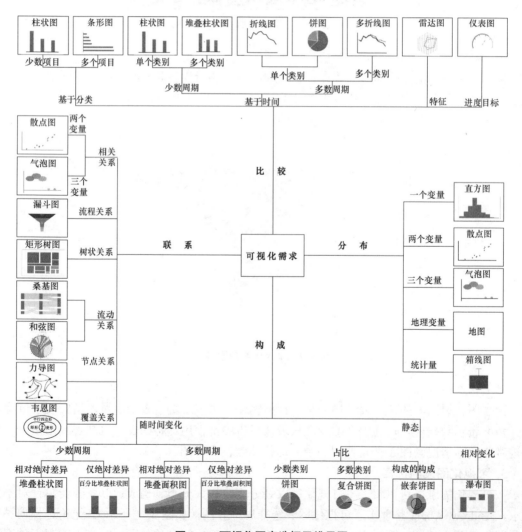

图 3-9 可视化图表选择思维导图

3.2 可视化分析

3.2.1 可视化分析的内涵

可视化分析是一门通过交互性可视化界面促进分析推理的一门科学。最初，可视化分析被认为是通过交互式视觉界面促进分析推理的科学，这一定义主要强调可视化分析的数据交互，同时重视数据交互背后的分析推理。随后，可视化分析的定义包括：可视化分析是一种综合信息的能力，它能从大量、动态、模糊、冲突的数据中获取有用的结论，获取预期的信息并发现意外的收获；提供及时、合理、易于理解的解释，并能有效沟通以指导行动；可视化分析将自动分析技术与交互可视化相结合，以便对大量复杂的数据集进行处理，进行有效的理解、推理和决策。这个阶段的定义将可视化分析作为一种将可视化、算法数据分析、人机交互、分析推理等学科相结合的新兴研究领域，引起了很多领域和学科的兴趣。随着可视化和数据分析的发展，可视化分析在研究方面的作用越加明显。现在，可视化分析被认为是一个基于可视化、算法数据分析、分析推理等多学科的研究领域，利用可视化和交互作为将人类的判断融入到知识发现的过程中，以便深入理解大型、复杂的数据集，直观形象地展现解释的模式或知识。这个定义对可视化分析做了比以往更加细致的解释，着重强调它在分析研究方面的目标，甚至认为分析研究是可视化分析最核心的特点之一。相较于仅仅理解并呈现数据结果的可视化，可视化分析更注重对数据进行分析并从中发现知识。但可视化分析的基础是数据可视化，因此可视化分析面临一个困境，那就是在数据分析中很难用直观高效的方式来解释发现的复杂模式。

从不断深入的可视化分析的定义可以看出，可视化分析的诞生主要源于单纯依靠自动化分析技术或可视化技术很难完成的复杂问题的决策。大量数字或文本格式的数据超出人类的认知能力，因此很难从复杂分析过程中有效提取知识。可视化分析的目标是通过可视化表征以聚合的方式帮助人类分析复杂过程，降低大量数据所带来的认知负荷，同时通过交互性可视化表征促进人机交流，实现人机优势融合，更好地应对信息过载和决策复杂性带来的挑战。

3.2.2 可视化分析的发展

可视化分析包含两大核心要素，自动化分析技术（如统计和数据挖掘）和可视化分析技术（如信息可视化和人机交互）。它整合了信息可视化、人机交互、数据分析、数据管理、地理空间及时间数据的处理与统计等多个学科方向。从发展初始至今，可视化分析经历了以下三个阶段。

1. 可视化阶段

可视化分析起源于可视化。可视化专注于与科学过程相关的空间数据的视觉显示和真实呈现，研究抽象和非固有空间数据的可视化表示，包括数值和非数值数据。近几十年来，大量崭新的可视化技术，例如，平行坐标及其扩展、树形图、基于字形和像素等数据可视化的方法被发展出来，以便展示各种抽象数据。尽管科学可视化和信息可视化有着不同的研究重点，但这两个可视化的子领域都有相同的目标，就是将有价值的数据以人们更容易理解的形式展现出来。因此，可视化的研究主要集中在生成不同的视图上。

2. 数据分析阶段

随着可视化的发展，人们不再满足于仅仅将数据展示出来，数据分析成为新的追求目标。数据分析是对数据进行建模和探索的过程，人们利用统计程序发现有用的信息并对决策进行支持。在统计分析应用中，数据分析被分为验证性数据分析（confirmatory data analysis，CDA）和探索性数据分析（exploratory data analysis，EDA）。验证性分析主要是指在大量复杂的理论分析或实践工作中，经常会面临陌生的数据。在不了解数据特征的情况下，传统的统计分析方法常常先假设数据符合一种统计模型，然后依据数据样本来估计模型的一些参数及统计量，以此了解数据的特征，但实际中往往很多数据并不符合假设的统计模型分布，这导致数据分析结果不理想。为解决这一问题，20世纪70年代人们提出了探索性数据分析，这种方法是指对已有数据在尽量少的先验假设下通过作图、制表、方程拟合、计算特征量等手段探索数据的结构和规律。其基本思路是通过考察大量不确定条件下各种方案的不同结果，理解和发现复杂现象背后数据变量之间的影响关系，并广泛试探各种可能的结果。通过探索性分析，可以深入理解各种不确定性因素对特定问题的影响。探索性数据分析是一种更加贴合实际情况的分析方法，它强调让数据自身展示其特征，通过探索性数据分析可以真实、直接地观察到数据的结构及特征。

3. 可视化分析阶段

随着各领域数据量的急骤增长，知识发现的概念被提出。知识发现是比数据挖掘更广义的一种说法，它强调从各种信息中根据不同的需求获得知识。知识发现的目的是向使用者屏蔽原始数据的烦琐细节，从原始数据中提炼出有意义的、简洁的知识，直接向使用者报告。

在探索性分析提出之前，验证性数据分析与数据之间不存在交互，它仅仅利用可视化展示其分析的结果。数据分析技术与可视化和交互技术是独立发展的，相互之间并不存在过多的联系。当探索性数据分析被提出之后，人们可以利用可视化技术进行数据交互。因此，从验证性数据分析到探索性数据分析的发展，是可视化分析这一研究领域形成的重要发展进程。在信息可视化研究领域，随着图形用户界面的改进，人们认识到，在知识发现的过程中可以通过高效的可视化技术、交互能力和知识转移能力将用户界面进行整合，从而实现可视化数据探索或可视化数据挖掘。这意味着交互可视化和可视化分析之间存在一定的重叠。然而，交互可视化中的交互主要是通过操纵图形元素来呈现不同的可视化结果。在交互可视化中，讨论更多的是与图表元素的交互，而不是与数据本身的交互，因为此时数据分析不是必需的内容。为了探索可视化数据表示、数据分析和知识发现过程之间的关系，提出了可视化数据挖掘这一概念，它被概括为知识发现过程中的一个步骤，利用可视化作为计算机和用户之间的信息交流通道，以产生新颖和易于理解的可视化模式。可视化数据挖掘是基于数据可视化的交互和分析推理过程，其目的是从数据中发现易于理解的知识模式。可视化数据挖掘大大拓宽了信息可视化和数据挖掘的研究领域。

虽然可视化分析没有悠久的历史，但它是一个持续快速增长的研究领域，在通信、光学、控制理论、地理学、数学计算生物学、教育、医学信息学、遥感等领域都具有广泛的应用。

在数据量不断扩张的信息社会，对海量复杂数据进行可视化分析，具有非常广阔的应用和发展空间。

3.2.3 可视化分析的过程

可视化分析要解决的问题通常比较复杂，输入数据来自多个异质数据集，它们经过数据转化、数据清洗、选择与合并等预处理后，用户既可以进行可视化数据探索，通过交互性界面探索其中潜藏的模式与趋势，从而获取解决问题的相关知识与见解；也可以直接通过统计和数据挖掘等自动化分析技术建立模型与验证假设，从而获取相关知识。同时可视化表征与假设模型之间存在动态交互，可视化探索分析可以帮助提出新的假设，优化模型参数，也可以对建立的模型进行可视化操作，直观地呈现复杂的变量关系。获取的知识则可以进一步引导数据输入和分析流程。因此，可视化分析往往是非线性的迭代性发展过程。可视化分析过程如图 3-10 所示。

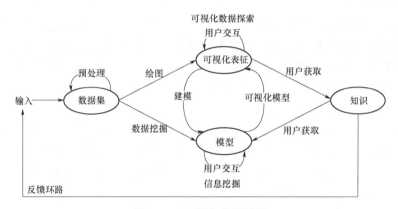

图 3-10 可视化分析过程

作为一门分析推理学，可视化分析的核心思想是面对难以通过可视化和分析技术理解的数据，将人类的认知、感知、推理、知识等都融入到对数据的理解过程中，以获取对数据的深入理解，挖掘出新的知识。作为将可视化与交互融合在一起的研究领域，可视化分析首先要有研究的基础数据，然后根据探索性数据分析的要求对数据进行分析。可视化分析的特点，它在探索性分析结果的基础上，增加了人与数据的交互，并且这个交互不是一个闭环，而是可以循环进行。一般情况下，可以将可视化分析流程总结为以下步骤：第一步，数据处理；第二步，对数据进行算法分析；第三步，用合适的技术对数据进行可视化；第四步，通过人类感知、认知、推理活动，从数据中获得有深意的知识；第五步，提出新的假设，并通过交互将新生成的知识整合到分析和可视化中；第六步，根据对数据的理解，与计算机交互，更新生成新的可视化结果。

3.2.4 可视化分析应用的分类

根据不同的标准，可视化分析可以分为不同的应用类别。依据数据的特点，将可视化分析应用分为时空数据可视化分析、非时空数据可视化分析。时空数据可视化分析包括对空间数据（一维、多维）和时序数据的可视化分析，非时空数据可视化分析包括层次和网络数据可视化分析、文本和文档可视化分析、跨媒体数据可视化分析、复杂高维多元数据可视化分析。但随着可视化分析的发展，在很多复杂的应用中，会同时用到多种可视化分析技术。伴随着可视化分析的发展，其整个过程中人与数据的交互越来越重要。基于此，提出了可视化分析应用分类的新标准：可视化维度和交互类型。

1. 基于可视化维度分类

基于可视化维度，可以将可视化分析应用分为四类：二维至二维、多维降至二维、多维转换至二维、多维转换至三维。

1）二维至二维

二维可视化是最常用的可视化方法。在二维可视化中，通过在笛卡尔坐标系中标注二维数据对其进行可视化。用户通过二维可视化方法，对二维数据进行推理分析。这种方法的特点是：数据是二维的；数据以二维形式可视化。

2）多维降至二维

随着数据的急剧增加，很多研究领域涌现出大量多维数据。然而人类最多只能通过三维空间来观察世界和其中的模式。为了将多维数据以人类可以理解的形式展现出来，可以事先利用算法对数据进行降维，再对降维后的数据进行可视化。这种方法的特点是：数据是多维的；利用算法将数据降至二维；对处理过的数据进行二维可视化。

3）多维转换至二维

这种方法不会对多维数据进行算法降维，而是将多维数据编码成不同的表示形式，转换映射至二维空间。通过在同一个平面中植入相应数量的不同维度的二维图，同时显示多个维度数据的趋势和模式。这种方法的特点是：数据是多维的；多维数据被转换并映射到二维可视化结果中；数据的多维度不会经过算法进行降维。

4）多维转换至三维

三维可视化被开发的初始目的是通过计算机图形处理，将三维物体或现象转换为二维图像。如今，三维可视化被广泛地应用于科学可视化，以便更好地展示数据，利于科研人员更好地对数据进行说明。三维可视化还经常结合多种方法以便对多维数据进行分析。多维转换至三维可视化方法以多维数据和三维可视化为基础，这种方法的特点是：数据是多维的；数据被转换映射到三维可视化结果。

2. 基于交互类型的分类

在现代的可视化分析中，经常通过多种交互技术对数据进行交互式可视化探索，用户可以直接与数据、算法、可视化结果进行交互。从数据观测的角度，可以将交互分为两类，分别是展示性交互和探索性交互。以此为依据，可以将可视化分析应用划分为展示性可视化分析和探索性可视化分析。

1）展示性可视化分析

展示性交互是指用来修改底层数学模型或渲染算法参数、从源数据中获取价值或模型的交互。运用这类交互的可视化分析被称为展示性可视化分析。在展示性可视化分析中，交互的目的是改变算法，以便呈现可视化结果或构建数据分析模型。在这个过程中，展现性交互常常伴随着数据分析的过程。

2）探索性可视化分析

探索性交互是指为了探索数据和可视化空间的交互。在探索性可视化分析中，用户通过观察数据在动态可视化交互中的反应，获取对数据的理解。

3. 综合分类

从技术角度来看，上述两类分析方法之间并不是孤立的，而是存在联系的，基于可视化维度和基于交互类型的分类形成了可视化分析应用程序的完整分类。图 3-11 说明了可视化分析两种分类之间的联系。用户可以根据研究需要，选择合适的可视化分析应用。

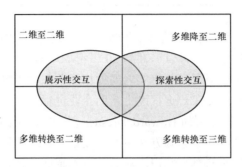

图 3-11　可视化分析综合分类

3.3　商务智能与可视化

3.3.1　商务智能与数据

现代经济环境越来越复杂，企业的每一个决策都可能为其带来巨大的影响，甚至决定其生死存亡。及时准确的决策已成为企业生存与发展的生命线，在动态不确定的环境下，决策过程不仅要设计合理，而且必须能迅速变化以适应环境。较早的时候，企业的很多决策常常来自决策者的经验或者感觉，虽然很多决策获得了成功，但并不能解决这种决策缺少数据和信息事实论据的缺陷。企业的决策需要更多、更快、更有价值的信息和知识的支持。信息技术的发展以及人类认知力的加强，缺乏事实数据的困境逐步消失，企业的决策越来越多地以数据、信息、知识为基础。但随着信息化程度的深入发展和应用，企业掌握的数据开始疯狂增长，面对过大数量的复杂数据，企业在利用数据获取信息和知识上逐渐显得力不从心。企业更渴望从庞杂的数据中得到适度的、有效的信息，并进一步将其转化为知识，从而获得有效快捷的决策。知识管理成为企业面临的一大挑战，也成为各级管理者的一项重要任务。为满足知识管理的需求，很多 IT 工具被开发出来用以进行知识管理。知识管理 IT 工具的类别和功能见表 3-1。

商务智能与数据分析

表 3–1 知识管理 IT 工具的类别和功能

类别	功能
内容管理工具	支持对不同来源的知识进行集成、分类和编码
知识共享工具	支持人与人或人与其他实体之间共享知识
搜索知识系统	寻找和获取所需知识，发现知识
通用知识管理系统	为企业的知识管理需求提供通用解决方案

商务智能作为一种通用知识管理系统，在助力企业知识管理中的作用越来越明显，近年受到众多企业追捧。商务智能最早可以追溯到 20 世纪 50 年代，当时对于商务智能的理解是通过掌握商业数据，利用数据呈现商业事实之间的相互关系，引导商业活动向着预期的目标前进。在此期间，商务智能虽然在一定程度上帮助企业进行决策，但并没有获得广泛应用。直到 1989 年，Gartner 公司的分析师 Howard Dresner 首次提出了商务智能，并为商务智能提出了一系列的概念和方法，这些概念和方法主要在收集、管理数据的基础上，对数据展开分析，将这些数据转化为有用的信息和知识，然后分发到企业各处，辅助决策者做出决策。综合来看，商务智能是融合了先进信息技术与创新管理理念的结合体，集成了企业内外的数据，进行加工并从中提取能够创造商业价值的信息，面向企业战略并服务于管理层、业务层，指导企业经营决策。商务智能涉及企业战略、管理思想、业务整体和体系等层面，促进信息到知识再到利润的转换，从而实现更好的绩效。数据以及从数据中获取信息和知识，是商务智能的基础。归根到底，数据成为各个组织机构的宝贵资产，如何有效地利用数据了解过去、管理现在、预测并优化未来成为发展的重要问题，成为提升企业竞争力的关键环节。

3.3.2 商务智能的可视化

在面对大量复杂结构的数据时，为了对数据进行理解和分析，需要在两个方面进行努力：一方面是数据的缩减，在所有的数据中，并不是所有的数据都对用户有价值，使用者需要的是有价值的数据子集，或者在所有数据中挖掘归纳出来的规律；另一方面就是数据的简化，将数据以另外一种更容易接受的方式进行展示，大大提高数据理解分析的速度，数据简化的最典型手段就是数据的可视化。一张图像传达的信息等同于大量文字的堆积叙述，人们通过视觉能比其他感官获得更多的信息，这也说明可视化是一种用来理解数据的合适方法。

数据可视化是对各类数据的可视化理论与方法的统称。对不同领域的数据进行可视化形成了不同类别的可视化方法和技术。商务智能可视化是众多可视化方法和技术当中的一种。商务智能可视化，就是商务智能理论与技术发展过程中与数据可视化融合起来的概念和方法，就是对商务智能数据的展现。无论是从数据可视化的概念，还是从商务智能的含义，其核心思想都是通过可视化工具，对数据进行处理后进行易于用户观看和理解的数据展现的过程。商务智能作为利用商务数据为决策者提供信息和知识的理论，必然也离不开对商务数据的可视化处理，可视化是商务智能发挥其作用的基础支撑。可以说，商务智能能够让企业的管理决策事半功倍，而可视化是让商务智能能够发挥其作用的根本利器。从技术的角度看，实现这一目标的手段是多样的，比较传统的企业求助于 Excel 等传统的数据处理工具。但随着数据量的增加，传统的数据处理方式严重阻碍了企业从数据中获取信息、知识的能力和速度。于是越来越多的企业求助于商务智能解决方案供应商，在更先进的数据处理和可视化方案下，很多企业提升了业务能力，获得了绩效的提升。案例 3-1 有力地证明了商务智能可以有效利用数据提高企业的管理效率，支持企业的管理决策。

案例 3-1

Tableau 助力招商基金推动数据决策日常化

项目背景

招商基金管理有限公司（以下简称招商基金），是中国第一家中外合资的基金管理公司，公司规模在公募基金管理行业内排名前十，位列公募行业第一梯队。以"为投资者创造更多价值"为使命，招商基金致力于成为中国资产管理行业具有差异化竞争优势的公司。

项目需求

基金行业一直是一个用数据说话的行业，有着重视数据的传统。招商基金早先已建立了自身的数据仓库，进行数据和信息的整合。但过往数据仓库在决策支持上发挥的能力有限，用户常常通过报表系统或数据库查询零散地选取数据后，在本地用 Excel 进行分析，这往往需要花费很多时间来进行数据的处理和确认，整个过程十分烦琐。同时，由于缺乏标准化的分析逻辑，每个人的逻辑都存储在自己的 Excel 中，使得数据分析的深度有限，无法为支持业务决策提供参考，数据的价值没有得到完全释放。

解决方案

2019 年，招商基金基于 Tableau 搭建了北斗经营分析平台，建设了公司内部的指标和分析体系。通过构建分析平台，招商基金构建了企业内部标准化的分析逻辑，让组织中的每个人都在同一频道上工作，不再纠结于数据口径的差异。

项目效益

通过部署 Tableau，招商基金得到了更好的用户体验，也养成了更好的数据习惯。在建立北斗经营分析平台后，员工反馈非常积极，招商基金的公司领导、部门领导、各业务线条的数据分析人员都成为日常用户。招商基金内部，Tableau 使用人数迅速增长，使用频度也日益上升，越来越多的人成为深度数据用户。通过数据分析效率的提升，带来了数据分析能力的提升。工作效率提升了，对数据的分析也更加深入。分析结果更准确实用，使用就越频繁，日常经营活动中就更能够为决策提供价值。

对于业务人员而言，运用 Tableau 提炼数据价值，北斗经营分析平台能够对产品、渠道和客户的变化进行非常直观的分析，只要市场、客户有异动就能迅速反馈，让业务人员能够及时采取行动进行相应处理。对于公司管理层而言，公司的业务规模和动态、竞品情况、投资业绩，以及内部营销情况都一目了然。尤其是以往投资和销售对产品销售结果的贡献难以进行区别，因为数据的处理量大，处理维度逻辑十分复杂。现在通过 Tableau，二者的贡献得以区分。每个产品都可以得到快速对标，同全市场的其他产品进行比较。Tableau 不仅能评估同类型业绩产品的销售表现，还能评估本公司的销售在各渠道的表现。基金经理之间的业绩差异也得到基于数据的分析，其投资表现也能够得到更为客观综合的评价。

资料来源：https://www.tableau.com/zh-cn/solutions/customer/Tableau-helps-ChinaMerchantsFund-improve-data-usage-experience-and-promote-daily-data-decision-making。

3.3.3 商务智能中的解释性分析

可视化中的探索性分析基本思路是通过考察大量不确定条件下各种方案的不同结果，理解和发现复杂现象背后数据变量之间的影响关系，并广泛试探各种可能的结果，通过探索性分析，可以深入理解各种不确定性因素对于特定问题的影响。探索性分析帮助人们探索数据中隐藏的内涵，使数据呈现出人们之前不了解的知识。纵观可视化发展历程，可视化的探索性分析一直被重视，因为它可以呈现出令人耳目一新的绚丽图表或图像。但不论是数据分析本身，还是作为数据分析重要工具的可视化，其目的都不仅仅是得到令人炫目的图像，而是要通过可视化让人们更深刻地理解数据背后的逻辑，获取数据中的信息和知识。所以，仅仅停留在炫美可视化图表阶段的可视化，是不完整的可视化。可视化并不是数据分析的结束。

为了有效理解数据可视化的结果，理解可视化呈现出的信息和知识，需要进一步对可视化的结果进行解释，这就需要对其进行解释性分析。解释性分析的目的是要获取有关起因和结果之间联系的证据，因果关系研究内容可以分为两部分：一是理解哪些因素是起因，哪些因素是结果；二是在此基础上进一步研究因变量与结果变量之间的具体关系。解释性分析侧重于对发现的模式或模型进行解释，探索模型背后的逻辑，可以说它是探索性分析的后续工作，其重点在于告诉人们为什么会发生这样的事情，通过了解现象发生的原因，进而预测将来会发生什么事情。

20世纪40年代首次提出神经网络以来，人工智能方面的研究迅速增长。进入21世纪，计算资源变得更廉价且更容易获取，促进了深度学习等先进技术的发展和繁荣。这些技术在发现数据的模式或模型方面具有很强的能力，但对分析结果进行解释的能力严重不足，甚至曾经出现"人工智能不需要解释"的说法。对任何数据，好的解释能给人们更多的启迪和进一步改进的空间。人工智能不是不需要解释，而是其突破式发展的背景下，对应的解释研究没有同步发展，对复杂的大数据和人工智能模型进行解释困难重重，才使其解释分析能力落后于其探索分析能力。

人工智能各种模型的性能不断提升，但缺乏对其内部工作机理的理解与分析，各种先进的模型和技术通常被看作"黑盒"模型，导致用户只能观察模型的预测结果，而不能了解模型产生决策的原因。模型的不可解释性极大地限制了它们的发展与应用。例如，在商务智能领域，仅仅向用户提供最终的预测结果而不解释其原因并不能够满足用户的需求，用户需要获取模型产生决策的原因来理解、认可、信任这个模型，并在模型出错时修复模型的问题。因此，研究提升模型可解释性的学习算法、使用户可以理解信任模型、并与模型进行交互变得至关重要。近年来，很多学者尝试去解决深度神经网络等人工智能模型的可解释性问题。在这个过程中，可视化是解释机器学习、深度学习模型的一个重要手段。

由此可以看出，不论采用何种模型对何种数据进行分析，都需要将数据可视化与解释数据逻辑结合起来，要能够从展示数据、探索数据规律，进一步对可视化的结果进行解释，讲清楚数据背后的逻辑关系。商务智能作为关系企业成败的关键支撑，更需要将探索性分析与解释性分析结合起来，共同阐述数据背后的故事，才能让企业决策者理解、认可，进而信任商务智能的分析结果，最终按商务智能的结果来指导管理决策。

现实中大部分数据工作者把精力集中在数据可视化部分，数据解释严重不足，致使很多数据分析工作停留在图表的展示。为有效将数据可视化中的探索性分析与解释性分析，甚至是数据预测结合起来，数据分析专家 Cole Nussbaumer Knaflic 提出了一套可视化分析流程框架（如图 3-12 所示）。这个框架强调在可视化过程中，不仅要重视数据的可视化表现，满足一系列要求将数据有序、美观、清晰、有力地展示出来，而且要对展示出的结果进行专业的思考，进而给出数据背后的逻辑解释。

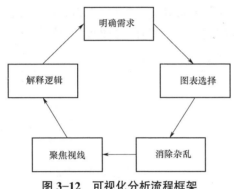

图 3-12　可视化分析流程框架

（1）明确需求。数据分析的最终目标不是呈现各种数据的可视化结果，而是要为不同的用户服务。在可视化开始之前，首先要思考的不是选择什么图表、如何创建图表，而是要根据数据分析的需求，确认此项工作面向的对象，在此基础上，与可视化对象达成共识，确保双方进行有效的信息沟通。其次要确认需要向可视化对象展示的内容，明确工作目标。最后要思考如何用数据表达自己的观点，实现目标。

（2）图表选择。可视化有种类繁多的图表可供选择，这虽然大大增加了数据为人们服务的机会，但同时也带来了使用数据和图表的隐患。数据分析中时常会因为糟糕的制图导致前期成功的工作产生整体失败的结果。这个阶段要根据用户的需求选择最适合的图表。图表选择不是越复杂、越炫目越好，而是越简单、越清晰越好。

（3）清除杂乱。可视化的目的是传递信息，人类需要利用认知能力接收信息、理解信息。过多的可视化元素会造成认知负荷，增加信息处理的负担。杂乱是造成认知负荷的一个元凶，降低可视化对信息的传递作用。在可视化过程中，要尽量设计清晰、简洁的图表。

（4）聚焦视线。人类的记忆可以分为三类：形象记忆、短期记忆、长期记忆。对于引起大脑兴趣的信息，大脑开始进行短期记忆。当足够引起大脑重视的信息出现时，这些信息会进入大脑的长期记忆，影响大脑的模式识别。如何让可视化图表在大脑中从形象记忆到短期记忆，再到长期记忆，最终影响需要掌握信息的人，需要在图表设计中进行相应的视觉引导，吸引读者的注意。

（5）解释逻辑。可视化的工作完成之后，还需要分析可视化结果背后的逻辑，清晰地讲述给第一步中确定的可视化工作的对象，使其能够接受分析结果并据此采取行动。不同的讲述方式会获取不一样的听众效果。解释数据背后的逻辑，让受众认可并接受这个内容，需要进行精心的安排。

3.3.4 商务智能中的分析预测

数据分析的意义，在于说明过去发生了什么、为什么发生这样的现状，但并不止步于此，数据分析还有一个更重要的作用是根据过去的信息，预测未来会发生什么。在商务智能中，了解公司运营的现状后，需要对公司的未来发展趋势做出预测，为公司制定业务目标，并提供有效的战略参考和决策依据，以确保公司的持续健康发展。如今，绝大部分商务智能供应商都加入了分析预测的相关功能，将分析预测技术嵌入到一个高性能的可视化环境中，形成包含两部分内容的整体的可视化分析环境。例如，Tableau 对某企业 2020 年月度销售额进行可视化以后，还可以进一步预测企业未来几个月的销售额（见图 3-13）。

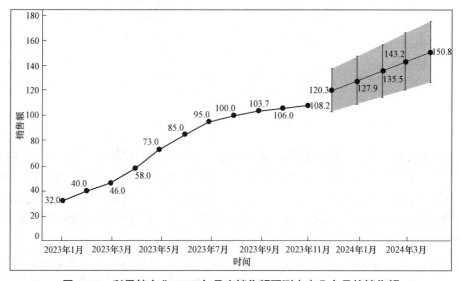

图 3-13　利用某企业 2023 年月度销售额预测未来几个月的销售额

图 3-14 Tableau 是直接对销售额进行单特征变量的预测，在实际的商务智能可视化中，更多情况下会利用多特征变量，对数据进行分析预测。图 3-15 是 Tableau 对银行贷款风险预测的可视化，这个预测利用过去 24 个月内不同类型贷款的信用评级等多特征变量，预测未来 24 个月内贷款发生风险的概率和风险贷款余额。贷款管理人员可以根据预测结果，对风险贷款进行管理，降低贷款风险发生的概率，提高贷款业务的绩效。

在现代技术的支撑下，企业都不再满足于简单地对数据进行展示，而是更多地追求利用数据背后的逻辑，认识事物发展的逻辑，进而预测商业的发展，提前做出管理决策，应对可能发生的变化，以取得更好的管理绩效。案例 3-2 通过对商务智能的运用，企业不仅提高了数据处理的效率，革新了数据的表达方式，提升了数据的展现力量，最关键的是利用数据对商业发展进行预测，提前规划决策，有效地规避了风险，提升了企业的绩效。案例 3-2 是一个对企业数据进行可视化，进一步分析预测，辅助企业决策的成功案例。

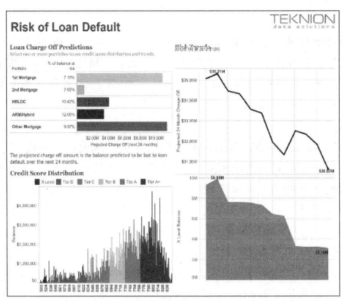

图 3-14　Tableau 对某银行贷款风险的预测

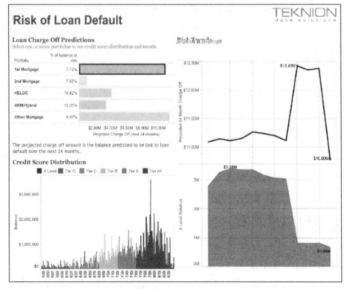

图 3-15　Tableau 对某银行一次抵押贷款风险的预测

案例 3-2

Tableau 助力中国石油勘探开发研究院分析决策

项目背景

中国石油勘探开发研究院（RIPED，以下简称研究院）是中国石油面向全球石油天然气勘探开发的综合性研究机构，主要肩负全球油气业务发展战略规划研究、油气勘探开发重大应用基础理论与技术研发、全球油气业务技术支持与生产技术服务等。

项目需求

数据作为石油行业的基石，承载着至关重要的信息。而研究院的工作涉及地质数据、测井数据、地震数据等，量级巨大。在接触到 Tableau 之前，研究院一直使用 Excel 进行数据分析，但 Excel 处理数据量级有限，一套数据如果超过 50 万行需要分成若干个表，使用起来很不方便，无法完整地分析一套数据。

解决方案

2016 年，研究院接触后发现，Tableau 不但对数据量级大小没有限制，其强大的可视化数据分析功能能够对地下的数据智能成像，快速洞察地下的地质异常，为研究院直观查看数据所蕴含的地质信息并带来油气新发现提供强大后盾。不仅如此，Tableau 在数据分析过程中，还能够实现快速的数据清洗并筛选出有用的数据。这样的智能可视化数据分析令人惊喜。

项目效益

利用 Tableau 开展数据分析的最大魅力就是预测。2019 年，研究院通过 Tableau 的数据统计、分析、预测功能分析了国际油价与全球 GDP 增速、全球原油供需变化之间的关系，对未来国际油价的变化趋势开展了预测。在预测到油价的下跌时，及时调整了业务资源配置，最终 2020 年初国际油价出现断崖式暴跌也证实了预判的准确性。利用大数据分析功能，研究院摆脱了对数据的不敏感，从被动地接受数据的动态变化转变为主动地对其进行分析，做到了及时对全球油气行业发展的动态、热点、趋势做出预判，对国际油价的变化做出洞察，通过及时调整业务布局及时避免了商业损失。

资料来源：https://www.tableau.com/zh-cn/solutions/customer/RIPED-breaks-through-the-limits-of-the-levels-of-data-analysis-with-Tableau。

3.4 企业绩效管理

3.4.1 企业绩效管理的内涵

世界范围内经济、政治、军事、技术、社会等方面的重大变革，使世界经济融合得越来越紧密，企业面临的竞争环境也越来越激烈。企业要想在变幻莫测的市场占有一席之地就必须能够获得并维持竞争优势，这要求企业具有与众不同的经营谋略和经营智慧，运用谋略在商场中"克敌制胜"，这便是企业战略。企业战略从企业整体利益出发，确立愿景、使命、目标，谋求企业整体的长期生存和长远发展，通过取舍和聚焦，将企业的有限资源合理配置在正确的决策上，以实现战略目标。战略管理是对企业或组织未来发展的方向和范围做出决策以及决策的实施。

尽管制定一个成功的企业战略困难重重，但很多企业还是能够通过努力做出一个好的企业战略规划。但企业战略执行后并不一定能实现预期的战略目标，大量研究表明，很多企业实施战略之后取得的效果与预期效果之间存在较大的差距。究其原因，主要是因为企业战略无法得到有效执行。企业战略是一个长期的、目标导向的策略与计划，为了保证企业战略执行的最终结果与预期的一致性，必须对企业战略执行过程中的绩效进行监控，以评估企业战略执行过程中的绩效是否实现了目标，如果没有实现目标，找出产生偏差的原因并进行修正调整，保证企业战略执行向其目标前进。

商务智能技术是企业绩效管理的技术基础，对各种管理应用生成的企业数据进行分析，帮助管理者认识企业和市场的现状，辅助决策。随着企业战略不断受到重视，商务智能与企业战略结合形成了以企业战略为驱动的企业绩效管理（business performance management，BPM），它是企业用来衡量、监控及管理企业绩效的业务流程、方法、度量和技术。BPM 可以理解为企业为实现企业战略的一个重要管理工具，是在企业战略指导下，在一定的组织下，通过有效评估业务流程执行的过程和结果，是评估企业战略绩效结果的工具。BPM 包含以下以下三部分内容：

一是集成的闭环管理和分析流程，用于管理财务和运营活动；

二是用于定义战略目标的工具，并度量和管理针对目标的绩效评估工具；

三是一系列核心的过程，包括财务和运营计划、合并和报表、建模、分析和监控关键绩效指标（KPI），这些过程与企业战略紧密相连。

BPM 由商务智能发展而来，但又不同于商务智能。它与商务智能最大的不同在于，BPM 更注重与企业战略的结合，通过制定一系列连接企业战略与行动的闭环，实时监控企业战略执行的效果，为企业战略目标的实现提供指导。

3.4.2　企业绩效管理闭环流程

BPM 从企业战略出发，根据企业拥有的资源进行预算分配，在战略执行过程中，监控战略执行情况，对发现的偏差进行调整，开始新一轮的战略规划，如图 3-16 所示。BPM 就在这样的循环过程中，通过持续地搜集与企业绩效相关的数据，利用商务智能技术进行分析，帮助管理人员有效掌握企业的经营管理信息，使企业的绩效与战略目标保持一致。

1. 战略制定

企业战略一般由企业高层制定，战略规划了企业的前景蓝图，确定了战略目标，并在评估了企业外部环境的机会和威胁、企业内部优势和劣势的基础上，指明了从现在出发企业走向未来愿景的道路。BPM 是与企业战略结合的商务智能应用，BPM 起始于战略的制定，战略制定是 BPM 管理的第一步，也是最重要的一个步骤。战略制定的任务是决定企业应该做什么事情，战略制定可以进一步划分为战略分析与战略选择两部分。

图 3-16　企业绩效管理闭环流程

进行战略分析时，企业需要完成以下三项任务。一是确立愿景和使命。愿景是企业的前景蓝图，使命是企业存在的意义和追求的价值。愿景和使命是企业战略管理的起点，也是企业为之奋斗的方向。二是外部环境分析。掌握企业所处的从宏观到微观的外部环境，明确影响企业愿景和目标实现的战略机会与挑战。三是评估内部资源与能力。通过评估企业的资源和能力，可以明确企业的优势和弱点，便于企业制定扬长避短的战略。

战略选择，企业需要完成以下三项任务。一是提出战略方案。在战略分析的基础上，企业已经明确了目标，为实现这个目标企业会提出多个可行的战略方案。二是评估方案。企业要对多个方案的优点、缺点进行评估，并充分考察企业外部的机会和威胁、内部的优势和劣势，对所有提出的战略方案评级。三是选择战略方案。企业在有限资源条件下，选择最适合企业的战略方案。

2. 运营与计划

运营计划包括一整套战略行动方案，包括跨部门、跨业务单元的流程。因此，运营计划的执行需要各部门相互协调、相互促进，才能产生最佳效果。运营计划的执行需要资金的支持。职能部门为了追求短期的绩效，没有将部门预算用在支持运营计划上，因此运营计划必须有独立的资金来源，最好的办法是在运营计划的基础上编制财务计划，从根本上保证运营计划的有效执行。

3. 监控分析

战略能否较好地执行，最终体现在战略目标能否分解并很好地完成。在现实情况中，运营计划执行的结果往往与战略目标之间存在偏差。在监控过程中，企业需要找出最能够代表战略目标的一些关键指标进行监控，商务智能作为监控的关键技术，可以把企业内外部的数据都整合起来分析使用，同时使用多种工具的可视化图形界面，把这些关键指标以图形的方式高效地展示给企业管理人员，便于管理人员对战略执行结果进行监控分析。

4. 调整执行

虽然企业对战略的重视程度不断加强，并不断寻求科学的手段制定战略，但仍无法保证战略本身的推测和假设是完全正确有效的，如果战略本身的假设存在瑕疵，战略执行的结果很大概率无法实现其既定的目标。另外，即便企业能够制定出良好的战略，企业在制定运营计划的时候，尽量使其与战略相匹配，但有些情况下，企业未必能找到与战略最匹配的运营计划，导致运营计划执行的结果与战略目标之间存在偏差。即便找到了与战略目标匹配的运营计划，但执行过程中发生了偏差，其结果也可能导致目标无法实现。企业需要发现这些偏差，找出导致偏差的原因，并对造成偏差的原因进行改进调整，使运营计划与战略目标匹配。

3.4.3 关键绩效指标

在 BPM 的管理闭环流程中，监控分析是其中的关键一环，实现这一步的关键是建立一套绩效考核体系（performance measurement system，PMS），这它是 BPM 的基础。绩效考核体系向企业管理人员提供一套包含财务和非财务指标的考核体系。通常情况下，财务指标主要反映企业的短期绩效等，非财务指标主要包含可能影响未来财务业绩的因素。这些指标既能反映企业过去的绩效，也能影响企业未来的绩效。在绩效考核体系中，核心要素是对战略目标和绩效指标进行对比，从而反馈企业战略执行情况。因此绩效考核的第一个核心内容是确定考核指标。通常情况下，用于评估企业绩效的指标被称为关键绩效指标（key performance index，KPI）。KPI 是衡量企业战略实施效果的关键指标，其目的是建立一种机制，将企业战略转化为内部过程和活动,以不断增强企业的核心竞争力并持续地取得高效益。KPI 与普通绩效指标的根本区别在于,KPI 是企业战略导向的,它是体现企业战略目标实现情况的指标,是具有多维特征的指标,其特征见表 3-2。

表 3-2 KPI 的特征

战略	KPI 体现企业战略目标
目标	KPI 度量企业特定目标的绩效,目标是在战略、规划或预算时确定,目标有不同的形式
范围	目标绩效要明确范围,例如,高于目标、与目标持平、低于目标
编码	在软件中对 KPI 范围进行编码,以方便直观地对目标绩效进行可视化展示
时间范围	明确目标必须完成的时间范围。时间范围通常被划分为更小的时间段,作为绩效实现过程中的时间里程碑
基准	将目标的实现情况与基准线(baseline)或基准(benchmark)进行对比,评价目标完成情况

在企业意识到绩效管理对企业战略的重要性之后,绝大多数企业都建设了绩效考核体系。虽然如今的绩效管理更重视与战略的结合,但遗憾的是现实中的绩效考核绝大部分还是财务上的衡量,企业多以历史指标作为绩效考核的标准,并且大多关注企业内部而忽视外部。如何设置 KPI 成为 BPM 的核心内容之一,很多文献都对 KPI 的设置提供了指导。综合而言,KPI 需要满足的条件见表 3-3。

表 3-3 KPI 需要满足的条件

相关性	不论是财务指标还是非财务指标,必须是影响企业战略的重要因素,保证指标的有效执行可以促进企业战略的执行和目标实现
综合性	关键绩效指标应该是过去、现在、未来的融合,确保企业长远战略目标的实现,避免为了短期利益忽视长期利益
平衡性	关键绩效指标不应仅关注部分利益相关者,而应该平衡股东、雇员、合作伙伴、供应商等所有利益相关者,确保利益相关者的认同和执行
全面性	关键绩效指标应简单易懂,保证全体员工都能够理解指标,并知道如何调整工作,实现上至高层、下至底层的全覆盖
领导性	由首席执行官和高级管理团队亲自组织实施,保证指标执行的有效领导
明确性	关键绩效指标执行责任可追溯至某个具体团队或者某个密切合作的团队,通过责任追溯保障指标的有效执行
科学性	关键绩效指标应是基于研究和实际情况的,避免武断选择

3.5 企业绩效管理方法

战略绩效管理是企业绩效管理发展的前沿,一般情况下所说的企业绩效管理,指的就是与战略融合的绩效管理。本书所述的 BPM,指的也是融合了战略的绩效管理。企业绩效管理的目标是通过将绩效管理与战略相结合，将战略分解为企业日常的运营和规划，使企业的行动能够促进战略的实现。为了实现这一目标，企业需要一个全面而系统的绩效考核框架。人们不断寻找能够与战略结合的绩效管理方法，提出了多种面向企业绩效管理的方法，本书主要介绍目前应用比较广泛的两种：平衡计分卡和六西格玛。

3.5.1 平衡计分卡

1992 年，卡普兰和诺顿在《哈佛商业评论》上发表了一篇题为《平衡计分卡：驱动业绩的衡量体系》的论文，第一次提出平衡计分卡（balanced score card，BSC）的概念。之后他们对平衡计分卡进行持续不断的完善和改进，将之从一个改良的绩效衡量系统，逐步演变成了一个核心的战略管理系统。BSC 理论涉及战略制定、描述、协同、衡量、管理、运营等诸多环节，其理论框架包括以下内容。

1. BSC 的四个维度

BSC 与普通计记分卡或者评价表的不同之处在于，BSC 从组织的愿景和使命出发，建议从客户、财务、内部业务流程、学习与成长四个维度来观察一个组织，为各个视角指定度量、目标、方案，同时最为关键的是，它要求组织考虑四个维度之间的平衡，并且通过四个维度之间的逻辑关系，对组织各项战略目标和绩效指标进行系统性的分析与整理。这个四个维度组成了平衡计分卡的框架（如图 3-17 所示）。

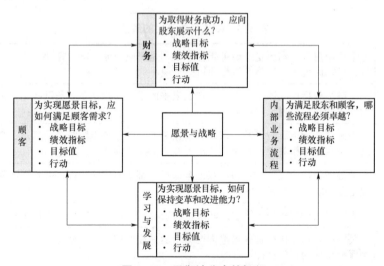

图 3-17 平衡计分卡的框架

1）财务维度

虽然 BSC 突破了传统的以财务指标为主的绩效评价方法，但是组织对财务数据都具有传统的需求，尤其在组织越来越重视股东和相关者利益的背景下，BSC 也重视从财务的角度去概括组织的经营活动。实际应用中要注意避免过度关注财务指标而忽略其他维度指标。

2）客户维度

企业组织生存和发展的基础是能够满足客户的需求，提升顾客的价值。BSC 在传统财务维度的基础上，考察一个正确的战略成功执行后，应该获得的客户维度方面的成果。如果无法有效理解客户的需求,就无法有效满足客户的需求,就会形成客户的流失,最终导致经营的失败,就会表现出较差的绩效。

3)内部业务流程维度

在财务维度和顾客维度已确认的基础上,为了实现战略目标,实现股东和顾客价值的增加,应该详细掌握内部的业务流程,并能够找出业务流程改进的内容。在内部业务流程维度上,需要找出对战略实施效果影响最大的流程内容进行改变和革新,使之能够与战略相匹配,通过流程的执行推进战略的正确执行,实现战略目标。

4)学习与发展维度

组织由人构成,靠人来运作,人的能力决定了组织的能力。为了达到战略目标,组织内部的人需要不断应对外界环境、自身资源等变化。学习与发展维度就是用来让组织明确为了实现组织的愿景,要如何保持改变或进步的能力。学习与成长维度,要针对财务、客户、内部业务流程三个维度提出人、系统、程序的实际能力与战略目标实现所需要的能力的差距,以及为了弥补这个差距,组织需要在哪些方面进行改变和进步。

2. 四个角度的平衡

实际应用中,不仅要有四个维度的指标,还要求各维度之间的指标都是从战略分解而来的相互匹配的指标。通过指标之间的配合、平衡,实现企业整体价值的提升。

1)财务指标与非财务指标的平衡

财务指标可以反映企业经营活动的成果,但用财务指标来评价企业创造无形价值和效益等方面的效果并不显著。在一定程度上,非财务指标比财务指标更直接地反映企业经营状况和管理人员的表现。BSC 的目的就是将财务指标和非财务指标结合起来作为衡量绩效的指标。

2)前置指标与滞后指标的平衡

滞后指标是描述已经取得的绩效的指标,财务指标是一个滞后指标,它反映上一年度发生的情况,但不能说明如何改善业绩以获得可持续发展。前置指标指那些产生滞后指标结果的绩效动因,BSC 中财务、客户、内部流程、学习与成长这四个方面都包含了前置指标和滞后指标,构建前置指标与滞后指标间因果关系为纽带的测评系统,实现战略、过程、行为、结果一体化的绩效评价体系。

3)内部群体和外部群体利益的平衡

企业具有不同的利益群体,股东与客户为外部群体,员工和内部业务流程是内部群体,内部群体与外部群体所期望的绩效水平往往存在矛盾和差异,BSC 充分认识并理解这种差异并加以平衡,使企业战略能够给双方都带来价值的增加。

4)定量指标和定性指标的平衡

动因是定性不易衡量的定性指标,结果是容易测量的定量指标。BSC 需要结合指标之间的相关性,按照因果关系构筑评价体系,借由这两类不同性质的指标互相补充、互相调节,实现定性指标与定量指标的平衡。

5)长期目标和短期目标的平衡

BSC 是一套战略执行的管理系统,以系统的观点来看,BSC 实施过程中,战略是输入,财务是输出。BSC 以战略的眼光,把企业的长期战略目标落实到短期的现实指标上,并能根据短期指标的实现状况相应调整未来长期的战略目标。

3. BSC 的理论流程

经过 20 多年的发展，BSC 将战略制定工具、战略规划工具、运营管理工具综合起来，已经形成了一套综合完整的包括战略制定、规划、运营执行三部分的管理体系。BSC 已经演变成一个严谨的六阶段战略管理理论体系，它以闭环的体系整合所有管理工具，帮助实现战略的执行流程如图 3-18 所示。在这个闭合的流程中，每一个环节都会对其他环节产生影响，这种各环节的相互影响，体现了 BSC 框架中的平衡思想。

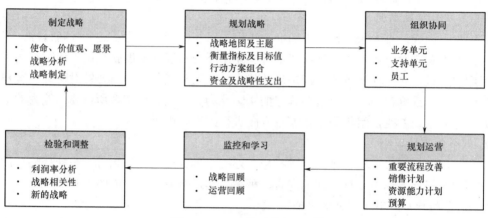

图 3-18 BSC 战略执行流程

1）制定战略

经过几十年的发展，战略制定和开发的理论与工具已经非常多，例如 PEST、五力模型、资源基础理论、核心竞争力、蓝海战略，等等。除此之外还有很多改善运营的理论，例如，全质量管理、六西格玛、学习型组织等。不论采用哪些理论和工具，这个阶段的目的是制定最优的战略。

2）规划战略

首先，管理人员理解战略，将战略分解为不同的战略主题，战略主题是一组相关战略目标的集合。然后，运用战略地图、平衡计分卡工具规划战略，把企业的战略目标转化为具体的关键成功因素，每一个关键成功因素至少用一个 KPI 描述，进一步确定 KPI 的目标值，分解明确企业运营的行动方案，并对人力、资金等战略支出做预算规划。在这个阶段，战略地图和平衡计分卡提出了整合业务单元的战略和运营架构，描述了企业为其利益相关者创造价值的方式。

3）组织协同

公司战略目标的实现，不仅要有一个优势的战略，还需要有一个良好的战略执行过程。在这个阶段公司管理人员需要设计一套管理体系，把公司战略分解到各业务部门、职能部门，使业务部门和职能部门都能很好地理解公司战略，将业务单元的战略与运营结合起来，使每个部门既实现本部门的最优运营，也支持公司战略的实现。组织的目标，最终是通过每一个员工的行动实现的，因此组织协同不仅要在部门的层面进行协同，还要延伸到对员工的协同。通过对员工进行激励，使员工与业务单元战略、公司总体战略相连接，使员工关注战略并为战略贡献。

4）规划运营

平衡计分卡在质量和流程改进与客户和股东价值之间建立了清晰的因果关系，指明了哪些流程改进对于成功的企业战略执行来说是最关键的流程。在企业内部，关键流程的确定取决于企业的价值定位。例如，对于价值定位是给顾客提供低成本产品的企业，其关键流程应聚焦于降低成本。关键流程往往并不是唯一而是成体系的，企业价值目标的实现需要员工在一系列的流程上进行改进。企业识别出对企业战略价值有影响的流程后，为了促进流程的改进，要为这些流程分配资源，尤其是稀缺资源，确保这些流程的正常执行或是改进。通过关键流程的执行，实现战略的价值目标。

5）监控和学习

监控和学习的核心任务是将企业运营的实际值与目标值进行对比，来考察战略执行和完成情况。监控和学习可以分为两个层次，一是运营监控，主要监控和管理短期财务和运营绩效；二是战略监控，主要管理战略行动方案和平衡计分卡。通过监控，审视企业绩效实现过程中的问题，评估企业战略执行过程和遇到的困难，监控企业内外部环境变化，找出战略执行偏差出现的原因并进行改进，确定企业向着战略目标前进。

6）检验和调整

并不是所有的企业战略都能实现其目标，很多企业战略最终都以失败告终。战略失败的原因很多，可能本身制定战略的基础假设不正确；可能好的战略在分解的过程中犯了错误；可能好的企业战略正确分解后未得到合理的资源分配；可能企业战略分解的运营活动没有得到很好的执行；可能外界环境变化导致原本良好的企业战略变得不那么优秀。综合来看，很多企业战略不会一成不变地执行到底，而需要跟随环境的变化适时做出调整。这就需要利用监控阶段获得的信息判断战略的假设和基础是否发生变化，进而判断战略是否需要进行调整，开启新一轮的管理体系的运作。

这六个流程阶段是一个综合的、一体化的闭环系统，各流程必须相互配合、协调，才能为企业战略目标的实现提供支持。现实中，这些流程由企业不同部门分别执行，容易造成流程间的不匹配，影响 BSC 管理目标实现。因此使用 BSC 进行绩效管理的时候，企业不同部门的管理流程应根据 BSC 管理系统的要求进行必要的流程调整，使之与 BSC 体系相适应，使各部门的管理流程形成企业战略协同效应，协同促进企业战略目标的实现。

4. 应用

BSC 作为绩效管理工具，只提供了一个框架，不具有具体的指标体系，每个企业在使用 BSC 工具时，需要构建自己的指标体系。

大部分 BI 供应商针对不同行业分别提供计分卡应用模板，如 BSC Designer 作为专注于 BSC 管理的 BI 供应商，提供了一般业务、销售营销、人才管理、业务增长等不同类型的计分卡管理模板，并于 2020 年提出了针对 COVID-19 的业务增长企业战略绩效管理模板。这个模板针对 COVID-19 流行危机对全球产生的影响，帮助受到影响的企业找出应对措施，使企业保持业务和战略的连续性（如图 3-19 所示）。当然，如果某企业想通过 BSC 的使用达到战略目标，还需要以此模板基础，构建专属于自己的指标体系，分解专属自己的管理流程。

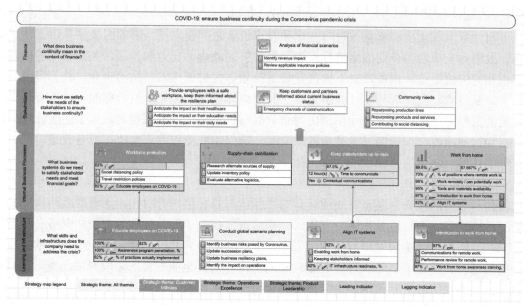

图 3-19　BSC Designer 设计的应对 COVID-19 的平衡计分卡模板

在 BSC 管理模板的基础上，针对企业的特殊需求，BSC 的供应商会帮助企业生成平衡计分卡框架，通过创建地图、确定 KPI、管理计划、实施策略等步骤，为企业实现 BSC 绩效管理。在构建具有四个观点的策略计分卡时，需要遵循一般的基本原则：一是 BSC 的各个观点不仅要包含企业的战略目标，还要有助于解释战略的逻辑关系，例如，低层目标是为了实现高层目标而设置；二是编制商业目标的时候要明确，一个目标的实现并不一定带来另一个目标的成功，所有的目标都是需要验证的假设；三是 KPI 要与目标保持一致。在遵循基本原则的基础上，各企业根据实际情况，构建个性化的指标体系。案例 3-3 讲述了 BSC 是如何帮助 CAJA 实现战略控制的。

案例 3-3

CAJA 的金融战略改进与战略控制

项目背景

萨拉曼卡乡村银行（CAJA RURAL DE SALAMANCA）是一家位于西班牙的大型金融机构。它提供广泛的金融服务，包括贷款、信用卡、储蓄、支票和许多其他业务。公司近年来不断增长扩张，业务活动越来越多、越来越复杂，客户也不断增加。为了更好地管理这家不断扩张的企业，最高管理层决定实施平衡计分卡制度。

项目需求

在将 BSC 应用于这家金融机构的过程中，BSC 帮助企业负责人更好地了解他们的业务和目标。企业制定了一个四年的执行计划，其中包括许多要实现的目标：

1. 战略部门的发展。

2. 构建活动图表以获得公司观点的地图（战略地图）。
3. 审查战略和规划活动，找出领先和滞后的指标。
4. 确定战略活动和业务活动之间的联系。
5. 监测以战略目标为目的的业务活动。
6. 改善公司绩效（最重要的绩效）。
7. 其他目标。

规划控制部作为负责企业战略的部门，开始选择 BSC 实施工具并推进 BSC 实施。BSC 的良好实施，需要一个有效的仪表盘来节省时间和资源。评价的领域包括商业和营销、人力资源、一般干预、投资、组织和数据处理。BSC 的执行日历会根据每个部门的绩效周期进行调整。BSC 的应用跨度是四年，但部门行动以年度单位进行划分。

解决方案

规划控制部负责人向 BSC Designer 的设计者提供信息，BSC Designer 的设计者利用这些信息设计并实现企业的战略规划，BSC 管理输出的信息为企业高层和部门管理人员的决策提供支持。同时规划控制部为 BSC Designer 的设计者提供技术支持，他们为 BSC Designer 解决一切问题。

负责 BSC 运行的活动监控部与其他部门一起，从客户需求出发，针对 BSC 的四个观点搜集并分析信息，构建了一套内部管理流程。CAJA 专家不仅使用了 BSC Designer 的项目树模型，还使用了一些其他功能。使用最多的功能是：

1. 导入指标：整合导入的信息。
2. 战略地图：公司专家执行战略图，其因果关系进入每个战略目标。
3. 报表：使用报表（HTML 和 MS Excel）监控战略计划，并将监控结果向上层管理人员（总部）汇报。最常用的是 HTML 报表和仪表板报表。
4. 自定义公式：专家偶尔使用自定义公式（有些指标需要使用特殊公式计算）。

项目效益

应用了 BSC 管理仪表板一年后，该银行成功开发出其战略活动——重要的管理子系统，为公司指明了发展方向。负责 BSC 系统执行的规划控制部门重新审查了企业战略，确定了战略目标及权重，逐步将此信息融入到 BSC 体系中，创建了清晰而准确的战略地图。BSC 成功转变了一些特定的目标，使其与 BSC 财务角度的目标相吻合。之后，在各部门负责人的帮助下，继续将战略目标分解为企业运行任务。虽然转变尚未完全结束，但可以预期将获得良好的管理效果。

资料来源：BSC Designer, case studies, BSC Designer Software, Case study: Strategy Improvement and Strategic Control in Finance, https://bscdesigner.com/strategic-control-finance.htm。

3.5.2 六西格玛

1. 理论基础

西格玛（Sigma，σ）是希腊文的一个字母，在统计学上用来表示标准差，用以描述总体中的个体距离均值的偏离程度，即数据的离散程度。在质量正态分布的情况下，假设质量分布中心值 μ 到规格限距离为 3σ，那么两侧超出规格限的缺陷率各为 $1\,350\times10^{-6}$，即生产 100

万个产品中有缺陷的产品有 2 700 个。若是分布中心值 μ 到规格限距离达到 6σ，则两侧各出现缺陷的概率是 0.001×10^{-6}，即相当于 10 亿个产品中只有 2 个产品有缺陷如图 3-20 所示。

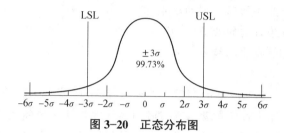

图 3-20　正态分布图

在现实情况中，根据质量波动的种种原因，分布中分值 μ 会发生偏离，根据统计发现其偏离的最大值为 1.5σ。如果中心值向规格上限方向偏移 1.5σ，那么超出上限的缺陷概率是 3.4×10^{-6}，超出规格下限的缺陷概率为 0×10^{-6}，缺陷率的总和为 3.4×10^{-6}。在平均值不发生偏移的情况下和偏移 1.5σ 的情况下，缺陷率的结果见表 3-4。

表 3-4　西格玛水平与缺陷率

西格玛水平	过程平均值不偏移		过程平均值偏移 1.5σ	
	合格率/%	缺陷率/$\times 10^{-6}$	合格率/%	缺陷率/$\times 10^{-6}$
σ	68.268 94	317 311	30.232 8	697 672
2σ	95.449 98	45 500	69.123 0	308 770
3σ	99.730 02	2 700	93.318 9	66 811
4σ	99.993 66	63.4	99.379 0	6 210
5σ	99.999 943	0.57	99.976 74	233
6σ	99.999 999 8	0.002	99.999 66	3.4

在这个过程中西格玛水平值越大，质量特征偏离规格界限概率越小，缺陷出现的概率也会越少。也就是说，西格玛水平越高，生产效率会提高，费用减少，生产周期缩短，顾客户满意度也会提高。六西格玛不仅适用于生产过程对产品质量的控制，也适用于经营部门的流程管理。当流程存在可变性时，流程就会产生错误。通常情况使用每百万次机会里的缺陷数（Defects Per Million Opportunities，DPMO）表示西格玛水平，$\times 10^{-6}$ 和 DPMO 可以根据表 3-4 一一对应。大多数企业的业务流程存在较大的可变性，通常为 $3\sigma\sim4\sigma$，意味着每百万次操作产生的错误数量为 6 210～66 811。如果能做到 6σ，每百万次操作中最多只有 3.4 个流程是错误的。所以企业都努力朝着 6σ 的方向努力，尽可能减少可变性。

2. DMAIC 绩效优化模型

六西格玛的核心是流程管理，把公司关注的重点从对部门的监督转变到对流程的改进。目前六西格玛绩效管理中应用最广泛的是基于 PDCA 改进而来的 DMAIC 模型。DMAIC 模型，即定义（define）、测量（measure）、分析（analyze）、改进（improve）、控制（control），这些步骤形成一个闭环的管理（图 3-23）。DMAIC 模型流程如图 3-21 所示。

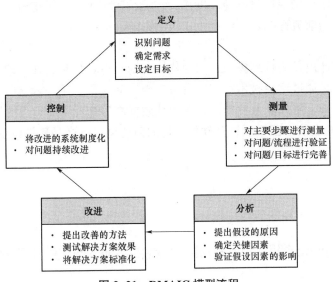

图 3-21 DMAIC 模型流程

1）定义

确认需要改进的产品、服务或者流程，确定项目目标和范围，组织项目团队。在企业绩效管理中，需要改进的目标指的是企业的战略目标，这个步骤的主要目的是识别项目中的机会，验证这个项目具有改进的可能。所选的项目必须对用户和企业都很重要，利益相关者和下游的用户一致认可项目的潜在价值。

2）测量

评估和了解流程的状态，定义流程中的缺陷，搜集数据对产生缺陷的主要问题进行测量，利用搜集的数据监控上一步确定的目标。制定在定义阶段确定的关键流程输入变量（key process input variables，KPIV）和关键流程输出变量（key process output variables，KPOV）的列表，对这些变量进行仔细定义和测量。测量之前决定要收集的数据内容和数据量，以便有足够的数据全面了解并分析与关键指标相关的流程性能。

3）分析

分析收集的数据，提出造成现有流程缺陷的假设原因，在所有原因中确定"少数至关重要的"影响流程质量的根本原因，利用搜集的数据实施假设性检验，根据验证结果，寻找消除绩效与目标差距的方案。问题产生的原因可以分为共同原因和特定原因，消除可变性的共同原因通常意味着改变过程，而消除特定原因通常包括消除训练不足、机器缺陷等问题。

4）改进

找到根除和预防差距产生的创新性解决方案，实施解决方案。在改进阶段，人们转向创造性思维，思考在流程中可以做出的具体改变。在改进步骤中可以使用多种工具，例如，使用流程图、价值流图重新设计流程以改进工作流程。改进步骤的目标是寻找问题的解决方案，并测试评估解决方案，确认解决方案能达到改进的目标。

5）控制

设计监督机制，将创新的流程及方案形成系统，并将这个新的管理系统制度化。控制步骤的任务是完成项目的所有剩余工作，并将改进后的流程连同流程控制方案和其他必要程序移交给流程管理者，以确保项目收益制度化。向流程管理者提供关键流程测量前后的数据、操作和培训文件、当前流程图，持续产生积极的影响。

3. 应用

作为从质量统计出发的管理体系，六西格玛理念与可视化融合在一起，形成了一套新的企业绩效管理技术。通过这些技术，可以有效实现产品质量、用户满意度、企业绩效等内容管理，实现质量提升、用户满意度提高、企业绩效提高等企业不断追求的目标。案例3-4讲述了Minitab作为知名的六西格玛管理软件，是如何通过提高产品质量给企业带来竞争优势，实现绩效的提高。

案例 3-4

Minitab 帮助 Tate & Lyle 确保甜味剂口感更趋于天然糖

项目背景

Tate & Lyle 是食品与饮料行业的全球领导者，它们的口号是"生产优质食品"。该公司在美国最知名的产品之一是甜味剂 SPLENDA®三氯蔗糖。当 Tate & Lyle 面临玉米葡萄糖精制过程的挑战时，该公司选择 Minitab 软件来解决问题。

项目需求

Tate & Lyle 面临以下挑战：保证生产的玉米葡萄糖的颗粒保持同等大小。结晶过程质量特征的一项关键因素就是颗粒大小分布。目标客户所期待的是玉米葡萄糖的口感和质地能接近普通的食用糖或蔗糖，为此，Tate & Lyle 必须确保颗粒大小分布在一定范围内。然而现实情况是一些颗粒的大小在可接受范围之外，却无法找到原因。该公司罗列了一些对颗粒大小变异造成影响的传统因素：温度、压力、流速、pH值、传导性……

解决方案

为解决问题，该公司第一步使用 Companion by Minitab 创建了过程图，详细体现了结晶过程，颗粒大小分布不能可靠地控制在严格范围之内。所有项目都在一家化工厂内进行测量，每个可能的点都拥有发送器，可为数据历史功能提供信息。为了直观地了解颗粒大小数据，他们使用 Minitab Statistical Software 创建了如图 3-22 所示的 Xbar 控制图。虽然这些变量之间的多种关系都是非线性的，但是这也证实要发现它们相互之间的影响是非常困难的。此外，颗粒大小在它装袋销售给客户之前是未知的，因为在这之前它处于干燥阶段，其形态是介于液体和固体之间的凝胶状，称为"浆体"。此类模型具有 1 000 多个可能的输入，多个单独的回归模型无法寻找到答案。由于多个预测变量以极其复杂的方式相互影响，因此需要采用有组织的方法来标识哪些预测变量对颗粒大小分布的影响最大。他们使用了 Salford Predictive Modeler（SPM）中的 TreeNet。

如果只使用传统建模技术的话，很难了解变量与结果之间的关系。SPM 的 TreeNet 可以轻松地专注于关键预测变量，并能够设计出有效处理这些预测变量的策略。他们使用 TreeNet 中的默认设置并调整了树的数量。当开始剔除预测变量时，他们开始了解它对检验 R 平方值的影响。为了找出这些关键变量背后真正的含义，使用了 SPM 的部分依赖图。某些变量落在了部分依赖曲线的陡峭位置，这揭示了它们的重要性。如果不使用 SPM 部分依赖曲线，可能无法发现这些变量的重要性。然后使用了一种直接的逐步方法。每次从中剔除一个变量，然后观察对 R^2 产生的影响。

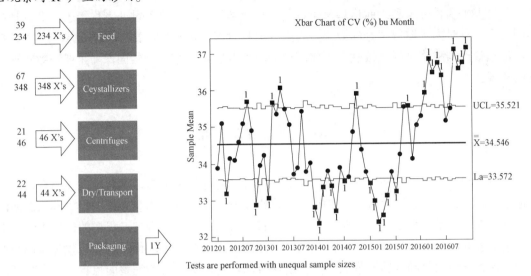

左：Tate & Lyle 在 Companion by Minitab 中创建的过程图简化版本。在玉米葡萄糖结晶过程中，糖浆由精炼厂提供，然后进行结晶（需要数天完成），接着用离心机进行分离，脱水并装袋，销售给客户。

右：关键过程指标是制成品的变异系数（CV），在此显示在使用 Minitab Statistical Software 创建的 Xbar 控制图中。

图 3-22　Xbar 控制图

项目效益

使用 SPM 的变量重要性排名功能将 1 000 多个预测变量迅速缩减到 8 个，单这 8 个预测变量就导致了检验样本中的近一半变异。快速分辨出相较于其他任何变量而言对 R^2 的影响更显著的变量。最终证实此变量与结晶系统的原料流相关，但其对最终产品的影响在创建 SPM 模型之前并不清晰。之后，在 SPM 部分依赖图的帮助下，了解到了此变量对于颗粒大小不可靠性的影响很大。SPM 的部分依赖图展示了在"沿着分布曲线进行"更改时，此变量如何发生改变来响应这些更改。不使用 SPM，Tate & Lyle 可能永远也不会了解到这点。Tate & Lyle 找到了几种方式来减小玉米葡萄糖晶体最终大小的变异，帮助食品制造商使用这些配料来改进销售给客户的产品。

资料来源：Minitab、案例研究. 帮助 Tate & Lyle 确保甜味剂口感更趋于天然糖. https://www.minitab.com/zh-cn/Case-Studies/Tate-and-Lyle/。

3.5.3　平衡计分卡与六西格玛

平衡计分卡整合了企业战略，从战略出发层层分解，将各级策略区分为内部策略区及外部策略区，外部策略区包含衡量股东和顾客价值的指标，内部策略区包含衡量流程及与员工相关的学习与成长指标。通过建立与企业战略目标实现相关的企业绩效考核指标，来保证企业战略的实现。所以在很多场合，平衡计分卡被认为是企业战略层面的绩效管理方法。

六西格玛从顾客角度出发，着眼于企业流程，借助于统计工具的强大数据处理能力，以项目和流程的形式进行质量改善；从客户期望或企业策略出发，选择需要改进的项目或流程，进一步改进项目或流程，促进企业战略目标的实现；更重视企业运营层面的改进，主要关注企业基层的项目与流程管理。因此六西格玛更多地被认为是企业战术层面的绩效管理方法。

理论上平衡计分卡和六西格玛都可以用于企业绩效管理，只不过两者作用于企业管理的不同层面。有时为了取得更好的效果，有些公司将六西格玛与平衡计分卡结合起来使用，项目、流程管理与战略目标直接联系，将战略和战术双层结合起来，共同保障企业绩效管理目标的实现。

3.6 仪 表 盘

信息和通信技术的不断进步以及当今业务环境节奏的不断加速，企业生成并需要处理的数据越来越多，管理者经常被来自 ERP、绩效计分卡、BI 等众多信息系统的报告和信息所淹没，这种现象通常被称为信息超载。如果信息报道时呈现方式不合理，报道的信息不仅不能吸引决策者的注意力，反而还会分散决策者的注意力，这进一步恶化了信息超载带来的负面影响。仪表盘对信息超载问题提出了一个解决方法，它提供了一个完整的包含各种概念和应用程序的整体解决方案。仪表盘是一种综合的数据可视化展现方式，它使用各种图形元素，以集合的方式总结并呈现数据集，注意数据之间的相互依赖性，解释不同类型信息之间存在的关系，甚至对信息进行补充说明。仪表板帮助企业管理者监控组织的情况，警告发现的问题，并针对发现的问题提出改进建议。

3.6.1 仪表盘概述

1. 定义

仪表盘在进入 21 世纪后开始流行，但目前没有明确的定义。仪表盘供应商从其产品特性的角度定义仪表盘，研究人员主要讨论仪表盘的概念、类型及其发展阶段。根据仪表盘的最新发展，对仪表盘的更准确的定义应该是"一个可视化和交互式的绩效管理工具，它在一个屏幕上显示最重要的信息，以便实现一个或多个个人和/或组织的目标，并允许用户在需要纠错的领域进行识别、探索和交流"[①]。这一定义强调了它的交互性，并细化完善了其宗旨和目标。仪表盘的目标并不唯一，但整体上一个良好的仪表盘需要实现以下目标：

① 一致性。企业各部门使用统一的度量和测量程序。
② 监控性。对日常指标进行评估，以便对偏差进行纠正。
③ 规划性。通过对未来进行预测，对业务发展进行规划。
④ 沟通性。仪表盘不仅向利益相关者展示绩效，还通过选择的指标展示组织的价值。

2. 仪表盘特征

仪表盘的特征可以分为两类，分别是功能特征和视觉特征。功能特征与可视化不直接相

---

① OGAN M Y, OANA V. A review of dashboards in performance management: implications for design and research[J]. International journal of accounting information systems, 2012, 13(1): 41−59.

关,这类特征主要体现仪表盘的功能。视觉特征指的是数据可视化的原则,即如何有效且高效地向用户展示信息。仪表盘的特征与其用途要匹配,无论是功能特征还是视觉特征,任何一个特征如果与用途不匹配,都会分散决策者的注意力,而无法支持决策者做出最优的决策。仪表盘通过可视化来传递信息,可视化过程包括两个不同的阶段:编码和解码,即通过使用视觉属性(形状、位置、颜色等)和文本属性(文本、符号等)展示数据中的信息,仪表盘对信息进行编码与解码的能力决定了其性能的优劣。

3.6.2 仪表盘设计

仪表盘追求在一个屏幕上展示需要的信息,其设计需要同时考虑视觉复杂性与信息有效性。从功能的角度出发,仪表盘的设计需要从用户的角度展示其需要的数据和信息、选择合适的图表或图形等因素,以保证仪表盘能满足用户的功能性需求。从可视化的角度出发,仪表盘的设计虽然基本遵循一些通用规则,但仍可以从需求和文化出发,在仪表盘的页面数量、颜色选择、图像维度选择等方面进行个性化设计,甚至为一些关联信息的展示提供接口。严格来说,仪表盘的设计是遵循通用规则下独一无二的设计,不同企业的仪表盘应该是不同的。仪表盘的内容具有独特性,但建立仪表盘的流程是统一的。一般情况下,设计一个仪表盘包含以下步骤。

1)确定仪表盘目标

本质上仪表盘是为实现某一个目标而存在的。不同企业的目标不同,企业内部不同层级使用仪表盘的目标也不同。战略仪表盘是为实现企业战略而存在,运营仪表盘是为监控企业运营情况而存在的。因此在开发设计仪表盘之前,必须首先明确其目标。

2)确定仪表盘指标

对于不同的目标,应该有不同的指标来衡量其实现情况。战略仪表盘更多地关注企业的KPI,这些指标表明公司是否正在实现其战略目标。对企业战略绩效进行衡量时,传统方法最注重财务指标,现在企业已经转向使用财务和非财务绩效指标的混合。

3)搜集用户输入数据

对仪表盘指标的衡量需要使用企业的数据,寻求用户输入数据对于成功的仪表板项目至关重要。企业需要按仪表盘确定的指标搜集数据,作为仪表盘发挥作用的输入资源。

4)初步构建仪表盘并进行测试

构建仪表盘需要大量的设计活动。设计过程中应该根据用户的心理和经验等特点进行内容设计,保证仪表盘的易用性,并能识别出关键性能指标是否需要进行重要的更改。初步构建的仪表盘需要经过一段时间的测试,确保其能够实现其目标才能发布正式使用。

5)发布仪表盘并监控其使用情况

发布的仪表盘不是一成不变的,企业可以通过监控仪表板的使用情况,从用户获得反馈信息,定期对仪表盘进行改进,保证仪表盘的可用性,并不断提高其效率和效用。

遵循同样设计过程,基于同一数据集很可能设计出差别迥异的仪表盘。图 3-23 左右两图是为实现同一目标、基于同一数据源设计的两个不同的仪表盘,从结果可以看出两个仪表盘的功能特征和视觉特征都存在较大的差异,右侧的设计明显优于左侧的设计。这提示人们在仪表盘设计过程中,除了遵循通用的原则,还应遵循上文所述的可视化设计的基础原则和方法，使仪表盘同时满足功能特征和视觉特征，才能较好地开发仪表盘的知识管理能力，高企业决策的效率和有效性。

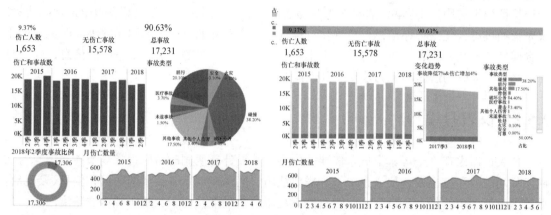

图 3-23 公交安全仪表盘

3.6.3 仪表盘应用

仪表盘的应用范围广泛，在企业绩效管理领域，它将业务流程与最新的数据信息结合，利用通俗易懂的可视化图形向公司的管理层传递信息，以便决策者在大量繁杂的数据和信息中提取有用信息，提高企业决策的质量，仪表盘已成为绩效管理中数据驱动的决策支持系统。在企业绩效管理中，仪表盘的作用体现在三个层次：一是监控，将对企业绩效关键绩效指标的监控以简洁、直观的方式展现出来；二是分析，对监控得到的结果进行原因分析；三是管理，通过对业务流程和数据的理解，决策采取的管理方法。案例3-5展示了仪表盘如何在企业绩效管理中助力企业实现价值增长。

案例 3-5

PepsiCo 借助 Tableau 和 Trifacta 节省了多达 90%的分析时间

项目背景

在全球 200 多个国家和地区，各国消费者每天购买 PepsiCo 产品达 10 亿次。供应过多的产品会导致资源浪费，而供应不足则意味着有利润损失的风险——公司还必须安抚因为空手而归而感到不满的零售商。缺货可能导致的另一个风险是，消费者可能因此而选择竞争对手的产品，这会对品牌产生长远的伤害。为了在合适的产品库存水平和微薄的利润之间达到平衡，PepsiCo 持续对销售预测进行微调。

项目需求

PepsiCo 的客户向公司提供报告，其中包含仓库库存、商店库存以及销售点库存。PepsiCo 将这些数据与自己的发货历史记录、生产数据和预测数据进行对比。每名客户都有自己的数据标准，这些标准各不相同。处理这些数据是一个挑战，而且可能需要花费数月时间才能生成报告。分析师知道，要更快地准备预测和规划工作所需的数据，就必须能够对所有零售商的数据进行快速标准化，还要使用与客户相同的标准。另一个挑战是，需要足够快地生成大量销售预测，以便管理层能够调整销售方向。每份新报告都要求 CPFR（collaborative planning, forecasting and replenishment，协同规划、预测与补货）团队的分析师在 Microsoft Access 中构建一款工具，用于对零售商销售数据和 PepsiCo 供应数据进行合并；这一过程所需的时间多达 6 个月。该团队主要依靠 Excel 进行分析，产生了大量的混乱数据。他们缺少有效的发现错误的方法，可能导致出现严重损失。例如，某种产品在报告中的缺失可能导致预测不准确和收益减少。CPFR 团队需要一种方法来处理大量的离散数据。同时，该团队还需要通过一款可视化分析工具，实现对 PepsiCo 数据的最佳利用。

解决方案

PepsiCo 求助于 Tableau 与其合作伙伴 Trifacta。为提高效率和扩大规模，PepsiCo 部署了 Hortonworks Hadoop，将其作为上述各种数据的着陆和暂存环境。现在，报告直接在 Hadoop 上运行，无需使用 Access 和 PepsiCo 服务器执行多步骤操作。通过此流程，分析师可以使用 Trifacta 直接操纵数据。而 Tableau 凭借功能强大的分析和可视化，帮助业务部门理解大量数据，为 PepsiCo 带来了点睛之笔。PepsiCo 分析师通过 Tableau Server 与管理层共享相关的 Tableau 工作簿。

Trifacta 可与 Tableau 数据提取（TDE）实现本地集成，因此，PepsiCo 分析师可以在二者之间无缝转换。PepsiCo 将 Tableau 数据提取导入 Tableau Desktop，从而可以在处理大数据时保持优良性能。

Trifacta 的数据处理能力与 Tableau 的分析深度共同帮助 PepsiCo 简化了流程。显著降低了数据准备所需的时间，提高了数据的总体质量。Trifacta 中的规范化数据有助于发现数据中的错误和缺陷。而使用 Tableau 可以轻松发现异常值并采取措施。出现问题时，可以及时更正错误，避免流程下游出现更大问题。

项目效益

通过使用 Tableau 来分析 Trifacta 的规范化数据，PepsiCo 将分析的端到端运行时间降低了多达 70%。PepsiCo 降低了准备数据的时间，增加了寻找见解的时间。PepsiCo 供应链数据分析师 Mike Riegling 表示："现在，我们不再花时间整合数据，而是花时间分析数据，讲述故事，发现问题。"

PepsiCo 在 Tableau Desktop 中分析来自全国的库存、物流和财务数据。将数据导入 Tableau Desktop 后，PepsiCo 就可以对大数据进行分析，而分析师能够以前所未有的速度创建供应链和预测报告。分析师对数据进行微调，以便回答问题，发现趋势，针对将来的需求进行规划。通过在 Tableau 中构建这些报告，可以节省多达 90%的报告生成时间，以前需要 6 个多月才能构建好的可视化，现在可以在 1 天之内完成。

IT 部门将 TDE 发布至 Tableau Server，鼓励跨团队协作，实现大规模自助式分析。由于能够以前所未有的速度从客户数据中获得见解，PepsiCo 的流程得到了增强，使其能够为客户提供同类最佳的服务。PepsiCo 现在可以预测趋势、调整销售、最终售出更多合适的产品，提高收入。与其他 CPG 企业相比，PepsiCo 在零售领域获得了竞争优势。

资料来源：借助 Tableau 和 Trifacta，PepsiCo 节省了多达 90%的分析时间，https://www.tableau.com/zh-cn/solutions/customer/pepsico-cuts-analysis-time-90-tableau-trifacta。

3.6.4 仪表盘与计分卡

计分卡与仪表盘是绝大多数绩效管理系统、绩效考核系统及 BPM 套件中常见的组成部分。它们都通过将重要信息整合到一个屏幕上，实现对重要信息的可视化展现。使用者只需要简单地浏览可视化结果便可以轻松了解企业的重要信息。虽说仪表盘与计分卡是两个不同的概念，但在很多场合中两者是可以互换使用的。因为仪表盘作为商务智能重要的工具之一，当它为企业战略高层服务时，仪表盘中的 KPI 就是与企业战略相关的关键指标，计分卡作为企业的战略管理工具，也会从战略目标层层分解形成 KPI。此时对企业高层管理者来说，仪表盘与计分卡的内容是基本相同，可以通用。但在有些场合，两者存在区别。例如，仪表盘用于业务层及战术层时，经理、监督人员、操作人员使用仪表盘来监控每周、每日的详细数据报告时，仪表盘便与计分卡的可视化结果存在较大的差异。使用者要能够根据仪表盘的使用场景，明确仪表盘与计分卡的异同，进行正确的选择和使用。

思 考 题

1. 什么是数据可视化？为什么需要数据可视化？
2. 数据可视化的历史起源是什么？
3. 你认为数据可视化的下个"大事记"会是什么？
4. 为什么有这么多种不同种类的可视化图表？
5. 请找出本书没有给出的可视化图表，并说明它们的特征和用途。
6. 可视化分析出现的原因是什么？
7. 为什么在完成可视化之后，还需要说明可视化背后的逻辑？
8. 什么是企业绩效管理？企业绩效管理与商务智能的关系？
9. 简述企业绩效管理闭环流程。
10. KPI 的显著特征是什么？
11. 什么是平衡计分卡？平衡计分卡从哪几个视角审视企业的绩效？
12. 平衡计分卡中的平衡代表什么？
13. 什么是六西格玛？六西格玛管理的 DMAIC 模型是什么？
14. 比较平衡计分卡和六西格玛这两个绩效管理方法。
15. 什么绩效仪表盘？它的特征和用途分别是什么？

第 4 章
数据挖掘

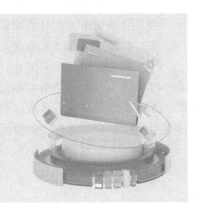

随着大数据的发展,分析数据成为一种重要需求,数据挖掘是从数据中发现知识的工具,它被视为信息技术自然进化的结果。

本章探讨了数据挖掘的概念和技术。数据挖掘,是自动或方便地提取隐式存储在大型数据库、数据仓库和其他海量信息存储库中的知识的模式。

4.1 数据挖掘基本概念

4.1.1 数据挖掘的定义

数据挖掘(data mining,DM),可以认为是在数据库中发现知识(knowledge discovery in database,KDD)的过程,就是从大量数据中获取有效的、新颖的、潜在有用的、最终可理解的模式的过程,简单地说,数据挖掘就是从大量数据中提取或"挖掘知识"。并非所有的信息发现任务都被视为数据挖掘。例如,使用数据库管理系统查找个别记录,或通过因特网的搜索引擎查找特定的 Web 页面,则是信息检索(information retrieval,IR)领域的任务。虽然这些任务是非常重要的,可能涉及复杂的算法和数据结构,但是它们主要依赖传统的计算机科学技术和数据的明显特征来创建索引结构,从而有效地组织和检索信息。尽管如此,数据挖掘技术也已用来增强信息检索系统的能力。

许多人把数据挖掘视为另一个流行术语——知识发现(KDD)的同义词,而另一些人只是把数据挖掘视为知识发现过程的一个基本步骤。知识发现过程如图 4-1 所示,由以下步骤的迭代序列组成:

(1)数据清理(消除噪声和删除不一致数据);
(2)数据集成(多种数据源组合在一起);
(3)数据选择(从数据库中提取与分析任务相关的数据);

（4）数据变换（汇总或聚集操作，把数据变换统一成适合挖掘的形式）；
（5）数据挖掘（基本步骤，使用智能方法提取数据模式）；
（6）模式评估（根据某种兴趣度度量，识别代表知识的真正有趣的模式）；
（7）知识表示（使用可视化和知识表示技术，向用户提供挖掘的知识）。

步骤（1）～（4）是数据预处理的不同形式，为挖掘准备数据。数据挖掘步骤可能与用户或知识库交互，将有趣的模式提供给用户，或作为新的知识存放在知识库中。

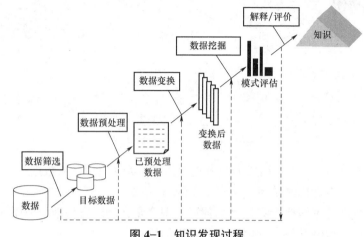

图 4-1　知识发现过程

4.1.2　数据挖掘方法分类

在大数据时代，数据挖掘是最关键的工作之一。数据挖掘是从海量、不完全的、有噪声的、模糊的、随机的大型数据库中发现隐含在其中的、有价值的、潜在有用的信息和知识的过程，也是一种决策支持过程，这个过程主要基于人工智能、机器学习、模式识别、统计学等。通过对大数据高度自动化分析，做出归纳性推理，从中挖掘出潜在的模式，可以帮助企业、商家、用户调整市场政策、减少风险、理性面对市场，并做出正确的决策。目前，在很多领域，尤其是在商业领域如银行、电信、电商等，数据挖掘可以解决很多问题，包括市场营销策略制定、背景分析、企业管理危机等。大数据挖掘常用的方法有分类、回归分析、聚类、关联规则等方法。这些方法从不同角度对数据进行挖掘。

1. 分类

分类是找出数据库中一组数据对象的共同特点，并按照分类模式将其划分为不同的类，其目的是通过分类模型，将数据库中的数据项映射到某个给定的类别中。该方法可以应用到分类、趋势预测中，如淘宝商铺将用户在一段时间内的购买情况划分成不同的类，根据情况向用户推荐关联类的商品，从而增加销售量。

2. 回归分析

回归分析反映了数据库中数据的属性值特性，通过函数表达数据映射关系来发现属性值之间的依赖关系。它可以应用到对数据序列的预测及相关关系的研究中。在市场营销中，回归分析可以被应用到各个方面，如通过对本季度销售的回归分析，对下一季度的销售趋势做出预测，进而做出针对性的营销改变。

3. 聚类

聚类类似于分类，但与分类的目的不同，它是针对数据的相似性和差异性将一组数据分为几个类别。属于同一类别数据间的相似性很大，但不同类别数据间的相似性很小。

4. 关联规则

关联规则是隐藏在数据项之间的关联或相互关系，即可以根据一个数据项的出现推导出其他数据项的出现。关联规则的挖掘过程主要包括两个阶段：第一阶段是从海量原始数据中找出所有的高频项目组；第二阶段找出这些高频项目组的关联规则。关联规则挖掘技术已经被广泛应用于金融行业企业中，用以预测客户需求，各银行在自己的 ATM 机上通过捆绑客户可能感兴趣的信息，供用户了解并获取相应信息来改善自身营销。

4.1.3 数据挖掘与商务智能

数据报表和商务智能解决方案对于了解过去和现在的状况非常有用。但是，预测分析解决方案还能使用户预见未来的发展状况，使其能够先发制人，而不是处于被动。数据分析和数据挖掘系统的目的是给出更多的决策支持信息，并不是取代数据报表。数据报表系统依然有其不可取代的优势，并且将会长期与数据分析、数据挖掘系统并保存。

（1）数据挖掘给企业带来最大的投资收益。预测分析解决方案将复杂的统计方法和机器学习技术应用到数据之中，通过使用预测分析技术来揭示隐藏在交易系统或企业资源计划、结构数据库和普通文件中的模式和趋势。

（2）数据挖掘从本质上提升了商务智能平台的价值。传统的商务智能应用都局限在数据仓库、OLAP 和各种类型报表的展现上。传统的 OLAP 分析和报表分析只能反映企业过去以及现在的运营问题，而不能明确、量化地回答企业问题的原因、可能的解决方式并预测企业的经营活动。数据挖掘功能是现有商务智能平台的核心组成部分，数据挖掘工具能够从本质上提升企业商务智能平台的价值，真正把企业积累的数据转化为企业营运和管理的知识。数据挖掘工具不但能够帮助企业定性、定量地去了解各种业务问题的本质，而且能够帮助企业定性、定量地了解各种市场活动和企业内部运作可能带来的收益，从而不断发现新的收益增长点。

（3）数据挖掘让商务智能流程真正形成闭环。数据挖掘的应用让企业的商务智能流程真正形成了闭环。它帮助企业不断了解自身运作中的各种问题、发现新的市场机会，并适时调整企业经营的策略，从而螺旋式地提高企业的经营情况和管理水平。

案例 4-1

在保护客户的同时打击保险欺诈

项目背景

Alm.Brand 保险公司（下称公司）面临一个有趣的挑战。公司在客户提出索赔后必须做出回应。同时，公司必须确保索赔不是欺诈性的，这增加了额外的审查和时间，必须与客户的需求相平衡。

项目需求
- 在赔付前发现欺诈性的保险索赔。
- 保护诚实客户的保险范围和费率。
- 提供优质的客户服务。

解决方案

"为了保护我们绝大多数的客户免受少数欺诈客户行为的影响，我们推出了 SAS 欺诈检测系统，"理赔总监奥尔森说。"我们总是假定客户是诚实的。但与此同时，我们每年发现的欺诈行为超过了 530 万欧元"。

现在，喜欢在线提交保险索赔的客户可以轻松简单地完成索赔申请。"我们正在提供更多的自助服务功能，使我们的客户能够在最适合他们的时间和地点提出保险索赔，"奥尔森说。同时，自助申报的相对匿名性也会使公司更容易受到欺诈性索赔的影响。"当客户以在线方式提交索赔时，为了确保仍然可以发现欺诈者，我们依赖于强大的 SAS 欺诈检测系统。"

通过先进的分析技术加强良好的侦查工作。SAS 欺诈检测系统负责监督保险公司的调查部门。当收到警报时，他的团队就会深入调查与保险索赔有关的情况。发出警报的，可能是一位对不寻常现象有着敏锐洞察力的索赔官员，也可能是一个匿名的提示。但最常见的是保险公司的 SAS 欺诈检测系统，它提醒理赔调查人员，有些事情似乎不对劲。"当收到警报时，我们迅速收集尽可能多的信息，"埃吉特说。"我们与证人交谈，并对地点进行调查。例如，调查房屋火灾或车祸的日期和时间，这往往是我们与警方直接合作的事项。"

在结算前剔除欺诈性索赔。埃吉特解释说，当公司使用 SAS 欺诈检测系统时，一旦索赔被添加到公司网站的自助索赔系统中，证据就会建立起来。该系统迅速比较索赔人的历史和事件的各方面情况，以衡量该案件是否应转给调查部门。"如果一个年轻人在凌晨 4 点无人的城市街道上撞坏了一辆豪车，然后在没有目击者的情况下爆燃，而且他两年前也有过类似的索赔，那就值得调查了，"埃吉特说，"但有时，情况并不那么明显可疑。"另一个例子显示 SAS 欺诈检测系统如何发现欺诈活动。一名男子同时在公司开设了三个不同的索赔业务。这触发了一个警报，随着调查的深入，公司发现他还有其他 7 个保险公司的索赔业务。他最终被拒绝承保，因为他在申请表中伪造了索赔信息。

奥尔森相信，公司可以在建立在其优秀客户服务的承诺上，同时拒绝那些试图欺骗公司的人。"SAS 欺诈检测系统帮助我们更好地保护诚实客户不受其他客户欺诈导致的价格上涨的影响，"奥尔森说，"除保险费率外，我们还希望通过获取更多关于客户对我们的真正需求的信息，使我们的方法更具分析性。我们希望客户感到被认可、被保护和被重视，无论他们如何选择与我们联系。"

项目效益
- 快速分析索赔数据，并衡量调查部门是否应该审查一项索赔。
- 在赔付前发现欺诈性的保险索赔。
- 防止因欺诈性赔付而导致诚实客户的费率上升。
- 对投保人保持优质的客户服务。

资料来源：https://www.sas.com/zh_cn/customers/alm-brand-dk.html。

4.2 数据挖掘流程

4.2.1 数据挖掘流程概述

数据挖掘流程建立了数据挖掘的标准过程模型，旨在使大型数据挖掘项目成本更低、更可靠、更可重复、更易于管理，且速度更快。

数据挖掘流程用分层流程模型来描述，该模型包括四个抽象级别（从一般到具体）：阶段、泛型任务、专门任务和流程实例（如图 4-2 所示）。

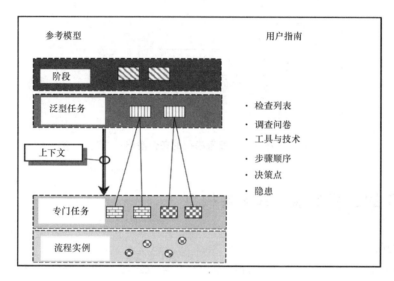

图 4-2　数据挖掘流程的四个层次

在第一层，数据挖掘过程被分成几个阶段。每个阶段由几个第二层次的泛型任务组成。第二层次的泛型任务，它的目的是足够通用，以涵盖所有可能的数据挖掘情况，它被设计成尽可能完整和稳定。第三个层次是专门任务层次，描述一般任务中的行动应如何在特定情况下进行。

第四个层次是流程实例，它是实际数据挖掘参与的行动、决策和结果的记录。流程实例是根据较高级别上定义的任务组织的，表示在特定参与中实际发生的事情，而不是一般发生的事情。

数据挖掘流程区分了参考模型和用户指南。参考模型快速概述了阶段、任务及输出，并描述了在数据挖掘项目中要做什么，而用户指南则为每个阶段和一个阶段内的每个任务提供了更详细的提示，并描述了如何进行数据挖掘项目。数据挖掘项目的生命周期分为六个阶段，如图 4-3 所示。箭头只表示阶段之间最重要和最频繁的依赖关系，但在特定项目中，它取决于每个阶段的结果，哪个阶段，或哪个阶段的特定任务，必须执行下一个阶段。图 4-3 中的外部圆圈象征着数据挖掘本身的循环性质。解决方案的部署，并不意味着数据挖掘流程的结束。在此过程中以及从部署的解决方案中吸取的经验教训可以引发新的、通常更集中的业务问题。随后的数据挖掘过程将受益于以前的经验。

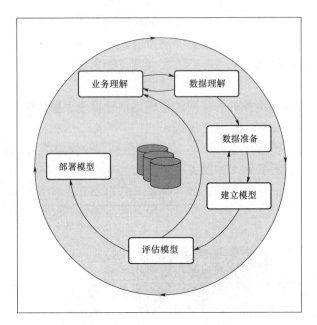

图 4-3　参考模型的各个阶段

4.2.2　通用的数据挖掘流程参考模型

1. 业务理解

任何好的项目都开始于深入了解客户需求，数据挖掘项目也不例外。这一初始阶段的重点是从业务角度理解项目目标和需求，然后将这些知识转换为数据挖掘问题定义，以及旨在实现目标的初步项目计划。

1）确定业务目标

首先应该"从商业角度彻底了解客户真正想要完成的任务"，然后定义商业成功标准。

2）状况评估

确定资源可用性、项目要求、评估风险和意外情况，并进行成本效益分析。

3）确定数据挖掘目标

除了确定业务目标外，还应该从数据挖掘的技术角度确定成功的模板。

4）编制项目计划

选择技术和工具，为每个项目阶段定义详细的计划。

2. 数据理解

数据理解（data understanding）阶段从最初的数据收集活动开始，熟悉数据，识别数据质量问题，发现对数据的第一次洞察，或检测有趣的子集，形成隐藏信息的假设。业务理解和数据理解之间有密切的联系。数据挖掘问题和项目计划的制订至少需要对可用数据有一定的了解，在业务理解的基础上，它促使人们关注识别、收集和分析能够完成项目目标的数据集。

1）收集初始数据

获取必要的数据，并将其加载到分析工具中（如有必要）。

2）描述数据

检查数据并记录其表面属性，如数据格式、记录数量或字段身份。

3）探索数据

深入挖掘数据，查询数据，将数据可视化，并确定数据之间的关系。

4）验证数据质量

明确数据的洁净程度，记录任何质量问题。

3. 数据准备

数据准备（data preparation）阶段涵盖了从最初的原始数据构建到最终的数据集（将被输入建模工具的数据）处理的所有活动。数据准备任务可能多次执行，而不是按任何规定的顺序执行，它包括表、记录和属性选择、数据清理、新属性的构建以及建模工具的数据转换。这一阶段通常被称为"数据清洗"，为建模准备最终的数据集。

1）选择数据

确定哪些数据集将被使用，并记录纳入/排除的原因。

2）清洁数据

这通常是最漫长的任务。没有它，很可能会成为"垃圾进来"和"垃圾出去"的受害者。在这项任务中，常见的做法是纠正、归纳或删除错误的数值。

3）构建数据

构建数据能够派生出有帮助的新属性。例如，从身高和体重字段推导出某人的身体质量指数。

4）整合数据

通过结合多个来源的数据来创建新的数据集。

5）格式化数据

根据需要重新格式化数据。例如，可以将存储数字的字符串值转换为数字值，以便可以进行数学运算。

4. 建立模型

在建立模型（modeling）阶段，选择和应用各种建模技术，将其参数校准到最优值。通常，对于相同的数据挖掘问题类型有几种技术。有些技术需要特定的数据格式。数据准备和建模之间有密切的联系。通常情况下，在建模的同时就会意识到数据问题，或者得到构建新数据的想法。在这里，可能会根据几种不同的建模技术来建立和评估各种模型。

1）选择建模技术

尝试确定使用哪些算法（如回归、神经网络）。

2）生成测试设计

依赖于建模方法，需要将数据分成训练、测试和验证集。

3）建立模型

虽然听起来很华丽，但这可能只是执行几行代码，如"reg=LinearRegression( ).fit(x,y)"。

4）评估模型

一般来说，多个模型相互竞争，数据科学家需要根据领域知识、预先定义的成功标准和测试设计来解释模型结果。

尽管数据挖掘流程指南建议"迭代模型的建立和评估，直到坚信已经找到了最好的模型"，但在实践中，团队应该继续迭代，直到找到一个"足够好"的模型，通过数据挖掘流程生命周期继续进行，在未来的迭代中进一步改进模型。这个阶段被广泛认为是数据科学最令人兴奋的工作，也往往是项目中最短的阶段。

5. 模型评估（evaluation）

在模型评估（evaluation）阶段，从数据分析的角度来看，已经构建了一个或多个似乎具有高质量的模型。在进行模型的最终部署之前，更彻底地评估模型很重要，回顾构建模型所执行的步骤，以确保它能正确地实现业务目标。一个关键目标是确定是否存在一些尚未充分考虑的重要商业问题。在本阶段结束时，应就数据挖掘结果的使用做出决定。建模阶段评估模型任务侧重于技术模型评估，而评估阶段则更广泛地关注哪种模型最符合业务要求以及下一步该怎么做。

1）评估结果

这些模型是否符合业务成功标准？应该批准哪一个或几个模型？

2）审查过程

审查所完成的工作。有什么被忽视了吗？是否所有的步骤都得到了正确的执行？总结结果，如果需要的话，纠正问题。

基于前三项任务，决定是否继续部署，进一步迭代，或启动新的项目。

6. 部署模型

根据需求的不同，部署模型（deployment）阶段可以简单地生成报告，也可以重现复杂的数据挖掘过程。在许多情况下，执行部署步骤的将是用户，而不是数据分析师。在任何情况下，需要事先了解，应该采取哪些行动才能实际利用创建的模型，这是一个比较重要的任务。除非客户能够访问其结果，否则一个模型并不是特别有用。

1）计划部署

制订和记录一个部署模型的计划。

2）计划监测和维护

制订一个彻底的监测和维护计划，以避免在模型的运行阶段（或项目后阶段）出现问题。

3）编制最终报告

项目组记录项目的总结，其中可能包括数据挖掘结果的最终展示。

4）回顾项目

进行项目回顾，了解哪些地方做得好，哪些地方可以做得更好，以及未来如何改进。

作为一个项目框架，数据挖掘流程没有概述项目结束后要做什么（也称为"运营"）。但如果模型要投入生产，要确保在生产中维护模型。通常需要不断地监测并进行偶尔的模型调整。

4.2.3 SEMMA

1. SEMMA 概述

企业利用数据来实现竞争优势,提高业绩,并向客户提供更有用的服务。企业收集的关于周围环境的数据是所处世界的假设和模型的基础。归根结底,数据的积累是为了收集知识。这意味着在对数据进行研究和分析之前,这些数据并没有什么价值。但囤积大量的数据并不等同于收集有价值的知识。只有在对数据进行分类和评估时,才能从中学习到知识。因此,SAS 研究所开发了 SEMMA 作为数据挖掘的过程。它包括五个步骤,分别是采样、探索、修改、建模和评估,缩写为 SEMMA。数据挖掘方法可用于解决广泛的商业问题,包括欺诈识别、客户和营业额保留、数据库营销、客户忠诚度、破产预测、市场细分,以及风险、亲和力、投资组合分析等。SEMMA 作为一个有组织的功能性工具集被利用,大多数人认为它是一种功能性的数据挖掘方法,而不是一种具体的工具。

2. SEMMA 的步骤

1) 采样

这一步首先需要从庞大的数据集中选择适量的数据作为数据集的子集,该数据集已被赋予模型的构建。这一过程初始阶段的目标是确定影响这一过程的变量或因素(包括因果和独立因素)。然后将收集到的信息归类为准备和验证类别。

2) 探索

在这一步,进行单变量和多变量分析,以研究数据元素之间的相互联系,并确定数据中的差距。多变量分析研究变量之间的关系,而单变量分析则是单独研究每个因素,以了解其在整个计划中的作用。所有可能影响研究结果的影响因素都要进行分析,这一步严重依赖数据可视化。

3) 修改

在这步中,首先通过应用商业逻辑,从探索阶段收集的数据中得出经验(换句话说,数据被解析和清理);然后被传递到建模阶段,如果数据需要细化和转化,则进行探索。

4) 建模

随着变量的完善和数据的清理,建模步骤应用各种数据挖掘技术,以产生一个预测模型,说明这些数据如何实现最终的、期望的结果。

5) 评估

在最后的 SEMMA 阶段,模型被评估为对所研究的主题有多大的作用和可靠性。对数据进行测试,用来估计其性能的功效。

3. SEMMA 与 CRISP–DM 比较

与 CRISP-DM 相比,SEMMA 对数据挖掘的技术步骤关注得更为狭窄。它跳过了 CRISP-DM 中最初的业务理解阶段,而是从数据采样过程开始。同样,SEMMA 也不包括最后的部署。除此之外,SEMMA 阶段与 CRISP-DM 的中间四个阶段有些类似。尽管 SEMMA 作为数据挖掘步骤的一个过程可能很有用,但不应被视为一个全面的项目管理方法。图 4-4 的结果来自 kdnuggets.com 的调查问卷,它基于 109 个受访者的回答统计得出。

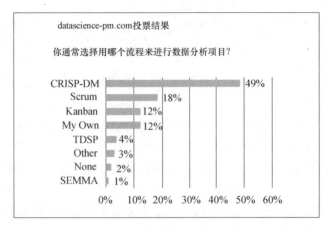

图 4-4 数据挖掘方法/过程的排名

案例 4-2

汽车制造商将气缸盖的生产率提高了 25%

项目背景

戴姆勒公司是最大的高档汽车生产商之一，也是世界上最大的全球商用车制造商，旗下部门包括梅赛德斯-奔驰汽车、戴姆勒卡车、梅赛德斯-奔驰货车、戴姆勒客车和戴姆勒金融服务。

在斯图加特工厂的轻金属铸造厂，戴姆勒公司每天生产大约一万个气缸盖。24 小时的生产过程非常复杂，从铸造厂的模具制造一直到机械加工。对于每一个气缸盖，公司的生产线系统都会创建一个数据记录，以便对制造过程的每个阶段进行准确分析。戴姆勒公司在整个制造过程中不断收集 500 多个因素的数据，包括尺寸、时间、温度、工具和许多其他属性。如果成品不能完全满足严格的公差要求，就必须回炉重铸。

项目需求

由于影响最终产品质量的参数很多，对戴姆勒公司来说，识别制造过程中的关键变量是一个严峻的挑战。大量测量和数据被收集在巨大的电子表格中进行模式识别。然而，只有非常有经验的专家才能得出正确的结论，而且有时要经过几天的调查。戴姆勒公司的目标是确定决定性的质量参数，使公司能够生产出更多且可以立即投入生产过程的气缸。经过完美调整的工艺变量应能永久地使产量最大化。

解决方案

戴姆勒公司决定实施一个全面的 IBM SPSS Modeler 数据挖掘解决方案，以持续监测和控制生产过程。最初，该公司专注于一种特定类型的气缸盖的生产线，每天生产约 3 000 个。在戴姆勒公司利用数据挖掘和预测分析的全部潜力之前，有必要完全准确地收集整个生产过程中的所有相关数据。这些数据需要被储存起来，按照时间和内容进行组织，并为统计分析做好准备。经过戴姆勒公司 6 个月的内部准备，来自 IBM 的团队安装了 SPSS 解决方案，并在数据整合、复杂数据处理和建模方面为该公司提供专业咨询。仅仅三个月后，第一批有用的分析结果就出来了。

项目效益

现在，该系统每天通宵运行，自动评估生产过程在前一天的表现，并保存所有的分析结果。戴姆勒公司的一位系统专家负责确保该解决方案的正常运行，提供正确的信息并提供所需的分析结果。6位工头定期访问与他们特定角色相关的 SPSS 分析，并利用分析结果决定他们是否需要采取任何行动或进行调整。该公司很快注意到，制造过程是稳定的，可以不断调整。因此，戴姆勒公司能够定义一套阈值，显示何时需要进行干预，以满足成品的必要公差。IBM SPSS 解决方案帮助戴姆勒公司及早发现异常情况，并有针对性地确定触发因素，这使该公司的流程透明度达到了前所未有的水平。

戴姆勒公司在整个生产过程中收集了 500 多个因素的数据，包括尺寸、时间、温度、工具和气缸盖生产的许多其他属性。这些数据每天都被处理，并由 IBM SPSS 预测分析软件以各种方式自动评估。这样就能对所有的工艺参数进行全面监控。

如果一个过程变量超过了某个阈值，评估就能快速定位错误并进行有针对性的过程干预，这有助于在气缸头缺陷出现之前就加以避免。这样做的好处是显而易见的：过去公司需要花费三天时间才能获得的洞察力，现在可以在几个小时内获得。当出现不正常情况时，负责人现在清楚地知道该从哪里开始优化。例如，公司现在更换工具的频率比以前低，这就节省了时间和金钱。而且，由于生产过程相对稳定，24 小时的评估周期几乎等同于实时监控。

戴姆勒公司也完全相信使用 IBM SPSS 进行过程监控的决定。将一个复杂的过程（如气缸盖生产）提升到目标水平通常需要很多年。使用 IBM SPSS，该公司已经能够将这个提升阶段减少一半。此外，在新的解决方案推出后的两年里，戴姆勒公司已经能够将生产力提高约 25%。因此，该公司已经付清了项目的原始成本。IBM SPSS 解决方案的显著成功使戴姆勒公司决定在未来使用该解决方案来监测和控制所有新的气缸盖生产线。该公司相信，这将使其能够将这些制造过程的启动阶段也减半。此外，戴姆勒还将开始在集团内的其他领域使用这项创新技术。该公司只是刚刚开始实现其真正的潜力。

数据来源：https://www.spssanalyticspartner.com/wp-content/uploads/2015/08/Daimler_Group.pdf。

4.3 决 策 树

决策树是一个分类器，表示为实例空间的递归分区。决策树由形成根树的节点组成，这意味着它是一个有向树，其节点称为"根"，没有接入的边。所有其他节点都有一个传入的边。具有传出边的节点称为内部节点或测试节点。所有其他节点称为叶子（也称为终端或决策节点）。在决策树中，每个内部节点根据输入属性值的某个离散函数将实例空间分割成两个或多个子空间。在很多简单且常见的案例中，每个测试都考虑一个属性，这样实例空间就会根据属性的值进行分区。在数值属性的情况下，条件指的是一个范围。

4.3.1 决策树发展过程

决策树是以实例为基础的归纳学习算法。它从一组无次序、无规则的元组中推理出决策树表示形式的分类规则。它采用自上向下的递归方式，在决策树的内部节点进行属性值的比较，并根据不同的属性值从该节点向下分支，叶节点是要学习划分的类。从根到叶节点的一条路径就对应着一条分类规则，整个决策树就对应着一组析取表达式规则。1986 年 Quinlan 提出了著名的 ID3 算法，在此基础上 1993 年 Quinlan 又提出了 C4.5 算法。为了适应处理大规模数据集的需要，后来又提出了若干改进算法，其中 SLIQ（supervised learning in quest）和 SPRINT（scalable parallelizable induction of decision trees）是比较有代表性的两个算法。

1. ID3 算法

ID3 算法的核心，是在决策树各级节点上选择属性时，用信息增益作为属性的选择标准，以使得在每一个非叶节点进行测试时，能获得关于被测试记录最大的类别信息。其具体方法，首先是检测所有的属性，选择信息增益最大的属性产生决策树节点，由该属性的不同取值建立分支；然后对各分支的子集递归调用该方法建立决策树节点的分支，直到所有子集仅包含同一类别的数据为止；最后得到一棵决策树，它可以用来对新样本进行分类。

ID3 算法的优点，是算法理论清晰，方法简单，学习能力较强。

ID3 算法的缺点，是只对比较小的数据集有效，且对噪声比较敏感，当训练数据集加大时，决策树可能会随之改变。

2. C4.5 算法

C4.5 算法继承了 ID3 算法的优点，并在以下几方面对 ID3 算法进行了改进：

（1）用信息增益率来选择属性，克服了用信息增益选择属性时偏向选择取值多的属性的不足；

（2）在决策树构造过程中进行剪枝；

（3）能够完成对连续属性的离散化处理；

（4）能够对不完整数据进行处理。

C4.5 算法与其他分类算法（如统计方法、神经网络等）比较起来有如下优点：产生的分类规则易于理解，准确率较高。其缺点是在构造决策树的过程中，需要对数据集进行多次的顺序扫描和排序，因而导致算法低效。此外，C4.5 只适合于能够驻留于内存的数据集，当训练集大到内存无法容纳时程序便无法运行。

C4.5 算法和 CART（classification and regression tree）都是基于决策树的分类算法。决策树本质上是一个对训练数据进行划分的数据结构。决策树中每个节点代表一个关于属性的问题。对这个问题的不同回答决定了一个数据对象被分到决策树的不同分支。最终所有的训练数据都会被归入到某个叶子节点。与其他决策树的数据结构用途不同的是，决策树最终的目的是要回答一个数据对象的类别。一个未知类别的数据对象被决策树划分到某个叶子节点，这个叶子节点内的数据类别就可以被当作这个数据的类别。如果叶子节点的数据有几个不同的类别，那么就取出现次数最多的那个类别。为了尽可能保持回答的一致性，人们希望每个叶子节点内的数据类别尽量保持一致。

当一个叶子节点内所有数据的类别都一致时，纯度最高。当这个叶子节点所有数据的类别都两两不同时，纯度最低，纯度可以用不同的指标来测量，常见的两个纯度指标是熵和基尼指数，一个叶子节点的纯度越高，熵和基尼指数就越小，C4.5（或 CART）算法利用如何让熵（或者基尼指数）更小，即纯度更大来决定如何构造决策树。C4.5 算法还考虑了如何避免过度拟合等问题。

4.3.2 决策树 C5.0 算法的基本原理

C5.0 算法是 ID3 算法的改进。C5.0 算法是 C4.5 算法的商业化版本，因此算法细节因版权问题尚未公开，本节讨论的是与 C5.0 算法核心相同的 C4.5 算法。C4.5 算法是在决策树鼻祖算法 ID3 算法的基础上发展起来的。ID3 算法自 1979 年由 Quinlan 提出以后，经不断改善形成具有决策树里程碑意义的 C4.5 算法。C5.0 算法是适用于大数据集的分类算法。在效率和内存方面，C5.0 算法优于 C4.5 算法。C5.0 算法模型的工作原理是根据提供最大信息增益的字段分割样本。C5.0 算法模型可以在最大信息增益率的基础上分割样本。首先，从前一个拆分得到的样本子集将在之后被拆分。该过程将继续进行，直到样本子集不能被分割，并且通常是根据另一个字段进行的。然后，检查最低级别的拆分，那些对模型没有显著贡献的样本子集将被拒绝。

1. 信息熵

信息熵是信息论中的基本概念。信息论由 Shannon 于 1948 年提出并发展起来，用于解决信息传递过程中的问题，也称为统计通信理论。信息论的观点包括：

（1）信息传递由信源、信道和信宿组成；

（2）传递系统存在于一个随机干扰环境中，因此传递系统对信息的传递是有随机误差的。如果把发送信息记为 U 而接收信息记 V，信道可记为通信模型 $P(U|V)$。

信道模型可以看作一个条件概率矩阵，信源也往往被理解为某种随机序列，也具有某种发生概率，且其概率求和为 1。在实际通信前，信宿对信源会发出什么信息是未知的，称为信宿对信源状态具有不确定性，由于这种不确定性是发生在通信之前的，故称为先验不确定性。在收到信息后的不确定性，称为后验不确定性。如果先验不确定性等于后验不确定性，则表示信息量为零；如果后验不确定性等于零，则表示信宿收到了信源的全部信息。因此，信息是指对不确定性的消除。

信息量由消除的不确定性来确定。信息量定义为：$-\log_2 P(u_i)$。信息量单位是 bit，是以 2 为底的对数形式，可以看作表示这个概率所需要的位数。信息熵是信息量的数学期望，可以理解为表示这些概率所需要的平均的位数。

$$H(U) = -\sum_{i=1}^{N} P(u_i) \log_2 P(u_i) \qquad (4-1)$$

如果 $P(u_i)$ 差别越小，信息熵越大，平均不确定性越大；$P(u_i)$ 差别越大，信息熵越小，平均不确定性越小。如信息熵等于 0，则表示只存在一种信息发送可能，没有发送的不确定性。如果 $P(u_i)=1/N$，即 N 个信源概率相同，则信息熵差别最大，不确定性最大，信息熵为 $\log_2 N$。

2. 信息增益

信息增益的计算是为了估计一个属性上的分裂产生的增益。信息熵又称为先验熵，是在信息发送前信息量的数学期望；后验熵指在信息发送后，从信息角度对信息量的数学期望。一般先验熵大于后验熵，先验熵与后验熵之差，即信息增益。信息增益，反映的是信息消除随机不确定性的程度。公式如下：

$$H(U|V) = \sum_{j=1}^{M} H(U|v_j)P(v_i) \qquad (4-2)$$

式（4-2）在决策树中表示的意思是 U 为决策变量，V 为属性变量，当 V 有 M 个取值时，可以根据 V 的取值，将样本分为 M 个子集，每个子集的条件熵为 $H(U|v_j)$，每个子集样本占总体的比例为 $P(v_i)$，因此用 V 变量来作分割变量时，期望信息熵就为 $H(U|V)$。因此信息增益的公式如下：

$$Gains(U|V) = H(U) - H(U|V) \qquad (4-3)$$

信息增益公式表示的是当用属性变量 V 来分割样本集合时，所消除的不确定性，也可以理解为平均每条信息减少了多少位数，这个值越大，说明消除不确定越多。因此，在进行选择属性来划分子集时，需要选择信息增益最大的那个属性，这样就能保证每个节点的纯度尽可能地高。

但是由于该方法有一个缺点，就是它会往属性取值个数比较多的那个属性倾斜，因此为了解决这个问题，可以将信息增益平均分摊到属性的信息熵上，称之为信息增益率，具体公式如下：

$$GainsR(U|V) = Gains(U|V) / H(V) \qquad (4-4)$$

在选择分割子集的属性时，看看哪个属性的信息增益率最大，就选择哪个属性来分割子集。

4.3.3 决策树 C5.0 算法的应用

决策树可以应用在多个方面，下面重点介绍它如何应用在个人信用卡评估中。

1. 数据描述

例如：使用从互联网上获得的德国某银行个人信用数据集，包括 1 000 条记录。每条记录包括 21 个字段，其中前 20 个字段是对客户信用信息的描述，包括现有的支票账户、月度期限、信用记录、用途、信用额度、储蓄账户/债券、分期付款率占可支配收入的百分比、目前的工作年限、个人身份和性别、其他债务人/担保人、目前的居住年限、财产、年龄（以年为单位）、其他分期付款计划、住房、该银行的现有信用额度数、工作、有责任提供抚养费的人数、电话登记、是否为外国工人。最后一栏是对银行客户的定义，包括 2 个等级："好客户""坏客户"。将前 20 个字段归纳为表 4-1。

表 4-1 样本集字段

特征	月度期限、信用记录、用途、信用额度、其他分期付款计划、该银行现有信用额度数
能力	支票账户、分期付款率占可支配收入的百分比、工作、有责任提供赡养费的人数
资金	储蓄账户/债券
抵押品	其他债务人/担保人、财产
状况	年龄（以年为单位）、个人身份和性别
稳定性	目前的工作年限、目前的居住年限、住房、电话登记、是否为外国工人等

这 20 个字段都是个人信用评价中影响个人信用的重要因素。考虑到指标选择的全面性和决策树算法的特点，建立模型的指标全部采用这 20 个字段，可以看作样本的特征属性。"好客户"指信贷员愿意贷款的对象，信贷代理人认为"好客户"能够按时还本付息；"坏客户"指信贷员不愿意贷款给的客户，因为他们按时还本付息的期望值较低。从 1 000 个样本中随机选取约 80%（799 个客户）作为训练样本集，剩下的 20%（201 个客户）作为测试样本集来检验模型。样本集中"好客户""坏客户"的分布情况见表 4–2。

表 4–2 "好客户""坏客户"的分布情况

样本集	数量/好客户的比率	数量/坏客户的比率	好客户：坏客户
样本总集	700/70%	300/30%	2.33：1
训练样本集	558/69.84%	241/30.16%	2.32：1
测试样本集	142/70.65%	59/29.35%	2.41：1

首先，将训练样本集的属性值分布与总样本集的属性值分布进行比较，发现它们几乎是一样的，可以得出训练样本集反映了总样本集的特征。其次，根据以往研究经验，"坏客户"的数量应达到一定数量，"好客户"的数量不应该小于训练样本集中的"坏客户"数量。从表 4–2 可以看出，训练样本集中"好客户"与"坏客户"的比例为 2.32：1，这与总样本集中的比例几乎相同。而在训练样本集中，"坏客户"的数量占了"坏客户"总数 80%的比例。因此，根据以上两点，可以得出结论，目前的训练集符合建模要求。为方便表示，将这些字段命名为 $C_1 \sim C_{21}$，其中 C_{21} 是输出变量，有两个取值，一个是"好客户"，另外一个是"坏客户"。

2. 决策树建模

根据 C5.0 算法，首先创建一个新的节点，这个节点是原样本集的根，然后计算各特征属性（$C_1 \sim C_{20}$）的增益比。

（1）根据式（4–1）计算训练样本集 S 的信息熵。

训练样本集由 799 个样本组成，所以 n=799；这些样本可以分为两种类型："好客户""坏客户"，所以 m=2。"好客户"数为 558，"坏客户"数为 241，所以 n_1=558，n_2=241，p_1=558/799=0.698 4，p_2=241/799=0.301 6。可以得到以下结果：

$$H(S) = \sum_{i=1}^{m} -p_i \log_2 p_i = -0.698\,4\log_2 0.698\,4 - 0.301\,6\log_2 0.301\,6 = 0.883\,3 \quad (4-5)$$

（2）根据式（4–2）计算 C_1 的条件信息熵。

属性 C_1 共有四个离散值 A_{11}，A_{12}，A_{13}，A_{14}。所以 v=4。当 C_1=A_{11} 时，共有 222 个样本。在这些样本中，有 115 个样本的决策属性 C_{21}=1，有 107 个样本的决策属性 C_{21}=2。所以 $p'_1 = 222/799$，p_{11}=115/222，p_{21}=107/222。当 C_1=A_{12} 时，共有 216 个样本。在这些样本中，有 130 个样本的决策属性 C_{21}=1，86 个样本的决策属性 C_{21}=2。因此 $p'_2 = 216/799$，p_{12}=130/222，p_{22}=86/222。当 C_1=A_{13} 时，共有 49 个样本。在这些样本中，有 39 个样本的决策属性 C_{21}=1，10 个样本的决策属性 C_{21}=2。所以 $p'_3 = 49/799$，p_{13}=39/49，p_{23}=10/49。当 C_1=A_{14} 时，共有 312 个样本。在这些样本中，有 274 个样本的决策属性 C_{21}=1，38 个样本的决策属性 C_{21}=2。

所以 $p'_4 = 312/799$，$p_{14}=274/312$，$p_{24}=38/312$。那么可以得到以下结果：

$$H(S|C_1) = -\sum_{j=1}^{4} p'_j \sum_{i=1}^{2} p_{ij} \log_2 p_{ij} = 0.793\,24 \qquad (4\text{-}6)$$

（3）根据式（4-3）计算 C_1 的信息增益。

$$\text{Gain}(S|C_1) = H(S) - H(S|C_1) = 0.089\,76 \qquad (4\text{-}7)$$

（4）根据式（4-4）计算 C_1 的信息增益比。

$$\text{Gain}R(S|C_1) = \frac{\text{Gain}R(S|C_1)}{H(C_1)} = 0.049\,9 \qquad (4\text{-}8)$$

同样，也可以计算其他 19 个决策属性的信息增益比。取信息增益比最大的属性 C_1，并根据 C_1 的 4 个可能值创建一个具有 4 个分支的节点。首先，将原始训练样本集分成 4 个子集，为每个子集创建一个新的节点，其决策属性分别为 A_{11}、A_{12}、A_{13} 和 A_{14}。然后，对于每一个新节点，重复上述步骤，直到所有节点满足决策树的停止条件。这样，决策树的构造就完成了。决策树的停止条件包括节点中的样本数少于一个指定的值，或者树的高度大于某一个指定的值，或者属性集为空等。

考虑到现实中数据是海量的，利用 SPSS Modeler 构建决策树模型。在建立决策树模型时，所有相对于 C5.0 模型的参数都设置为默认值。表 4-3 和表 4-4 是按初级决策树模型对训练样本集和测试样本的分类结果。从表 4-3 和表 4-4 可以看出，虽然在测试集上面整体结果还可以，但是在"坏客户"上的错误率比较高，而在"好客户"上的正确率比较高。这是由于本来它的样本就比较偏，即"好客户"与"坏客户"的比例为 2.32∶1，使模型往好客户方向偏。有两种方法可以解决这个问题，一个是让"好客户"与"坏客户"的比例平衡，即比例为 1∶1，方法是对坏客户进行过采样，或者对好客户进行欠采样；另一种方法就是增加坏客户判断错误的成本，尽量减少坏客户被误判成好客户的机会。

表 4-3　按初级决策树模型对训练样本集的分类结果

样本集	分类为"好客户"	分类为"坏客户"	准确率	错误率
好客户	528	30	94.62%	5.38%
坏客户	87	154	63.90%	36.10%
总体	615	184	85.36%	14.64%

表 4-4　按初级决策树模型对测试样本集的分类结果

样本集	分类为"好客户"	分类为"坏客户"	准确率	错误率
好	120	22	84.51%	15.49%
坏	42	17	28.81%	71.19%
总体	162	39	68.16%	31.84%

案例 4-3

Zalando 通过大规模的跨渠道高针对性的营销活动提高客户忠诚度

项目背景

Zalando 拥有 1 700 多万活跃客户，是欧洲最大的在线时尚平台，年收入达 22 亿欧元。Zalando 在 15 个欧洲国家拥有约 10 000 名员工，总部设在德国柏林。在线时尚平台 Zalando 旨在加强其市场领导地位，并设定了一个大胆的目标，即保持逐年增长。为了实现这一目标，该公司寻求培养其现有客户的忠诚度，并激励他们进行更多的增量购买。然而，通过电子邮件和邮政有效地联系 1 700 多万活跃客户十分困难。缓慢的、主要是手工操作的客户关系管理流程很难扩大规模以跟上业务增长的步伐。

Zalando 的客户管理（活动运营）团队经理 Kien Ngo Duc 解释说："以前，我们的活动管理流程很复杂，需要深厚的技术知识。除了了解内部数据结构，我们的团队还需要经历手动编制邮件列表的烦琐过程。这种额外的努力限制了我们每天能够启动的活动数量，并意味着我们没有时间根据个人客户的喜好来完美地定制我们的信息。"

项目需求

为了提高其在时尚市场的竞争优势，Zalando 旨在更有效地接触 1 700 多万活跃客户，并提供相关的促销活动以培养忠诚度。Zalando 希望在正确的时间向客户提供最好的优惠。其目的是塑造一个多渠道营销流程，使其能够向每个客户发送来自 1 500 多个品牌的 150 000 篇文章中最相关的优惠和促销活动。Kien Ngo Duc 补充说，"为了促进持久的客户关系，我们寻找一种方法来快速和频繁地设计、建立和运行精细的营销活动"。

解决方案

通过用 IBM® Campaign 取代复杂而耗时的手工营销活动管理流程，Zalando 每天可以提供数百个独特的个性化电子邮件营销活动。Zalando 与 IBM 合作，简化其多渠道活动管理。该公司部署了 IBM Campaign，使其能够减少创建引人注目的电子邮件和邮寄活动所需的复杂性和手工工作。如今，Zalando 的营销团队使用一个点选界面来创建复杂的客户选择标准，不再需要手动编写数据库查询。同时，该解决方案非常灵活，允许 CRM 专家在适当的地方添加自定义数据库选择器，例如，加快大型活动的名单生成速度。结合 IBM SPSS® Statistics 和 IBM SPSS Modeler 的高级分析功能，Zalando 现在可以对其客户群进行微调。该公司评估其对客户的一切了解，并利用这些洞察力来定制其报价和产品建议——塑造一个更加个性化的购物体验。

项目效益

- 50%，缩短电子邮件活动的准备时间。
- 230，每天都有超针对性的电子邮件活动推出。
- 简化，并使活动管理和报告标准化。

"因为我们可以更好地分配工作，更快地将数据交付给其他团队，所以我们的活动质量得到了显著提高。有了我们敏捷的工作方式，我们可以在不降低我们的能力的情况下适应大量的业务增长，以提供有针对性的营销信息。"由于简化了对电子邮件和邮政营销活动的管理，

Zalando 准备新活动的速度提高了 50%，而且有些活动现在已经完全自动化。这使得该公司能够以更多的相关产品接触更多的客户。事实上，Zalando 现在每天最多产生 230 个新的目标活动。

标准化的工作流程和可重复使用的活动模板提高了员工的工作效率。例如，如果 Zalando 的营销团队决定在另一个国家推出在其核心市场德国表现良好的活动，他们可以简单地将现有内容翻译成当地语言。对业务数据的更好控制以及内置的分析和报告功能使 Zalando 能够更好地了解哪些活动在哪些国家的哪些细分市场中效果最好，从而支持决策并简化欧洲范围的活动推广。

随着对活动和客户的深入了解，Zalando 更好地了解了哪些活动比其他活动更有效，以及如何改进活动以提高其有效性。这使 Zalando 能够持续改善关键绩效指标，如每个客户的平均订单数和平均购物篮大小。基于其营销转型的成功，Zalando 现在正在寻找新的方式来加强与客户的沟通方式。因为越来越多的客户在选择通过移动设备浏览其网站时，Zalando 希望利用 IBM Campaign 来推动数字渠道上的相关和可访问的通信。

Kien Ngo Duc 总结道，"使用我们的客户数据来创建细化的客户群，并根据个人喜好定制活动，这无疑是竞争优势的来源。在线零售是一项快速发展的业务，IBM 团队提供我们所需的资源和解决方案的反应速度给我们留下了深刻印象，来推动我们的业务，实现我们雄心勃勃的增长目标。"网上零售业是一个快速发展的行业，IBM 团队提供了我们所需的资源和解决方案，以推动我们的业务并实现我们雄心勃勃的增长目标，这给我们留下了非常深刻的印象。"

数据来源：https://www.spssanalyticspartner.com/wp-content/uploads/2016/01/Zalando.pdf。

4.4 人工神经网络

人工神经网络（ANN）又称神经网络（NN），是由大量加工单元（神经元）组成的广泛互联网络，是对人脑的抽象、简化和模拟，反映了人脑的基本特征。与人脑相似，人工神经网络可以概括为两个方面：通过学习过程，利用人工神经网络从外部环境获取知识；内部神经元（突触权重）用于存储获取知识和信息。人工神经网络是近年来发展迅速的人工智能科学的一个分支，近年来被广泛应用，再次证明了其活跃的生命力。人工神经网络领域的 BP 神经网络是目前应用最广泛的模型之一，也是前馈网络中最常用的网络，可以实现映射变换。

4.4.1 人工神经网络的发展历史

1. 第一次尝试

初步模拟使用形式逻辑。1943 年 McCulloch 和 Pitts 基于对神经学的理解，建立了人工神经网络模型。这些模型对神经元的工作原理做了几个假设。他们的网络基于简单的神经元，这些神经元被认为是具有固定阈值的二进制设备。他们模型的结果是简单的逻辑函数，如"a 或 b"和"a 且 b"。

2. 有前途的新兴技术

神经科学不仅在人工神经网络的发展中具有影响力，而且为人工神经网络模拟的进展作出了贡献。1958年，罗森布拉特在设计和开发感知器时，对神经科学产生了兴趣。感知器有三层，中间层称为关联层。感知器可以学会将给定的输入连接或关联到随机输出单元。另外，由Widrow和Hoff于1960年开发的ADALINE系统，是一种由简单部件制成的模拟电子装置，它所采用的学习方法与感知器不同，采用了最小二乘学习规则。

3. 挫折期和低谷期

1969年，明斯基和帕尔特在其著作中，将单层感知器的局限性推广到多层系统。在著作中他们写道："我们的直觉判断，扩展到多层系统是无用的。"这导致用于神经网络模拟研究的资金被取消。

4. 创新

虽然公共利益和可用资金很少，研究人员继续努力发展神经形态基于模式识别等问题的计算方法，在此期间，产生了几种重要模式。1967年，Amari参与了理论发展，他建立了一种处理自适应模式分类学习基础（纠错方法）的数学理论。1972年，Klopf根据一种称为异平衡的神经元学习生物学原理，开发了人工神经元学习的基础。1974年，Werbos开发并使用了反向传播学习方法。1975年，Kunihiko开发了一个步骤清晰的训练多层神经网络来解释手写字符，被称为Cognitron。1988年，Steve Grossberg和Gail Carpenter建立了探索共振算法学派。他们开发了基于生物可信模型的ART（自适应共振理论）网络。安德森和科霍宁发展了相互独立的联想技术。

5. 快速发展

进入21世纪后，人工神经网络又有了新的发展，产生了深度学习神经网络，包括深度置信网络、卷积神经网络、循环神经网络、递归神经网络、对抗神经网络、图神经网络等，另外还有强化学习中的神经网络等。

4.4.2 BP神经网络基本原理

人工神经元是BP神经网络的基础，它是对人的大脑神经元经过抽象之后提出的。它有多个输入，一个输出，实际上，它就是一个非线性函数（如图4-5所示）。

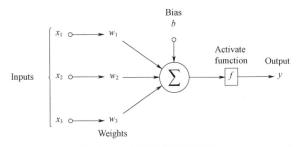

图4-5 人工神经元示意图

假定一个人工神经元有n个输入$\{x_1, x_2, \cdots, x_n\}$，每个输入对应不同的权重$\{w_1, w_2, \cdots, w_n\}$，那么对这个神经元的刺激总和就是$\sum_{i=1}^{n} w_j x_i$，当这个刺激总和大于阈值$b$时，就往外输出信息，记为 $f\left(\sum_{i=1}^{n} w_j x_i - b\right)$，函数 f 称为激活函数，根据不同情况选择不同的激活函数。可以选择的函数有跳跃函数、Sigmoid 函数、ReLu 函数以及 softplus 函数，具体如图 4-6～图 4-9 所示。

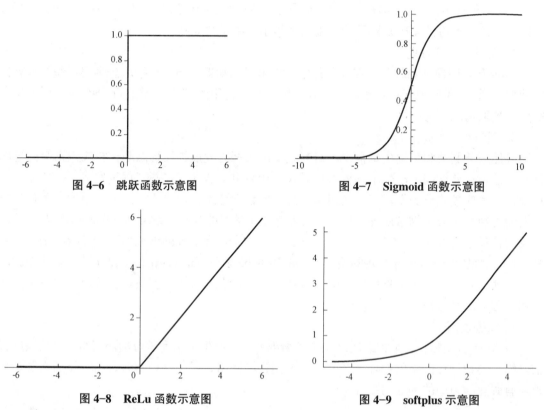

图 4-6　跳跃函数示意图　　　　　　　图 4-7　Sigmoid 函数示意图

图 4-8　ReLu 函数示意图　　　　　　　图 4-9　softplus 示意图

跳跃函数的公式如下：

$$f(x) = \begin{cases} 0, & \text{当 } x \leq 0 \text{ 时} \\ 1, & \text{当 } x > 0 \text{ 时} \end{cases} \tag{4-9}$$

Sigmoid 函数的公式如下：

$$f(x) = \frac{1}{1+e^{-x}} \tag{4-10}$$

ReLu 函数的公式如下：

$$f(x) = \begin{cases} x, & \text{当 } x \geq 0 \text{ 时} \\ 0, & \text{当 } x < 0 \text{ 时} \end{cases} \tag{4-11}$$

softplus 函数的公式如下：

$$f(x) = \ln(1+e^x) \tag{4-12}$$

Sigmoid 函数可以看成跳跃函数的光滑，softplus 函数可以看成 ReLu 函数的光滑。跳跃函数在可导点的导数都是 0，Sigmoid 函数在所有点的导数都不等于 0，并且在 0 点附近的导数最大,缺点就是多重复合之后会使梯度消失。ReLu 函数是单侧抑制函数,在 0 点不可导,当 $x<0$ 时,导数为 0,当 $x>0$ 时,导数为 1,而 softplus 函数在所有点都可导,它们都很难出现梯度消失的情形。

BP(反向传播)神经网络又称多层前馈网络,它是由人工神经元分层组成的,因此 BP 神经网络可以看成人工神经元函数的复合。它是按照误差反向传播算法进行学习和训练的,不需要事先了解表达式映射的数学方程,能够训练和存储大量的输入和输出模式映射关系。由于 BP 神经网络采用的是经典的 BP 算法,而 BP 算法则是基于以误差平方和为目标函数的梯度最陡下降法,使神经网络算法具有学习记忆能力。在理论上,BP 神经网络可以逼近任意连续非线性函数:简单的三层 BP 神经网络可以实现从 n 维到 m 维映射的任意一个,其思维清晰,易于编程,结构简单,精度高,可操作性强,因此在许多领域得到了广泛的应用。

标准的神经网络模型有一个输入层、一个输出层和至少一个隐藏层。BP 神经网络不仅有输入层、输出层节点,而且有一个或多个层隐藏节点。对于输入的信息,向前扩展到隐藏层的节点,通过每个单元的激活函数来操作,操作后,隐藏节点的输出信息传播到输出节点,给出输出结果。

因此 BP 神经网络的输出可以看成输入 X 与边的权重 W 组成的多元复合函数,记成 $f(X,W)$,如果将阈值看成一个 x 输入,它对应的权重就是 -1。假定有 N 个样本 $\{X_1,X_2,\cdots,X_N\}$,对应着 N 个输出 $\{Y_1,Y_2,\cdots,Y_N\}$,要根据这些数据,找到一个最优的 W,使式(4-13)取最小值。

$$\min_{W} \frac{1}{2}\sum_{i=1}^{N} \| f(X_i,W) - Y_i \|^2 \qquad (4-13)$$

最小值的求法比较简单,根据高等数学知识可以知道,要想使式(4-13)最小,就必须使其对 W 的偏导数等于 0,因此可以采用梯度下降法,逐步迭代,最终使得梯度的模长趋近于 0,即可求出 W。

BP 神经网络模型如图 4-10 所示。

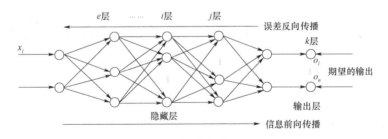

图 4-10　BP 神经网络模型

BP 算法的主要思想是将学习过程分为信号正向传播和误差反向传播两个阶段。信号正向传播阶段,将输入层通过隐藏层到输出层的输入信息传输,在输出端产生输出信号。在信号沿网络传递的过程中,各层神经元的状态只影响下层神经元的状态。如果期望输出结果与实际输出值不同,则实际输出值与期望输出值之间存在误差,进行反向传播过程。在反向传播阶段,误差信号沿着原始连接路径返回,通过修改各层神经元的权值,依次向输入层传播进行计算,通过正向传播过程,重复使用这两个过程,使误差信号最小化。事实上,当误差达到预期要求时,网络学习过程就结束了。BP 算法流程图如图 4-11 所示。

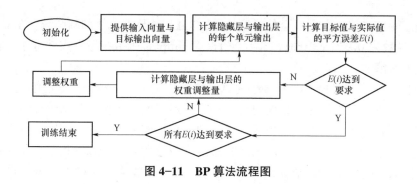

图 4-11 BP 算法流程图

4.4.3 BP 神经网络的应用

预测一部电影的票房收入是一项有趣而富有挑战性的任务。根据某些领域专家的说法，电影业是靠直觉和瞎猜的领域，由于预测困难，所以好莱坞的电影产业颇具风险。

Ramesh Sharda 和 Dursun Delen 尝试应用数据挖掘在影片开始制作之前预测影片的票房收入，在他们提出的预测模型中，将预测回归问题转化为一个分类问题，与预测影片的具体票房收入不同，他们根据票房收入将电影分为 9 种类别，从惨淡经营到重磅炸弹（见表 4-5），从而将这个问题转化为多分类问题。

数据是从多个电影业相关的数据库中收集的，将它们整合到一个数据集中，模型使用的数据集包括 1998—2006 年上映的 2 632 部影片。输入变量包括 MPAA 评级、竞争力、星级、类型、特效、续集以及屏幕数量等。

表 4-5 电影票房的分类　　　　　　　　　　　　　　单位：百万美元

类别	1	2	3	4	5	6	7	8	9
范围（百万美元）	<1	>1	>10	>20	>40	>65	>100	>150	>200
	惨淡经营	<10	<20	<40	<65	<100	<150	<200	重磅炸弹

表 4-6 表示的是输入变量，取值数目以及可能的取值。

表 4-6 变量总结

输入变量	取值数目	可能的取值
MPAA 评级	5	G, PG, PG-13, R, NR
竞争力	3	高，中，低
星级	3	高，中，低
类型	10	科幻，历史，现代，政治，惊悚，恐怖，喜剧，卡通，动作，纪录片
特效	3	高，中，低
续集	1	有，无
屏幕数量	1	正整数

其中第一层为浓缩的输入层，只显示了 7 个聚合的独立变量（PE），而不是所有的 26 个，以避免不必要的混乱，每个神经元的输入只有两个取值。该模型使用了一个具有两个隐藏层的 MLP 神经网络架构，并分别为其分配了 18 个和 16 个处理元素（PE）。在这两个隐藏层中，都利用了 sigmoid 激活函数。第三层为隐藏层，16 个神经元，第四层为输出层，9 个神经元。建立的神经网络模型如图 4-12 所示。

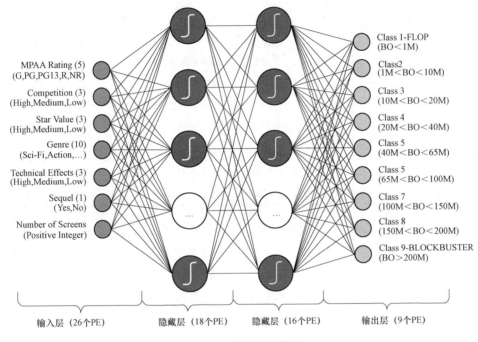

图 4-12　神经网络模型

神经网络模型旨在将一部电影归入九个类别中的一个。该模型的准确度是用两个指标来衡量的。第一个指标是分类正确率的百分比，称为"宾果"。在这种情况下，这个指标是一个合理保守的准确性衡量标准。在现实中，一个电影制片人可能很高兴能在两边各预测一个（甚至两个类别）。他们还报告了 1-away 正确分类率。表 4-7 以混淆矩阵的形式展示了他们汇总的 10 倍交叉验证神经网络结果。混淆矩阵是一种常用的分类结果的表格表示。混淆矩阵中的列代表实际的类，行代表预测的类。相同类别的交叉单元格代表该类样品的正确分类。例如，左上角的单元格表示被分类为 1 类（"失败"）的样本数量，而实际上它们属于 1 类，而右下角的单元格表示被分类为 9 类（"大片"）的样本数量，而实际上它们属于 9 类。总之，从左上角到右下角的对角线单元格（表 4-7 中的阴影）表示正确的分类（宾果），而其他代表错误的分类。紧邻的单元格显示了被单一类别错误分类的实例，这些实例被用于计算 1-away 分类准确率。表 4-7 包括类别的预测准确率（包括宾果和 1-away）的汇总统计，以及总体预测准确率。

表 4–7 汇总的 10 折神经网络分类结果的混淆矩阵

		\multicolumn{9}{c}{Actual Categories}	Avg.
		1	2	3	4	5	6	7	8	9	
Predicted Categories	1	37	35	5	4	0	0	0	1	2	
	2	33	37	13	14	0	1	0	1	1	
	3	5	13	28	21	1	4	8	7	4	
	4	15	3	16	38	0	2	3	4	9	
	5	0	0	6	13	55	30	7	3	2	
	6	0	1	2	3	31	26	19	13	4	
	7	0	0	8	5	5	12	24	21	10	
	8	0	0	5	2	3	7	24	20	16	
	9	0	0	9	1	2	5	8	22	43	
	BINGO	0.411	0.416	0.304	0.376	0.567	0.292	0.258	0.217	0.473	0.369
	1-Away	0.778	0.955	0.620	0.713	0.887	0.764	0.720	0.685	0.648	0.752

结果显示，该研究采用的神经网络可以在电影上映前准确预测电影的成功类别（宾果），准确率为 36.9%，在一个类别内准确率为 75.2%。因为作为该研究的一部分建立的神经网络模型是为了在电影上映前预测其财务成功，所以它们可以被电影公司、发行商和放映商用作强大的决策助手。无论如何，这项研究的结果是非常耐人寻味的，并再次证明了神经网络在解决困难的预测问题方面的持续价值。

4.5 聚类分析

4.5.1 聚类分析的发展过程

聚类分析通过将对象划分为对象组（聚类），使一个聚类中的对象比其他聚类中的对象更相似，从而对数据进行深入了解。由于它不使用类标签等外部信息，聚类分析在一些传统领域也被称为无监督学习。

一般来说，使用聚类分析有两个目的：理解和实用。理解的聚类是指采用聚类分析来自动寻找具有概念意义的、具有共同特征的对象群体。它在帮助人们分析、描述和利用隐藏在群体中的有价值的信息方面起着重要作用。实用的聚类试图从相同的聚类中的单个对象中抽象出原型或代表对象。然后将这些原型或代表对象作为一些数据处理技术的基础，如总结、压缩和最近邻的寻找。

k-means 算法是一种最简单的确定性聚类算法，其目的是将 N 个观测值划分为用户定义的 k 组，其中每个观测值只属于一个具有与该观测值最近的聚类质心的聚类。常用的聚类算法有基于中心点的 k-means 算法、基于滑动窗口的 meanshift 算法、基于密度的 DBSCAN 算法和基于高斯混合模型（GMM）的 EM 算法。目前，数据挖掘技术常用的方法有分类、回归等聚类和关联规则。其中，聚类也是对样本数据进行分类的过程。聚类将样本数据分为几个类，使同一类的数据差异尽可能小，不同类的数据差异尽可能大。

4.5.2 k-means 聚类的基本原理

虽然 k-means 算法非常简单，但它在对象分组方面具有一定的能力，因此在图像分割、模式分类、对象识别、数据挖掘等方面得到了广泛应用。k 均值的主要思想，即广义 k-means 算法或 Floyd 算法，具体描述如下：

初始步骤：选择聚类数目（k 值）。
步骤 1：随机选择 k 个点作为初始的族中心。
步骤 2：将各个点分配到离中心最近的那个族中。
步骤 3：重新计算新的族中心。
重复步骤：重复步骤 2 和步骤 3，直到满足某聚合标准（如中心点不变，族不变，或者中心移动距离足够小等）。

此外，还有不同方法可以测量相似性，如 Minkowski 距离、欧几里得距离和 Cityblock 距离。在所有的点被分配到一个集群之后，首先，在每个集群中重新计算 k 个新的质心点，质心点可以看作相应集群中所有数据的平均值；然后，每个点在第二次用最相似的标准找到它的聚类。这个类似的过程被重复，直到所有的质心点都收敛。

总之，k-means 算法试图最小化平方和，即最小化：

$$\arg\min_{S} \sum_{i=1}^{k} \sum_{x_j \in S_i} D^2(x_j, \mu_i) \tag{4-14}$$

图 4-13 显示了 k-means 算法的流程图。步骤二和步骤三可以进一步表示为以下数学方程。

$$S_i^t = \{x_p : D(x_p, \mu_i^t) \leq D(x_p, \mu_j^t) \forall 1 \leq j \leq k\} \tag{4-15}$$

$$\mu_i^{t+1} = \frac{1}{S_i^t} \sum_{x \in S_i^t} x \tag{4-16}$$

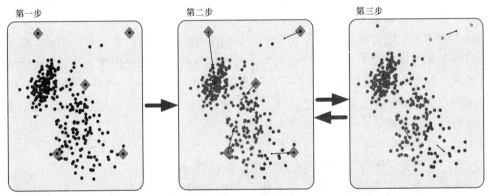

图 4-13 k-means 算法步骤的示意图

研究人员在一般 k-means 算法基础上，提出了许多不同的 k-means 方法。应该提到的是，k-means 算法找不到全局最小值，但实现依赖于初始 k 点的局部最小值。k-means 的计算时间复杂度与观测数、聚类数、迭代次数、维数成线性正比。该算法的缺点之一是对离群点敏感。因此，在应用 k-means 算法之前，最好通过一些离群点分析方法来去除离群点。

4.5.3 k-means 聚类的应用

2013 年 3 月 15 日，国务院颁发了《征信业管理条例》，明确了中国人民银行为征信业的主管部门，我国征信业逐步进入了高速发展的轨道。2014 年 6 月 14 日，国务院印发了《社会信用体系建设规划纲要（2014—2020 年）》，提出了要建成以信用信息资源共享为基础的覆盖全社会的征信系统。2015 年，8 家机构获准开展个人征信业务服务。截至 2017 年 5 月，央行征信系统收录了 9.26 亿自然人的信用信息。数据显示，2017 年 1 月至 5 月期间，个人征信报告日均查询 343 万次。消费者的身份数据、信贷数据、抵押数据在征信系统中已有基础的数据积累，而大数据的发展也为该数据的深入挖掘提供了技术可能。如何对征信用户进行合理归类，进而从类别特征中分析用户的特点，最终对用户进行画像，是对征信系统进行深入挖掘的焦点问题之一。因而，可以说，用户归类是进行征信信息提炼的第一步，制约了整个信息的应用价值。

下面对中国人民银行征信中心提供的 2004—2009 年的部分个人征信数据进行研究，该数据总共有 65 536 条数据记录（账户记录），25 个变量指标，主要分为描述性变量和二值变量。

1. 基本分析

首先，对于用户的基本信息变量特征进行探索分析，通过数据探索来考察此样本的基本特征。本研究中的用户大部分为本科及以上学历，占研究总数的 40% 以上，大部分用户为已婚状态，约占总人数的 80%。用户的地域主要来自北京、浙江、山东、广东，用户的地域分布较为合理，可以较好地代表全国的特征。

进而，考察该数据中的账户特征分布，为后续的数据清洗做准备。由于信用卡使用次数、查询次数等离散型数据的分布较为集中，且不存在异常值，就不需要处理。

对于连续型变量，这里主要讨论用户平均年收入、平均信贷额度、有效账户数目、活跃账户数（账户每月有余额或在当期有查询活动）、借方账户数（账户中有透支余额）和贷方账户数（账户中有存款余额）的基本情况。

2004—2009 年，用户的平均年收入和平均信用额度的变化趋势是相对稳定的，说明收入、信贷额度等基本经济变量具有高度的相关性，而使用这些高度相关的变量来直接刻画用户特征会有较大的偏误。同时可以看到用户平均年收入和平均信贷额度在 5 年中的变化相对平稳，因而可知用户类别应该不存在较大的迁移。对于账户的综合分析，通过活跃账户数比例、借方余额账户数比率、贷方余额账户数比率来进行考察，可以看出 5 年中征信用户呈现出指数增长的趋势，在 2005 年 6 月以后，借方余额账户和贷方余额账户的比例基本固定在 20%～30%。因而，用该变量进行聚类不存在类别重心偏移的问题。

在探索账户基本变量的基础上，为了使聚类中的距离度量具有统一性，这里将所有的连续型变量都统一进行了分段化处理。

2. 聚类分析

利用 k-means 方法进行聚类，k 为 5，比较符合数据的情况。

从表 4-8 可以看出：第一，各类中的样本数据不均衡，第 4 类样本数目最少，第 1 类、第 3 类和 5 类样本数目较多；第二，从类内最大距离可以看出，第 4 类样本最为分散，其他样本都相对集中；第三，根据类别分布来看，第 2 类和第 3 类有向第 1 类集中的趋势，第 4 类有向第 5 类集中的趋势。

从表 4-8 中的聚类结果特征，选择样本群体最多的三类用户来做详细的用户画像。在对距离相近的类别进行方差分析之前，对类中每个变量的均值做粗略的比较。通过均值比较可以发现，第 1 类和第 5 类，除了婚姻状况、担保次数和贷款次数，其余变量差异较大；第 1 类和第 3 类除了婚姻状况和年收入，其余变量差异较大；第 3 类和第 5 类除了信用卡次数、担保次数、贷款次数，其余变量差异较大。

表 4-8 聚类结果

类别	各个类别的个数	类内最大距离	距离最近的类
1	31 483	1.092 6	2
2	8 691	1.045 1	1
3	12 720	1.021 8	1
4	2 230	1.827 8	5
5	10 412	1.091 7	4

案例 4-4

美国本田汽车公司使用 SAS® 来改善保修索赔和预测零件和服务的使用情况

项目背景

当汽车或卡车车主把车开到美国的 Acura 或 Honda 经销商处时，除维修或服务检查外，还有更多的内容。在每次访问期间，服务技术人员都会生成有关维修的数据（包括向美国本田汽车公司提出的任何保修要求），这些数据直接进入其数据库。数据库包括进行了什么类型的工作，客户支付了什么，服务顾问的评论，以及许多其他数据点。

现在，将这一过程乘以每天在全国 1 200 多家经销商处的几十次访问，很明显——美国本田汽车公司拥有大数据。

项目需求

像任何其他主要的汽车经销商一样，美国本田汽车公司与一个经销商网络合作，对其车辆进行保修维修工作。这对公司来说可能是一笔不小的费用，所以美国本田汽车公司使用分析方法来确保提交的保修索赔是完整和准确的。在保修索赔方面，Kau 的团队通过在线报告向经销商提供有用的信息，帮助他们了解适当的保修流程。为了支持减少不适当的保修费用的目标，Kau 和他的团队必须筛选有关维修、零件、客户和其他细节的信息。他们选择了一种由 SAS 支持的商务智能和分析的可视化方法，以确定降低成本的机会。

解决方案

为了减少保修费用，高级分析团队利用 SAS 分析创建了一个专有流程，每天将可疑的保修索赔浮出水面进行审查，以确保它们符合现有准则。识别和审查索赔的工作曾经是相当手动的、乏味的和时间密集的。Kau 说："在 SAS 之前，我们的一名工作人员每个月要花一周的时间在微软 Excel 电子表格中汇总和报告保修数据。现在，有了 SAS，我们在一个容易访问的在线仪表板上自动填充这些相同的报告，我们恢复了一个星期的人力，我们可以把它放在其他项目上。"

项目效益

通过将 SAS 分析法应用于保修数据，高级分析小组使索赔小组和现场人员有能力快速、准确地识别不完整、不准确或不符合要求的索赔。其结果令人印象深刻。"最初，我们的审查员平均需要三分钟以上的时间来识别一个潜在的不符合规定的索赔，即使如此，他们也只有 35% 的时间发现一个真正不符合规定的索赔，"Kau 说，"现在，有了 SAS，识别一个可疑的索赔只需要不到一分钟的时间。而在这段时间里，他们有 76% 的时间发现了不符合规定的索赔。" 提高保修合规性的努力为美国本田汽车公司带来了回报。通过对保修索赔进行更完整的分析——以及在经销商处进行更多的教育——美国本田汽车公司看到其劳动成本减少了 52%。

美国本田汽车公司高级分析团队还利用服务和零部件数据，通过确保经销商为客户维修提供所需的零部件，与客户建立更紧密的联系。在正确的时间提供正确的零件是最重要的，所以车辆维修数据直接反馈到美国本田的营销和客户保留工作中。"对于营销团队来说，我们提供战略洞察力，帮助他们制定旨在将客户推向经销商的计划，并最终使他们对我们的品牌保持忠诚，"Kau 说。"本田的目标是车主的终身忠诚。我们希望我们的客户有一个良好的体验，而实现这一目标的方法之一是通过卓越的服务。"

美国本田汽车公司使用 SAS 预测服务器来协助业务规划，以确保有足够的资源来满足未来的服务需求。利用维修订单和认证的历史信息，他们开发了一个时间序列。通过将时间序列信息与销售数据相结合，Kau 的团队可以预测公司未来几年的最大机会在哪里。"我们的目标是预测运行中的车辆数量，以预测进入经销商处的客户数量，"Kau 说，"这就意味着我们应该准备多少零件，并帮助我们计划人员配置以满足客户需求。在逐年回顾的基础上，我们一直在我们预测的 1% 以内。这对一个预测来说是非常好的，我把这大部分归功于 SAS 软件的能力。"

美国本田汽车公司使用分析的另一种方式是快速评估客户调查数据。使用 SAS，高级分析团队挖掘调查数据，以深入了解车辆的使用情况，并确定最有可能提高客户满意度的设计变化。在每周的基础上，分析团队检查客户调查数据。Kau 的团队使用 SAS 来标记可能需要设计、制造、工程或其他小组注意的新趋势。利用 SAS 技术，用户可以从高层次的问题深入到更具体的反应，以了解潜在的根本原因。"我们可以研究数据，看看客户在说什么，"Kau 说，"这就导致了我们可以解决一些问题。一个组件的设计是最理想的方式吗？它是一个客户教育问题吗？它是我们应该在制造过程中解决的问题吗？因为有了 SAS，这些都是我们现在可以利用数据识别的关键问题。"

数据来源：https://www.sas.com/en_us/customers/american-honda.html。

4.6 关联分析

4.6.1 关联分析的基本概念

利用关联规则的思想从数据集中提取有趣关系的方法称为关联分析。关联规则挖掘是近年来数据挖掘中最重要、最活跃的研究领域，主要目的是从数据集中挖掘有趣的关系或频繁项集，这一过程通常用 $A \rightarrow B$ 表示。支持度（support）和置信度（confidence）是用来衡量关联规则的有效性的，支持度表示 A、B 同时发生的概率，而置信度则表示的是 A 发生的条件下 B 发生的条件概率。

支持度：support($A \rightarrow B$)=$P(A, B)$
置信度：confidence($A \rightarrow B$)=$P(B|A)$

满足最小支持和置信阈值的规则称为强关联规则，通常是由用户或关系领域专家确定这些阈值。

数据挖掘中的关联规则挖掘主要包括以下两个步骤：
（1）找出所有频繁项集。
（2）从频繁项集生成强关联规则。

数据挖掘中的关联规则重视不同数据区域之间的关联，并在给定条件下找出不同区域之间的依赖关系。关联规则应用前景极为光明。零售贸易分析师使用关联规则分析大量销售数据。他们发现客户的购买模式和趋势，以提高他们的服务质量。关联规则在保险业风险分析、金融投资市场预测以及电信业相关领域也得到了广泛应用。

4.6.2 简单关联规则的基本原理

Apriori 算法是第一个关联规则挖掘算法，也是最经典的算法。它利用逐层搜索的迭代方法找出数据库中的频繁项集，以形成规则，其过程由连接与剪枝组成。该算法中项集的概念即为项的集合，包含 k 个项的集合为 k 项集。项集出现的频率是包含项集的事务数，称为项集的频率。如果某项集满足最小支持度，则称它为频繁项集。该算法的基本思想是：首先，找出所有频繁项集，这些项集出现的频数至少和预定义的最小支持度一样。然后，由频繁项集产生强关联规则，这些规则必须满足最小支持度和最小可信度。最后，使用第一步找到的频集产生期望的规则，产生只包含集合的项的所有规则，其中每一条规则的右部只有一项。一旦这些规则被生成，那么只有那些大于用户给定的最小置信度的规则才被留下来。为了生成所有频繁项集，使用了递推的方法。Apriori 算法标记见表 4-9。

表 4-9 Apriori 算法标记

k-项集	有 k 个项的项集
L_k	k 项集的集合，其中每个元素都是频繁的 k 项集，有支持度计数
C_k	候补 k 项集的集合，它是由 L_{k-1} 生成，每个元素都有支持度计数

算法 Apriori 描述如下：

1. L_1={频繁 1-项集}
2. `for(k=2, `L_{k-1}`≠Φ;k++) do`
3. C_k`=apriori_gen(`L_{k-1}`);` //由 L_{k-1} 生成新的候补项集
4.   `for all t∈D do`
5. C_t `= subset(`C_k`, t);` //找出所有包含事务 t 的候补集
6.   `for all c∈`C_t `do`
7.   `c.count++` //c 中元素个数增加 1
8.   `endfor`
9.   `endfor`
10. L_k `= {c∈`C_k`|c.count ≥minsup}`
11. `endfor`
12. `Answer = `$U_k L_k$

假定事务中的项按照字典顺序从小到大排序，主要为了减少重复工作，以此类推，也可以将 L_k 中的项集按照字典顺序进行类似排序。apriori_gen 的算法如下：

```
//第一步连接，将 L_{k-1} 与 L_{k-1} 连接起来
insert into C_k
select p.item_1, p.item_2, …,p.item_{k-1},q.item_{k-1} from L_{k-1} p, L_{k-1} q
where p.item1=q.item_1, …,p.item_{k-2}=q.item_{k-2}, p.item_{k-1} < q.item_{k-1}
//第二步剪枝，删除 C_k 中这样的元素 c，如果它的有一个 k-1 元素的子集不在 L_{k-1} 中。
for all c ∈ C_k do
  for all c 的 k-1 子集 s do
    if (s ∉ L_{k-1}) then
      delete c from C_k
      break
    endif
  endfor
endfor
```

Apriori 算法要解决的问题就是如何快速找出频繁项集。Apriori 的核心思想就是认为如果{a, b, c}是频繁的，那么它的非空子集也必须是频繁的，换句话说，如果项集 A 不是频繁的，那么包含 A 的所有父集都不是频繁的，这就是 Apriori 算法里面所描述的 anti-monotonic property（反单调性质），频繁的定义就是指出现的次数大于某个预先定义的阈值，因此，可以从只含一个项的集合开始搜索，然后剔除非频繁集。然后再找只含 2 个项的集合，再剔除非频繁。如果把算法的搜索看作一棵搜索树，那么每次的剔除都是剔除一棵树的分枝，所以就可以大大减小搜索空间。

4.6.3 简单关联规则的应用

本案例来自广东省业务潜在用户群调查分析①。

1. 问卷调查的对象

第一部分询问被访者的现有手机消费情况。第二部分调查 3G 用户群对 3G 业务的认识、偏好，以及使用预期，着重了解他们对业务的需求。第三部分收集被访者的个人特征（性别、年龄、职业、工资收入、教育程度等）。目标城市为广州市、深圳市和中山市。合格受访者的甄别条件为：（1）现有手机用户。（2）访问所在城市常住居民居住满三年。（3）年龄 18~45 岁。（4）过去 6 个月没有参加过任何有关手机的研究或访问。（5）受访者及其家人没有在市场研究公司，媒体机构，手机生产销售单位工作。最终收集到的问卷为广州 207 份，深圳 210 份，中山 210 份。

2. 数据的基本分析

表 4-10 受访者使用 3G 业务分布情况

类别	编号	业务名称	广州市	深圳市	中山市
业务	1	可视电话	169（81.64%）	162（77.14%）	158（75.24%）
	2	移动可视会议	38（18.36%）	20（9.52%）	30（14.29%）
消息	3	音频/视频电子邮件	47（22.71%）	60（28.57%）	55（26.19%）
	4	即时信息，移动 ICQ	65（31.40%）	88（41.90%）	59（28.10%）
信息服务	5	交通信息	27（13.04%）	44（20.95%）	38（18.10%）
	6	位置确定	28（13.53%）	63（30.00%）	20（9.52%）
	7	网络资料	42（20.29%）	89（42.38%）	45（21.43%）
	8	医疗咨询	10（4.83%）	52（24.76%）	22（10.48%）
娱乐	9	音乐点播，下载	62（29.95%）	112（53.333%）	110（52.38%）
	10	视频点播，下载	42（20.29%）	90（42.86%）	97（46.19%）
	11	观看电视	66（31.88%）	97（46.19%）	90（42.86%）
	12	收听电视	42（20.29%）	70（33.33%）	67（31.90%）
交易	13	移动小额支付，移动账单支付，煤气费，移动博彩	37（17.87%）	66（31.43%）	28（13.33%）
	14	移动证券买卖，信用卡费用查询等	12（5.80%）	43（20.48%）	11（5.24%）
效率	15	个人信息管理，个性化首页	15（7.25%）	35（16.67%）	15（7.14%）
	16	移动办公室，移动企业资源调配，企业信息公布等	12（5.80%）	12（5.71%）	7（3.33%）

---

① 吕晓玲，季飞. 广东省 3G 业务潜在用户群调查分析 [J]. 数理统计与管理，2008，27（1）：17-22.

近80%的受访者都表示会使用可视电话业务,该业务也是3G的一个象征和招牌,所以应该尽全力做好,使得图像清晰,信号流畅。30%~50%的受访者表示愿意使用的3G业务是娱乐业和消息类,20%~30%的受访者表示愿意使用是信息服务类和交易类。三个城市相比,深圳市的受访者对3G业务表现出了最大的热情,各项业务的愿意使用率均偏高于另外两个城市,尤其是交易类的移动证券买卖,信用卡费用查询业务愿意使用率高过其他两个城市近15个百分点。广州市受访者在3G业务的使用上略显保守,娱乐类的使用率明显低于其他两个城市,应该在这一点上进一步分析广州市民的消费特点,多做宣传。对于愿意多支付多少费用选择3G网络,广州市受访者也显得很保守,7%的广州受访者表示不愿意多花钱了,这个比例明显高过其他两个城市。反而是中山市受访者表示出了愿意多花一些费用选择3G网络。

3. 购物篮分析(关联分析)

统计分析表明只有少于10%的受访者清楚了解业务与3G的差别。这一比例是完全不能令人满意的,电信运营商应该尽快加大对网络的宣传普及。在被问到愿意什么时候选用3G网络的时候,如果不需要更新号码,50%~60%的受访者愿意成为早期用户,但是如果需要更新号码,这个比例就降到20%~30%。电信运营商需努力发展技术,做到平稳过渡,最好不需要消费者更换号码就可以升级到3G网络,这将大大方便消费者,也会为电信运营商带来可观的利润。统计购物篮分析结果表明受访者最喜欢一起选用的3G业务除可视电话之外就是娱乐类的各个业务,其次是信息类,这些业务在宣传推广的时候可以捆绑促销,或者作为附加优惠,必定会受到消费者的欢迎。广州受访者购物篮分析结果(按置信度排序)见表4-11。

表4-11 广州受访者购物篮分析结果(按置信度排序)

业务组合	置信度/%	支撑度/%
医疗咨询→可视电话	90.00	4.39
收听广播→可视电话	88.10	18.05
观看电视→可视电话	68.36	27.80
移动办公室,移动资源调配,企业信息公布等和网络资料→移动小额支付,移动订票	100	3.90
视频点播,下载和及时信息,移动ICQ→音乐点播,下载	94.12	7.80
音乐点播,下载和音频/视频电子邮件→可视电话	92.30	5.85

案例4-5

利用预测性分析防止价值130万美元的医疗用品浪费

项目背景

Z5库存是为医疗机构提供的全方位供应链生命周期解决方案。医疗机构可以在Z5的移动应用程序上迅速清点和估价他们的库存;识别和重新分配多余的产品以防止过期;预测和购买未开封的产品。仅在美国，每年就有价值50亿美元的医疗用品被扔掉。这种在医疗机构中流行的浪费现象提高了医疗成本，并占用了垃圾填埋场的空间——这两种情况都会产生重大的社会和环境后果。这种浪费可归因于不良的库存管理。没有准确的库存跟踪和分析，库存就会堆积起来，闲置起来，直到过期。

项目需求

这个项目由 Z5 Inventory 负责，包括两个阶段。第一阶段：清理30家医疗机构的所有多余产品（那些最近没有购买或超过定期自动补货水平的产品），并将它们送到 Z5 运营的仓库。第二阶段：使用预测分析法，将这些产品重新分配给有需要的医疗机构。

目标是帮助客户减少产品过剩，为较新的产品赢得货架空间，提高员工效率，降低库存供应成本，并将医疗保健供应链中的浪费尽可能地减少到零。如果这个过程在美国所有的医疗机构中实施，每年可以节省数十亿美元。这将最终节省宝贵的纳税人的钱，减少垃圾填埋量，并给处于危险中的社区提供他们可能没有机会获得的用品。

解决方案

在与关键利益相关者（Z5 和客户 C-Suite）确定项目目标后，数据科学家起草了项目的组成部分（需求预测、重新分配、最佳周期选择器等），以及它们应该如何互动。

第一步是处理数据进行分析，检查和处理错误，如缺失值、无效条目和日期范围错误。第二步，利用 KNIME 与 R 的集成，数据科学家可以开始进行需求预测（基于医疗机构的采购历史），并为每个机构创建一个产品清单。R 被用来根据排名将多余的产品分成不同的目的地设施。这个排名是用购买频率、平均购买量、购买量的标准偏差以及期望列表上的预测数量来计算的。此外，由于目标是尽可能地将产品重新分配到医疗机构，所以创建了一个"最佳循环选择器"，以确保对于一个给定的产品，其在目的地机构的使用最大化。在整个过程中，数据科学家与关键的利益相关者进行回访，提出中期结果，并对 KNIME 工作流程进行必要的修改。根据客户的反馈，对模型的稳健性不断进行评估。到目前为止，还没有出现过超额发货的投诉，这表明该模型成功地帮助解决了医疗机构库存过剩的难题。

"因为数据科学家都是统计学背景，每天都在用 R 语言编码，他们很高兴 KNIME 给了他们灵活性，可以继续用 R 语言工作，同时保持在一个统一的平台。" Shane Pratt, Z5 Inventory 公司首席收入官说。

项目效益

这个项目是在美国最大的医疗保健网络之一的中大西洋地区进行的，有32家医疗保健机构参与。在项目执行过程中，价值130万美元的医疗和手术产品被转移，以防止过期和处置。这是一个惊人的成就。它表明，如果所有的美国医疗机构都采用类似的策略，几乎所有被浪费的50亿美元将被实际使用。理想情况下，通过利用这一过程，处理向医疗机构分发的中央仓库将变得非常有效。准确地说，它将是空的。目前的预测是能够在接下来的一个月内分发所有产品。在一个完美的世界里，医疗保健供应链的浪费将减少到零。现实中，鉴于该行业有许多不可控的变量，如临床医生的偏好，供应商和制造商的变化，以及行业整合速度的增加，这是不可能的。然而，可以控制的是减少产品在货架上的浪费和被扔掉。

资料来源：https://www.knime.com/success-story/leveraging-predictive-analytics-prevents-millions-of-dollars-worth-of-medical-supply-waste。

4.7 数据挖掘软件

4.7.1 比较数据挖掘软件的标准

这些标准是基于用户群、数据结构、数据挖掘任务和方法、导入和导出选项以及许可模式。因此有许多不同的数据挖掘工具，它们适用于不同的用户群体。

1. 商业应用

这一组将数据挖掘作为解决商业上相关业务应用的工具，如流程优化和自动化、客户关系管理、欺诈检测等。产品的日益个性化以及消费者和合作伙伴的整合需要智能和灵活的工作流程（通常用关键词"工业 4.0"来概括）。这一领域主要由各种商业工具覆盖，为具有大型数据集的数据库提供支持，并在公司的工作流程中深度整合。

2. 应用研究

一个将数据挖掘应用于研究问题的用户群体，例如，技术和生命科学。在这里，用户主要对具有良好的方法、图形用户界面（GUI）和与领域相关的数据格式或数据库接口的工具感兴趣。

3. 算法开发

这类用户开发新的数据挖掘算法，并需要工具来整合他们自己的方法，以及将这些方法与现有方法进行比较。必要的工具应该包含许多有竞争力的算法。

4. 教育

对于大学的教育来说，数据挖掘工具应该非常直观，有一个舒适的交互式用户界面，而且价格低廉。此外，它们应该允许在编程研讨会上整合内部方法。

4.7.2 数据挖掘软件类型

表 4-12 中总结了不同类型和用户群的匹配情况以及最近的工具数量。此外，对于商业数据挖掘工具，相关的工具和它们的组成部分被总结在不同的表格中，分别是商业的（见表 4-13）和免费开源的数据挖掘工具（见表 4-14）。流行程度的衡量标准是：

（1）Gartner 公司 2017 年魔力象限中列出的 24 种产品；

（2）KDnuggets 的"分析、数据科学、机器学习软件的新领导者、趋势和惊喜投票"（2017 年）中的顶级工具，有 2 900 名投票者；

（3）Rexer 的"2015 年数据科学调查"中列出的数据科学家最常使用的 24 个工具；

（4）KDnuggets 的"分析、数据挖掘软件"（2015）列出的 10 个最常用的工具以及增幅较高的工具，有近 3 000 名投票者；

（5）从多数人经验来看，最受欢迎的图像处理工具（ITK 和 ImageJ）涵盖了这个领域。

本书使用之前分类法的一个略微修改版本，提出了以下九种类别：

（1）数据挖掘套件（DMS）主要侧重于数据挖掘，包括许多方法。它们支持特征表和时间序列，有时还提供用于文本挖掘的额外工具。DMS 大多是商业化的，而且相当昂贵。

表 4-12　不同类型和用户群的匹配情况以及最近的工具数量

类型	DMS	BI	MAT	INT	EXT	LIB	SPEC	RES	SOL
最近工具的数量	72	66	17	10	10	37	89	5	35
业务应用	+	+	−	0	0	−	0	−	0
应用研究	+	−	+	+	0	0	0	0	+
算法开发	−	−	+	+	−	+	0	+	−
教育	+	−	0	0	+	−	+	−	0

备注：评价+表示极其有用，0 表示不太有用，−表示没有用。

表 4-13　商业软件

工　　具	类型	链　　接
Alteryx	DAS	www.alteryx.com
Analytics OS	DAS，BI	www.pyramidanalytics.com
Birst	BI	www.birst.com
Board	BI	www.board.com
ClearStory Data	BI	www.clearstorydata.com
Datameer	BI	www.datameer.com
Domo	BI	www.domo.com
Einstein Analytics Platform	BI	www.salesforce.com
IBM Cognos Analytics	**BI**	**www.ibm.com/analytics/products**
IBM SPSS	**DAS**	**www.ibm.com/analytics/products**
IBM Watson	DAS	www.ibm.com/watson-analytics
Logi Analytics Platform	DAS	www.logianalytics.com
MATLAB	MAT	www.mathworks.com
Mathematica	MAT	www.wolfram.com/mathematica
Microsoft Power BI	BI	https://powerbi.microsoft.com
MicroStrategy	BI	www.microstrategy.com
Oracle Visualization and Big Data Products	DAS	www.oracle.com/big-data/products.html
Pentaho	BI	www.sourceforge.net/projects/pentaho
Qlik Analytics Platform	BI	www.qlik.com/us/products/qlik-analytics-platform
SAP BusinessObjects	**BI**	**www.sap.com/products/analytics/business-intelligence-bi.html**
SAS Visual Analytics	**DAS**	**www.sas.com/en_us/software/visual-analytics.html**
Sisense	BI	www.sisense.com
Tableau	**BI**	**www.tableausoftware.com**

续表

工　具	类型	链　接
TIBCO Spotfire	DAS	spotfire.tibco.com
Teradata Aster Analytics	**BI**	www.teradata.com/products-and-services/ teradata-analytics-platform
ToughSpot	DAS	www.thoughtspot.com
WebFOCUS	BI	www.informationbuilders.co
Yellowfin BI	BI	www.yellowfinbi.com
Zoomdata	DAS	www.zoomdata.com

备注：非常普遍使用的工具用粗体表示。

表 4-14　免费开源的数据挖掘工具列表

工　具	类型	链　接
Apache Spark	**MAT**	**https://spark.apache.org**
Apache Flink	LIB	https://flink.apache.org
H2O	SPEC	www.h2o.ai
ImageJ	**SOL**	**https://rsbweb.nih.gov/ij**
ITK	SOL	www.itk.org
KEEL	INT	www.keel.es
KNIME	**DAS**	**www.knime.org**
Orange	**DAS**	**https://orange.biolab.si**
OpenCV	LIB	www.opencv.org
Pegasus	RES	www.cs.cmu.edu/pegasu
Pentaho	**BI**	**www.pentaho.com**
Python	**MAT**	**www.python.org**
R	**MAT**	**www.r-project.org**
RapidMiner	**DAS**	**www.rapidminer.com**
Scikit-learn	LIB	www.scikit-learn.org
TensorFlow	SPEC	www.tensorflow.org
WEKA	**DAS，LIB**	**www.cs.waikato.ac.nz/ml/weka**

备注：非常普遍使用的工具用粗体表示。

（2）商务智能（BI）软件包。对数据挖掘没有特别关注，但包括基本的数据挖掘功能，特别是统计方法。它们有高度发达的报告和可视化功能，如仪表盘和对教育、处理和适应客户工作流程的良好支持。它们的特点是非常注重数据库的耦合，或者它们由具有集成分析和预测功能的数据库组成，大多遵循客户/服务器架构。大多数商务智能软件是商业的，但也有一些开源的解决方案。

（3）数学（MAT）软件包。没有特别关注数据挖掘，但提供了大量可扩展的数学算法和可视化程序。它们支持特征表、时间序列，至少有图像的导入格式。用户互动往往需要脚本语言的编程技巧。MAT 对算法开发和应用研究的用户很有吸引力，因为数据挖掘算法可以快速实现，主要是以扩展（EXT）和研究原型（RES）的形式。这个定义包括提供类似于工具的用户体验的编程语言，这些语言有小脚本和对所提供的库的使用。

（4）集成（INT）包是许多不同的开源算法的可扩展捆绑，可以是独立的软件，也可以是 MAT 类型的工具的一种更大的扩展包。导入和导出支持标准格式，但对数据库的支持很弱。大多数工具可用于不同的平台，并包括一个 GUI。如果开源集成包是基于 MAT 类型的商业工具，就会出现许可模式的混合体。由于具有这些特点，这些工具对于进行应用研究的算法开发者和用户具有较强的吸引力，因为它们具有可扩展性，并能与其他工具进行快速比较，另外它们还能够简单地与专门应用的方法和导入选项相集成。

（5）EXT 是其他工具的小型插件，如 Excel、MATLAB、R 等，功能有限，但很实用。在这里，只实现了少数数据挖掘算法，如 Excel（Analytic Solver）或 MATLAB（MATLAB Neural Networks Toolbox）的人工神经网络。有商业或开源的版本，但也必须有基本工具的许可证。用户互动与基本工具相同，例如，通过使用编程语言（MATLAB）或在菜单中嵌入扩展（Excel）。

（6）数据挖掘库（LIB）将数据挖掘方法作为一个函数包来实现。这些功能可以嵌入到其他软件工具中，使用应用编程接口（API）进行软件工具和数据挖掘功能之间的交互。GUI 是缺失的，但有些功能可以支持特定可视化工具的整合。LIB 工具主要对算法开发和应用研究中的用户有吸引力，用于将数据挖掘软件嵌入到更大的数据挖掘软件工具中，或者用于狭窄应用的特定解决方案。

（7）专用包（SPEC）类似于 DAS 工具，但只实现一个特殊的方法系列，如人工神经网络。它们包含许多针对此类方法的精心设计的可视化技术。与其他工具相比，SPEC 的操作相当简单，这使得这类工具在教育中的使用更加容易。

（8）RES 通常是新的和创新的算法的第一个实现，而且不一定是稳定的。它们只包含一种或几种算法，具有有限的图形支持，没有自动化支持。导入和导出功能相当有限，数据库耦合缺失或薄弱。RES 工具大多是开源的。它们主要对算法开发和应用研究的用户有吸引力，特别是在非常创新的领域。

（9）解决方案（SOL）描述了一组为狭窄的应用领域定制的工具，如文本挖掘（GATE）、图像处理（ITK、ImageJ）、显微镜中的图像分析（CellProfilerAnalyst），或挖掘基因表达谱（Partek Genomics Suite、MEGA）。这些解决方案的优势在于对特定领域的特征提取技术、评价措施、可视化和导入格式的出色支持。

思 考 题

1. 什么是数据挖掘？数据挖掘与商务智能是什么关系？
2. 数据挖掘可以用在哪些行业？请举例说明。
3. 请说明有监督的学习与无监督学习的区别。
4. 请说明数据挖掘方法与算法，并加以举例。

5. 数据挖掘的流程有哪些，包含哪些步骤，请举例说明。

6. 请问常见的商用数据挖掘软件有哪些？开源的数据挖掘软件有哪些？请自学 R 语言软件，并进行尝试数据挖掘。

7. 请到 UCI 网站下载 Breast Cancer 数据，利用决策树 C5.0 和神经网络进行分类。

8. 请到 UCI 网站下载 Audit Data 数据，利用决策树 C5.0 和支持向量机进行分类。

9. 请到 UCI 网站下载 Beijing PM2.5 Data 数据，利用决策树 CART 以及神经网络进行回归预测。

10. 请到 UCI 网站下载 Carbon Nanotubes 数据，利用决策树 CART 和神经网络进行回归预测。

11. 请到 UCI 网站下载 Anuran Calls（MFCCs）数据，利用 k-means 方法进行，并对聚类进行说明。

12. 请到 UCI 网站下载 3D Road Network（North Jutland, Denmark）数据，利用 k-means 方法进行，并对聚类进行说明。

13. 利用 SPSS Modeler 中的示例教程，进行市场购物篮分析，即关联规则分析。

14. 利用 R 语言中的开源包 arules 中的 Groceries 数据，进行关联规则分析。

第 5 章
文本挖掘与 Web 挖掘

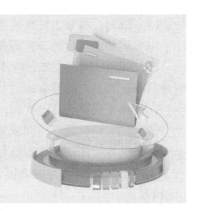

在商务智能的发展过程中，人们逐渐认识到商务智能并非万能，其中对文本数据处理能力的不足，就是值得关注的方面。现代企业中不仅有 ERP、CRM 等企业内部业务数据，还存在大量的文本数据和资料，如各种文书、技术报告、市场报告、Web 数据等。除这些数据外，还可能有专利、内部报告和其他潜在可获取的公开信息资源，如网络信息资源等。这些数据中，仅少量数据以结构化形式存储，而大部分数据则以非结构化形式存储，尤其是以自然语言文本为主。如何将这些数据充分整合到商务智能的数据中，与结构化数据一样进行分析和处理，增强商务智能系统的能力，是一个重要的课题。

5.1 文 本 挖 掘

5.1.1 文本挖掘的基本概念

文本挖掘，是指从大量非结构化的文本数据中提取有价值的信息与知识的过程。文本数据是人类社会为了方便交流而产生的，通常含有丰富的语义内容和有价值的信息与知识。例如，人们习惯通过产品评论、社交媒体讨论等包含主观见解的文本数据来获取他们感兴趣的话题、观点等信息，并以此进行购买产品或服务等的决策。当文本数据规模变得巨大时，仅靠人工进行数据分析已绝无可能，人们需要智能的软件工具或算法来发现相关知识以优化决策，能够更高效地完成任务。

1. 文本挖掘中常用的概念

（1）结构化数据：具有预定义的格式，通常用简单的数值、词等进行记录并存储。

（2）非结构化数据：不具有预定义的格式，通常以文本形式进行存储，例如，一段用自然语言描述的文本。从人机处理角度来看，结构化数据适合计算机进行处理，而非结构化数据则适合人类进行处理和理解。

（3）语料：为知识发现或数据处理而准备的基于文本的结构化集合。

（4）词：通过自然语言等处理方法从一个特定域的语料中直接提取的单词或短语。

（5）观点：通过人工、统计、基于分类等方法从一个文本集合中生成的特征。相比于词，观点具有更高层次的抽象。

（6）停止词：又称噪声词，是在进行自然语言处理前筛选去除的词。

（7）同义词：具有相同或相近含义的语法上不同的词。

（8）文本标注：对文本进行特征标记的过程。在此过程中，通过明确的文本多维度特征对文本打上具体的语义、语境、目的、情感等元数据标签，来创建一个巨大的文本数据集（语料）。

（9）词典：相关领域词的集合，可以用来将提取出来的词对应到一个观点。

（10）词频：在特定文档中词出现的次数。

2. 文本挖掘的特点

（1）文本挖掘处理的是大规模的文本数据集，而不是一个或少量的文档。

（2）文本挖掘发现的知识是隐藏在大量文档中的，是新的、以前未知的模式或关系。

（3）文本挖掘抽取的知识是以真实世界为基础的，具有潜在价值，是直接可用的。它或者是某个特定用户感兴趣的，或者对于解答某个特定问题是有用的。

（4）由于文本挖掘处理的是大规模的文本数据集，其挖掘算法复杂度必须在时间和空间上是多项式的。

（5）文本数据具有大量的噪声和不规则的结构，因此文本挖掘算法应具有很强的算法鲁棒性。

（6）文本挖掘是个多学科交叉的研究领域，涉及领域包括数据挖掘、机器学习、统计学、自然语言理解、信息检索、信息抽取、聚类、可视化、数据库技术等。

5.1.2 文本挖掘的基本流程

1. 文本数据获取

文本数据按照获得途径可分为已有数据集、开放网页信息等。已有数据集通常是已整理好的文本数据集或语料库，可大大节约数据获取的时间，例如，在一些开放测评赛事中公开的数据集，或者专利、论文等专业数据库等。而开放网页信息数据则需要通过数据获取技术进行获取，例如，使用爬虫工具等。

2. 文本数据预处理

文本数据预处理包括为文本挖掘的核心知识发现操作准备数据的程序、过程和方法。

1）分词

中文自动分词经历 30 多年的探索，主要可分为规则分词、统计分词和混合分词。

规则分词又称机械分词，是按照一定的策略将待分析的汉字串与一个"充分大的"机器词典中的词条进行匹配，若在词典中找到某个词条，则匹配成功（识别出一个词）。匹配方法主要有正向最大匹配法、逆向最大匹配法和双向最大匹配法。

随着大规模语料库的建立和统计机器学习方法的发展，统计分词逐渐成为主流，其主要思想是把每个词看作由最小单位的各个字组成，一些相连的字在不同的文本中出现的次数越多，那么这些相连的字是一个词的可能性越大。因此可以利用字与字相邻出现的频率来反映词的可靠度。通过统计语料中相邻共现的字组合的频率，当一个字组合频率高于某一个阈值时，便可认为该字组合可能会构成一个词语。

在实际应用中，大多数情况下是基于一种分词算法为主，然后使用其他分词算法加以辅助的混合分词。

2）特征表示

特征表示是指以一定的特征项（如词、描述等）来代表文档，在具体挖掘任务中只需要对这些特征项进行处理，从而实现对非结构化文本的处理，这是一个非结构化向结构化转化的处理步骤。

文本特征，是指关于文本的元数据，分为描述性特征和语义性特征。描述性特征易于获得，而语义性特征则较难获得。通常，一个有效的文本特征集必须具备完全性、区分性和精练性等特点。

特征表示模型有多种，常用的有布尔逻辑模型、概率型、向量空间模型（vector space model，VSM）等。向量空间模型自20世纪60年代末提出以来，已成为文本挖掘中常用的一种文本表示模型，它的基本思想是将文本看作特征词的集合，并使用特征词的权向量表示文本。其优点是将文本内容转换成易为数学处理的向量方式，使得各种相似性运算和排序成为可能，因而得到广泛的应用。

3）特征选择

当文本数据集的数据量非常大时，用来表示文本的特征向量的维数会很大，甚至可能会达到几万维。如此高维数的特征空间会使一些挖掘算法无法进行或效率很低，因此需要对特征空间进行降维处理。常用的特征选择方法有词频和互信息。

（1）词频。

词频（term frequency，TF）是指一个词在文档中出现的次数，它源于一个直观的认识，即如果某一个词很重要，那么这个词应该在文档中多次出现。

$$词频 = \frac{某个词在文档中出现的次数}{文档的总词数} \tag{5-1}$$

通过词频进行特征选择就是将词频小于某一阈值或大于某一阈值的词删除，从而降低特征空间的维数。该方法基于如下假设：出现频率小的词对过滤的影响也较小，而出现频率大的词可能是无意义的普通词。但有时候频率小的词可能含有更多的信息。因此，在特征选择过程中不宜简单地根据词频大幅度删除词，而是需要一个重要性调整系数，来衡量一个词是不是常见词。如果某个词比较少见，但是它在一篇文档中多次出现，那么它很可能就反映了这篇文档的特性，正是人们所需要的关键词。也就是说，在词频的基础上，为每个词分配一个"重要性"权重。最常见的词给予最小的权重，较常见的词给予较小的权重，较少见的词给予较大的权重。这个权重就是"逆文档频率"（inverse document frequency，IDF），它的大小与一个词的常见程度成反比。

$$逆文档频率 = \ln\left(\frac{语料库中的文档总数}{包含该词的文档数 + 1}\right) \tag{5-2}$$

从式（5-2）可以看出，如果一个词越常见，那么分母就越大，逆文档频率就越小。分母之所以要加 1，是为了避免分母为 0（所有文档都不包含该词）。

$$词频-逆文档频率 = 词频 \times 逆文档频率 \qquad (5-3)$$

可以看出，词频－逆文档频率的值与一个词在文档中的出现次数成正比，与该词在整个语料库中的出现次数成反比。词频－逆文档频率可以有效评估一个词对于一个语料库中的一份文件的重要程度。因为它综合表征了该词在文档中的重要程度和文档区分度。因此，自动提取关键词的算法就可以通过计算出文档中每个词的词频－逆文档频率的值，然后按降序排列，取排在最前面的几个词。

（2）互信息。

互信息衡量的是两个随机变量之间的统计相关性。使用互信息进行特征选择基于如下假设：在某个特定类别出现频率高，但在其他类别出现频率比较低的词与该类的互信息比较大。通常用互信息作为特征词和类别之间的测度，如果特征词属于该类的话，它们的互信息量最大。由于该方法不需要对特征词和类别之间关系的性质进行任何假设，因此非常适合于文本分类的特征和类别的匹配工作。

3. 知识挖掘

根据文本挖掘的具体任务不同，利用数据分析与数据挖掘算法进行知识挖掘。常见典型的文本挖掘技术有文本分类、文本聚类、主题模型、情感分析与观点挖掘、话题检测、信息抽取、文本自动摘要等。

文本分类，是指利用计算机对文本数据集中的文本按照一定的分类体系或标准进行自动分类标记。它根据一个已标注的训练数据集学习到文档与文档类别之间的关系模型，再利用这种学到的关系模型对新文档进行类别判断。

文本聚类主要是依据聚类假设对文本进行分类，即同类的文档相似度较大，而不同类的文档相似度较小。文本聚类是一种无监督的机器学习方法，不需要训练过程和对文档的标注，具有一定的灵活性。常见算法有 k-means 算法、层次聚类算法等。

主题模型是用来从文档中发现抽象主题的一种统计模型。它基于如下假设：如果一个文档有一个主题，那么围绕着这个主题一些特定词语会更频繁地出现。主题模型自动分析每个文档，统计文档内的词语，根据统计的信息来断定当前文档含有哪些主题，以及每个主题所占的比例各为多少。常见的主题模型有潜在语义分析（LSA）、概率潜在语义分析（pLSA）、潜在狄利克雷分布（LDA）等。

情感分析与观点挖掘是从文本中分析出人们对于实体及其属性所表达的观点、情感、评价、态度和情绪。它按处理文本的粒度可划分三个级别：篇章级、句子级和词语级。

信息抽取是将嵌入在文本中的非结构化信息自动提取转换为结构化数据的技术。常见信息抽取任务有命名实体识别、关系抽取、事件抽取等。

文本自动摘要是指在不改变文档原意的情况下，利用计算机程序自动地总结出文档的主要内容。文本自动摘要的应用场景包括新闻标题生成、科技文献摘要生成、搜索结果片段生成、商品评论摘要等。

4. 可视化

通过制图等可视化工具组织高度结构化的知识挖掘结果，以便使用者可迅速把握数据中蕴含的模式和趋势。

5.1.3 文本挖掘的应用

1. 客户服务

文本挖掘以及自然语言处理是客户服务的常见应用。文本分析软件经常被用来改善客户体验：通过使用不同的有价值的信息来源，如调查、故障单和用户反馈等信息，利用文本挖掘技术提高解决问题的质量、有效性和速度，改善客户体验，为客户提供快速高效的解决方案，大大减少客户对运营商的依赖。

2. 数字广告

数字广告是文本分析的一个新兴且不断发展的应用领域。例如，Admantx 公司将文本挖掘作为上下文重定向的核心引擎，取得了巨大的成功。与传统的基于 Cookie 的方法相比，数字广告提供了更好的准确性，完全保留了用户的隐私。

3. 科学研究

对于掌握大型信息数据库的文献出版商来说，文本挖掘可以用来产生索引以更好地进行信息检索。例如，《自然》杂志提倡的"开放式文本挖掘接口"和美国国家卫生研究院的"期刊出版文档类型定义"等项目已经开始实施，预期能够为机器提供语义线索，以回答文本中的具体问询而不消除公共通道的出版商壁垒。学术型机构也加入文本挖掘计划的行列。英国曼彻斯特大学和利物浦大学联合成立了文本挖掘国家中心，为学术社区提供定制的文本挖掘工具、研究设备和文本挖掘专业意见。

5.2 自然语言处理

5.2.1 基本概念

自然语言处理（natural language processing，NLP）概念本身过于庞大，可以将其分成"自然语言"和"处理"两部分。自然语言区别于计算机语言，是人类发展过程中形成的一种信息交流的方式，包括口语及书面语，反映了人类的思维。现在世界上所有的语种语言，都属于自然语言，包括汉语、英语、法语等。这里的处理必须是计算机处理的。但计算机无法像人一样处理文本，需要有特定的处理方式。因此自然语言处理简单来说就是计算机接受用户自然语言形式的输入，并在内部通过人类所定义的算法进行加工、计算等系列操作，以模拟人类对自然语言的理解，并返回用户所期望的结果。正如机械解放人类的双手一样，自然语言处理的目的在于用计算机代替人工来处理大规模的自然语言信息。它是人工智能、计算机科学、信息工程的交叉领域，被誉为"人工智能皇冠上的明珠"。当前仍然存在很多制约自然语言处理发展的因素，这些因素构成了自然语言处理的难点，同时这些难点也大多是基础技术的难点。

1. 切词问题

与英文不同，中文的词语之间并没有明显的分隔符。对于中文文本的解析就需要识别词与词之间的界限。然而，在中文中，"词"这个概念的定义没有统一标准，也没有权威的、公认的词表。其困难主要体现在单字词与词素、词与词组的划界上。

2. 词的歧义、多义问题

很多字、词不只有一个含义,导致只有在具体的上下文情况下,才能明确哪个含义是准确的。

3. 词性标注

对文本中的词性标注相应词性是非常困难的,一个词的词性不仅取决于词的定义,还取决于其所处的上下文。

4. 句法歧义

自然语言的语法是模糊的,同样的句子结构可能表达出不同的含义。句法歧义是自然语言处理中的典型问题。

5. 未知语言现象

自然语言在不断使用和演化中,会不断出现新的词汇、专有名词等,也会出现新的表达方式。尤其是在口语、互联网语言中,稀奇古怪的词语和话语结构更是司空见惯的。

总而言之,目前自然语言处理面临许多困扰。近年来,随着深度学习方法在自然语言处理任务中的广泛应用,相关模型和方法不断推动自然语言处理子任务的性能提升,掀起了自然语言处理研究的热潮。

5.2.2 自然语言处理的基本方法与任务

一般认为,自然语言处理有两种不同的研究方法,一种是理性主义方法,另一种是经验主义方法。

理性主义方法认为人的语言能力是与生俱来的,因此在具体问题研究中,理性主义主张建立符号处理系统。这样的自然处理系统中,一般首先由词法分析器按照预先编写好的词法规则对输入句子的词语进行词法分析,然后使用语法分析器根据预先设计的语法规则对输入句子进行语法分析,最后根据一套变换规则将语法结构映射到语义符号上。

经验主义方法虽然也认为人具有一定的认知能力,但并不是一开始就具有具体处理原则和具体语言成分的处理方法。因此在系统实现上,经验主义主张通过建立特定的数学模型来学习复杂的、广泛的语言结构,再利用统计学、机器学习等方法来训练模型的参数,以扩大模型使用。基于统计的自然语言处理方法通常以大规模语料库为基础。

随着深度学习方法在计算机视觉和传统模式识别领域取得巨大进展,自然语言处理研究中也越来越多地使用深度学习方法,并逐渐成为自然语言处理的主流方法。自然语言处理包括两大核心任务:自然语言理解和自然语言生成。自然语言理解是希望计算机像人类一样具备自然语言的理解能力,侧重于如何理解文本,包括文本分类、命名实体识别、指代消歧、句法分析、机器阅读理解等。而自然语言生成的目的是降低人类与机器之间的沟通鸿沟,将非语言格式数据转为人类可以理解的语言形式,侧重于理解文本后如何生成自然文本,包括自动摘要、机器翻译、问答系统、对话机器人等。以下是自然语言处理的一些常见应用领域:

(1)文本检索:多用于大规模数据的检索,典型的应用有搜索引擎,如谷歌、百度等。

(2)机器翻译:实现从一种语言到另一种语言的自动翻译,如谷歌翻译、百度翻译等。

(3)文档分类:利用计算机系统对大量文档按照一定的分类标准实现自动归类,如垃圾邮件分类、情感分析等。

（4）信息抽取：从不规则文本中抽取想要的信息，包括命名实体识别、关系抽取、事件抽取等。

（5）文本摘要：将给定文档或文本的主要内容和含义自动归纳、提炼，形成摘要。

（6）问答系统：接受用户以自然语言表达的问题，并返回以自然语言表达的回答。常见形式有检索式、抽取式和生成式。近年来交互式也逐渐受到关注。典型应用有智能客服等。

（7）对话系统：与问答系统有许多相通之处，区别在于问答系统旨在直接给出精准回答，回答是否口语化不在主要考虑范围内；而对话系统旨在以口语化的自然语言对话方式解决用户问题。对话系统分闲聊式和任务导向式，前者主要应用有 Siri、阿里小蜜等，后者主要应用有车载聊天机器人。

（8）知识图谱：从结构化或非结构化文本中提取结构化的知识并以图结构的形式将实体间联系表现出来。

（9）语音识别：将输入的语音信号识别转换为文本形式。

5.2.3 自然语言处理的应用

自然语言处理作为人工智能领域的基础性技术，目前应用较广泛的领域包括营销（智能客服、精准营销），医疗（病历数据分析），金融（投研、文档识别、保险等），翻译（跨语种）、人机互动等。以下是一些典型的自然语言处理应用案例。

1. 科大讯飞语音电子病历系统

2010 年科大讯飞率先利用本身的技术及数据优势，搭建讯飞开放平台并提供相对完善的 AI 产品体系，包括语音识别、包括合成以及语义理解等 AI 技术接入。该平台不光有成熟的技术产品模块化服务（包括语音识别、语音合成、情感分析、关键字提取等），还可针对上述模块提供对应的管理软件以及硬件等一揽子服务。科大讯飞利用讯飞开放平台开发语音电子病历系统，落地上海瑞金医院，通过将自然语言处理技术与前端医生佩戴的麦克风硬件对接，在医生随身佩戴麦克风时能够分析来自医生和患者交流过程中的语音信息，自动过滤无关的闲聊语句，并将病情信息结构化地录入病例表格。在正常情况下，医生问完诊，病历记录也基本完成了。基于讯飞开放平台的语音电子病历系统，总体上节省了医生 40%的病历书写时间。该系统输入高达每分钟 400 字，且系统内置百万级医学词汇，支持 40 种以上的标点符号的口述或自动生成。

2. 中国银行智能客服

腾讯知文平台具备从基础到高级的智能文本处理能力，可广泛应用于多种行业以及多个领域，针对用户评论进行情感分析、资讯热点挖掘、电话投诉分析等。中国银行利用腾讯知文平台构建了支持电子渠道和电话渠道全系列的智能客服系统。该系统由全媒体座席平台、运营监控、多媒体接入与统一路由、智能工单、智能门户、智能知识库、客户之声等模块组成，将手机银行、电话银行等服务功能整合。基于腾讯知文平台本身的技术优势，对于语音、文本及视频信息进行智能处理等项服务，开发基于自然语言识别的服务机器人，并与平安金服提供的智能知识库结合，为打造下一代虚拟银行、远程银行奠定基础。自助服务机器人在平安银行营业厅投入运营后，有效地替代了烦琐的人工服务，方便顾客自助办理。

3. 阿里小蜜智能服务机器人

"阿里小蜜"是基于阿里巴巴的 AliNLP 自然语言处理平台所开发的人工智能客服。整个阿里小蜜系统由三个服务模块构成：助手服务、用户服务、聊天服务，并可根据数据与对应知识库有效自主服务于客户与商家之间。在 2017 年"双 11"期间，阿里小蜜所提供的智能服务机器人就已经成为"双 11"服务主力，阿里小蜜的智能服务占比达到了 95%，智能解决率为 93.1%，为商家提供服务的店小蜜在 1 天内提供了 1 亿人次的对话服务。目前，阿里小蜜已替代大部分的淘宝人工客服，实现了从纯人力到智能+人力的客服场景转型。

5.3 情感分析

5.3.1 情感分析的基本概念

随着信息技术的快速发展，尤其是智能设备和移动互联网的快速普及，万维网形态从 Web 1.0 进入 Web 2.0 时代。与 Web 1.0 时代以静态网页为主的形式不同，Web 2.0 强调的是网络参与者间的互动，即用户参与网站内容的提交、生成和传播，产生了一大批带有社交网络服务性质的网站、工具和产品，如 X、Facebook、微博、微信等，使用户生成的内容（user generated content，UGC）成为互联网内容的重要组成部分。这些新型网络媒体包含大量针对新闻时事、政策法规、消费产品等话题的主观评论文本（也被称为情感文本），充分反映了用户个体的观点、情感、态度和情绪等重要信息。

情感分析是文本挖掘领域的一个重要方向，其主要任务是对文本中的主观信息（如观点、情感、评价、态度、情绪等）进行提取、分析、处理、归纳和推理。情感分析的研究起源于 21 世纪初期，目前已经成为自然语言处理、机器学习等多领域交叉的一个研究热点，在相关领域的众多顶级国际学术会议上，如 ACL、IJCAI、AAAI、SIGIR、CkM、WWW、KDD 等，发表了大量的研究论文。同时，ACL 等国际权威机构还开展了针对文本情感分析及其相关任务的评测竞赛，如 TREC、NTCIR、SemEval、SIGHAN 等。国内的计算机学会、中文信息学会等学术机构也相继举办了 NLPCC 等针对中文情感分析和观点挖掘的技术测评，推动了国内情感分析的研究。

在应用方面，利用计算机对社交媒体、商品评论、服务点评等文本内容进行自动情感分析、挖掘和管理，对于国家、政府、企业和个人等都具有极其重要的实际意义。通过对网络信息内容分析，识别是否存在反动、诈骗、不良信息传播的可能性，国家安全机构可以及时防范、引导和管理，确保网络安全；通过对网络热点事件进行情感剖析，有助于政府对网络舆情的把控，对预防危害事件的发生具有一定意义；在商品和服务评论分析方面，对评价对象和评价表达进行抽取，识别评论中的情感倾向性，对消费者挑选商品、商家改进商品/服务具有一定的辅助作用。例如，早在 2010 年就有研究表明，可以依靠 Twitter（现为 X）公开信息的情感分析来预测股市的涨落，准确率高达 87.6%。

5.3.2 情感分析的任务类型和方法

文本情感分类是情感分析的核心内容之一，它将情感分析看作文本分类任务，即按情感倾向性对包含主观信息的文本进行分类。文本情感分类方式多采用极性分类（polarity classification），即将文本表达的情感分为积极和消极两个极性。极性分类有一个前提，即文本中包含的内容必须是主观的。根据情感分析的任务不同，在积极和消极两类极性之外，还存在一些更细粒度的情感分类，例如，"积极""中性""消极"的三分类情感分类、区分情感强度（如非常满意、满意、无所谓、不满意、非常不满意）的情感分类、基于情绪（如喜、怒、哀、乐等）的情感分类等。根据分析粒度，文本情感分析可分成词语级情感分析、属性级情感分析、句子级情感分析和篇章级情感分析。

（1）词语级情感分析。词语和短语是情感表达的最小单元，也是句子级和篇章级情感分析的基础。词语级情感分析与构建情感词典密切相关。情感词典通常采用人工方式构建，代价较大。目前也有一些机器构建情感词典的方法，如基于知识库的方法、基于语料库的方法、基于知识库和语料库结合的方法等。

（2）属性级（aspect-level）情感分析。从文本中挖掘评价对象实体的属性，并对其进行情感分析。属性级情感分析任务一般分为两个子任务，一是属性识别，即挖掘句子中涉及的属性；二是属性的情感识别，即识别出每个属性表现出的情感极性。例如，评论"手机的外观大气，手感很好，速度很快，就是最近没啥活动，有点贵"涉及了商品的两个属性"品质"和"价格"，这条评论在"品质"属性上情感是积极的，而在"价格"属性上则是消极的。

（3）句子级情感分析。句子级情感分析的目标是识别出单个语句所表达的情感。它可分为主客观性分类和极性分类，前者判断句子是主观的还是客观的，后者则是识别出句子表达的情感是积极的还是消极的。通常，句子涉及的主题是单一的。近年来，随着社交媒体的兴起，出现了一类社交网络（如微博、X 等）文本形式。这类文本通常句子数量较少，主题较为单一，因此被称为短文本。随之出现了针对社交网络短文本的消息级情感分析。

（4）篇章级情感分析。篇章级情感分析是从整体上确定出文本传达的是积极的还是消极的情感。根据情感分类粒度，可以是一个二元分类任务，也可以是一个多元分类任务。

从使用方法上看，文本情感分析方法可分为基于情感词典的方法、基于传统机器学习的方法和基于深度学习的方法。

（1）基于情感词典的方法。基于情感词典的方法主要依赖于情感词典所提供的情感词的情感极性，来实现不同粒度下的情感极性划分。这类方法的关键在于情感词典的构建。由于这类方法不考虑词语之间的联系，因此词语的情感值不会随着应用领域和上下文的变化而变化，需要针对应用领域建立相关的情感词典以提高分类的准确率。现有的情感词典大部分都是人工构建的，人工构建情感词典需要花费很大的代价。国外最早的情感词典是 Senti Word Net，它根据 Word Net 将含义一致的词语合并在一起，并赋予词语正面或者负面的极性分数，情感极性分数可以如实反映用户的情感态度。与英文情感词典不同，中文情感词典主要有 NTUSD、How Net、情感词汇本体库等。基于情感词典的方法可以准确反映文本的非结构化特征，易于分析和理解。在情感词覆盖率和准确率高的情况下，情感分类效果比较准确。但情感词典也存在一定局限性，首先，面对网络快速发展、网络新词不断涌现的情况，需要对现有情感词典不断更新扩充才能满足需要；其次，同一情感词在不同时间、不同领域或上下文中所表达的含义可能不尽相同，导致跨领域情感分析的分类效果不佳。

（2）基于传统机器学习的方法。基于传统机器学习的方法主要是通过大量带有情感标签的数据，使用统计/机器学习方法来训练情感分类器。与情感词典的方法相比，机器学习方法更简单，对情感分析更准确，扩展性和可重复性更好。但是，通常机器学习的分类精确度依赖于高质量的标注训练集，大规模高质量的训练数据需要很高的人工成本，同时人的主观标注结果也会影响分类效果。

（3）基于深度学习的方法。基于深度学习的方法具有自动特征学习能力和端到端联合建模架构能力，目前已经成为自然语言处理领域诸多任务的主流方法，在情感分析任务中也取得了很大成功。

5.3.3 情感分析的应用

1. 美团大脑情感分析

2018年5月，美团点评NLP中心开始构建大规模的餐饮娱乐知识图谱——美团大脑。美团点评作为中国最大的在线本地生活服务平台，覆盖了餐饮娱乐领域的众多生活场景，连接了数亿用户和数千万商户，积累了宝贵的业务数据，蕴含着丰富的日常生活相关知识。美团大脑利用AI技术让机器"阅读"用户评论和行为数据，理解用户在菜品、价格、服务、环境等方面的偏好，构建人、店、商品、场景之间的知识关联，从而形成一个"知识大脑"。

美团大脑通过机器智能阅读每个商家的每一条评论，归纳总结与其相关的用户评论，从而发现商家在市场上的竞争优势/劣势、用户对于商家的总体印象、商家菜品受欢迎程度。进一步地，通过细粒度全方位分析用户评论，细致刻画出商家服务现状。例如，美团大脑通过挖掘关于商家的评论，得到其主观、客观标签（"服务热情""上菜快""停车免费"等），结合用户在这些标签所在维度上的属性级细粒度情感分析，告诉商家在哪些方面做得不错，是竞争优势所在；在哪些方面做得还不够，需要尽快改进。因而可以更准确地指导商家进行经营活动。美团大脑还可以推理出顾客对商家的认可程度，是高于还是低于其所在商圈的平均情感值，让店老板一目了然地了解自己的实际竞争力。

2. 中国移动客服语音情感分析

中国移动天津公司人工智能实验室基于该公司的九天AI平台，开发了智能语音情感认知分析系统，用于跟踪客户语音情感变化、异动变化、满意度变化，实现"面向场景、面向需求、面向情感"的服务运营体系，典型场景包括存量运营、满意度提升、感知监控、客户体验分析等，覆盖服务、无线、资费、家庭宽带、存量、价值等主题。通过深入挖掘投诉语音文件的价值，识别客户情绪和语义信息，为运营决策提供有力支持，能够提前洞察客户潜在的不满意倾向/离网倾向，从而持续提升中国移动的服务体验。

针对10086热线呼入、10088呼出及网络投诉处理外呼的语音，该系统可实现语音情感分类与情感强度量化，以实时和离线两种模式对外开放，实时接口对外提供"情感分类、情感量化"功能，离线接口提供"情感分析报告"功能。总公司、分公司、网格的服务运营人员，通过用户的情绪波动，分析服务质量，主动进行客户情感修补和存量维系，并适时进行热点业务推荐。系统还可以通过对语音的深度理解分析，实现对语音的结构化梳理，将整篇热线语音细分为若干语义段落：用户提出问题、客服给出解答、沟通交流、最终反馈等，生成详细的情感曲线、情绪强度及语义要素的分析报告，支持对语音进行在线播放，辅助客服人员进行运营决策。

该系统于 2021 年 1 月 20 日正式上线，已实现面向中国移动天津公司 900 万用户的语音情感监测评估，每日纳入 15 万条 10086 热线语音、1.1 万条 10088 外呼语音，以及累计 10.9 万条家庭宽带投诉外呼语音，实现全量语音数据的服务感知闭环管理，能及时发现潜在的不满意情况，给予情感修补和维系。

5.4 Web 挖 掘

5.4.1 Web 挖掘的基本概念

互联网作为网络大数据的主要来源，正在以指数级速度产生新内容，其网络数据在规模与复杂度上的快速增长对现有 IT 架构的处理和计算能力提出了挑战。据估计，到 2025 年，全球数据总量将达到 175 ZB。

网络数据中包含了大量有价值的信息，根据其产生方式的不同可以分为 Web 内容数据、Web 结构数据、Web 使用数据。其中，Web 内容数据主要是通过互联网网页产生和发布的数据，包括文本、消息、图片、音频、视频等。如今，Web 内容数据量呈指数级增长，此外，以 Facebook、X 等为代表的社交媒体中产生的用户生成数据（user generated content，UGC），具有空前的规模性和群体性，数据总量巨大，数据变化非常快。1 分钟内，在 X 上新发的数据量超过 10 万条；Facebook 上用户每天分享的内容条目超过 25 亿个，数据库中每天增加的数据量超过 500 TB。Web 内容数据具有数据量庞大、内容信息丰富、动态更新迅速、多源异构等特点。

Web 结构数据是指 Web 页面间的结构数据，主要包括页面间的超链接关系和 Web 的组织结构，也包括社交网络的用户关系，如超过 10 亿的 Facebook 用户的好友关系和超过 5 亿的 X 用户之间的关注关系构成了极为复杂的关系网络。伴随着 Web 内容数据的增长，Web 页面间的链接关系也呈现出大规模增长的趋势。

Web 使用数据主要来源于日志数据，指各种网上服务提供商积累的系统和用户操作的日志记录，例如，Google、百度等搜索引擎提供商积累的用户搜索行为日志等。这种数据的特点是，具有大量的历史性数据，同时数据增速极快，数据访问吞吐量巨大。

为了实现从海量的 Web 数据中，查找人们想要的有用信息和知识，研究者提出了 Web 挖掘（Web mining）。Web 挖掘可以帮助人们从 Web 内容和 Web 活动中发现和抽取潜在的、有意义的模式和知识，它将传统的数据挖掘技术与 Web 结合起来，并综合运用统计学、计算机网络、数据库与数据仓库、可视化等众多领域的技术，形成了 Web 内容挖掘、Web 结构挖掘和 Web 使用挖掘的研究与应用体系。需要注意的是，虽然 Web 挖掘使用了许多数据挖掘技术，但它并不是传统数据挖掘的一个简单应用。随着互联网大数据应用需求的发展，许多新任务和新算法已经被发明出来。

5.4.2 Web 挖掘的基本步骤

Web 上的数据大多是非结构化或半结构化数据，并且数据是动态变化的。典型的 Web 挖掘的基本步骤主要包括：资源发现与获取、信息选择与预处理、模式识别、模式分析。

1. 资源发现与获取

利用网络爬虫、企业内容资源等途径获取和收集数据资源，如在线爬取 Web 页面、网站日志等数据。

2. 信息选择与预处理

剔除收集的数据资源中无用的信息，并对数据进行提取、分解和合并等必要的整理，使之转化成适合 Web 挖掘的数据格式，如从 Web 页面中自动去除广告链接，去除多余格式标记，汉语切词，高频词和低频词过滤等。

3. 模式识别

对预处理后的数据进行挖掘，从中挖掘出潜在的模式。

4. 模式分析

对挖掘出的模式进行过滤，剔除用户不感兴趣的模式，发现有价值的模式，并用可视化技术呈现 Web 挖掘的结果。

Web 挖掘作为一个完整的技术体系，在挖掘之前进行信息检索和信息抽取很重要。信息检索的目的在于找到与查询匹配的相关 Web 文档，把文档中的数据看成未经排序的词组的集合，而信息抽取的目的在于从文档中找到需要的数据项，对数据进行组织整理并建立索引。但是，Web 数据量非常大，而且可能是动态变化的，使用手工方式对信息进行收集和处理已不现实，因此需要采用自动化或半自动化的方法进行信息检索和信息抽取。由于 Web 信息的特点，对 Web 进行有效的信息挖掘、抽取和发现有用的信息面临众多挑战，主要体现在以下方面：

（1）由于传统的基于关键字检索的搜索引擎方式的局限，再加上网页自身的结构特征，使得 Web 挖掘比传统的数据挖掘更加复杂。

（2）Web 文档无分类索引，无任何的排列次序。半结构化数据的复杂程度要高于普通的文本文档，数据结构隐含模式的信息量大，模式变化快，增加了 Web 挖掘的困难程度。

（3）Web 是异质、分布、动态的信息源。每个 Web 站点就是一个数据源，这些 Web 站点构成了一个个巨大的异构数据环境，数据更新快，且无固定的模式。

5.4.3 Web 内容挖掘

Web 内容挖掘是指从万维网的内容、数据或文档中发现有用信息，进而抽取知识的过程。自 Web 2.0 时代以来，网络内容快速增长，同时网络信息资源类型也呈现多样化。从网络信息源角度来看，除了可以直接从网络爬取的信息，还有一些信息是"隐藏"的，如呈现查询结果的动态网页等；从网络资源形式来看，网络内容由文本、图像、音频、视频、元数据等多种形式组合而成，类型多样化。因此，Web 内容挖掘是一种多媒体数据挖掘。

Web 内容挖掘按方法可划分为信息检索视角和数据库视角。信息检索视角认为，Web 站点是由一些超文本文档集合构成的，它的主要目的是检查并发现文档的语义模式，包括文本、链接结构、相关领域知识元数据以及用户的使用偏好等。数据库视角则认为，Web 站点是由一些半结构化的文档组成的，它的主要目的是从不同种类的数据中发现和抽取共同的模式获取相关的语义信息，来满足用户的信息需求。

Web 内容挖掘按对象可划分 Web 文本挖掘（如 text、html、xml 等文本文档）和多媒体挖掘（如 image、audio、video 等多媒体文档）。Web 文本挖掘的研究和应用较为广泛。Web 文本挖掘是一个跨学科的新领域，它包括机器学习、数据挖掘、统计学、信息获取、自然语言处理等。Web 文本挖掘既可以对 Web 上大量文档集合的内容进行关联分析、总结、分类、聚类，以及利用 Web 文档进行趋势预测，也可以对搜索结果进行进一步的挖掘。

Web 内容挖掘可应用于信息过滤、知识抽取、网络的文档分类、网络数据综合和存储等方面，如企业竞争情报系统的信息收集、客户关系管理以及站点的个性化定制服务等。

5.4.4　Web 结构挖掘

Web 文档不仅具有文本信息，还具有表示页面之间关系的链接。Web 结构挖掘主要是利用 Web 文档之间的超链接结构进行分析，挖掘 Web 潜在的链接结构模式，可用来进行网页归类，并由此获得相关不同页面相似度和关联度等信息，帮助用户找到相关主题的权威站点或页面。

Web 结构挖掘的发展在一定程度上得益于社会网络分析和引用分析的研究。大量的 Web 超链接信息提供了关于 Web 页面内容相关性、质量和结构方面的信息，反映了页面之间的包含、引用或从属关系。引用页面对被引用页面的说明往往更客观、更概况、更准确。利用这些页面的引用信息可以对页面进行排序，发现重要页面。一个页面被引用的次数体现了这个页面的重要性。在 Web 结构挖掘领域，著名的算法有 PageRank 算法和 HITS 算法。它们的共同点是使用一定方法计算 Web 页面之间超链接的质量，以得到页面的权重。

PageRank 算法是由 Google 创始人拉里·佩奇命名的。它的基本思想是，一个页面被多次引用，则该页面很可能是重要的；一个页面尽管没有被多次引用，但被一个重要页面引用，那么这个页面也被认为是重要的。因此，若一个页面中指向其他页面的超链接越多，在一定程度上可说明该网页中的信息内容越具有说服力；指向该页面的超链接越多，则说明该页面的信息内容有一定的权威性。

Web 链接结构也存在一定的局限性。首先，不是每个超链接都代表准确的链接，有些是为了其他目的而创建的，如为了导航或付费广告等。其次，存在 Web 页面之间频繁相互引用的情况，而这种频繁相互引用并不具有信息价值。最后，基于商业或竞争的考虑，很少有 Web 页面指向其竞争领域的权威页面，例如，耐克不会将链接指向其竞争对手阿迪达斯的 Web 页面。此外，所谓的权威页面，通常也很少具有特别的描述。

5.4.5　Web 使用挖掘

Web 使用挖掘通过挖掘 Web 日志记录来发现用户访问 Web 页面的模式，它对于电子商务领域，尤其对网络零售业具有重要意义。用户在访问Web站点时，Web服务器保留了用户访问时的日志记录。通过对Web日志记录的挖掘，分析和研究Web日志记录中的规律，可以用来改进Web站点的性能和组织结构，提高用户查找信息的质量和效率，通过统计和关联分析找出特定用户与特定地域、特定时间、特定页面等要素之间的内在联系。

Web使用挖掘通过分析日志记录中的规律，可以识别出用户的忠诚度、喜好、满意度等信息，也可以发现潜在用户，增强站点的服务竞争力。Web日志记录的数据除服务器的日志记录外，还包括代理服务器日志、浏览器端日志、注册信息、用户会话信息、交易信息、Cookie中的信息、用户查询、鼠标点击流等一切用户与站点之间可能的交互记录。由此可见，Web日志记录的数据量巨大，而且数据类型也相当丰富。根据对数据源的不同处理方法，Web使用挖掘可以分为两类，一类是将Web日志记录的数据转换并传递进传统的关系表里，再使用数据挖掘算法对关系表中的数据进行常规挖掘；另一类是将Web日志记录的数据直接预处理再进行挖掘。

Web使用挖掘的基本流程包括数据预处理、模式识别和模式分析。在数据预处理阶段，由于本地缓存、代理服务器和防火墙的存在，Web服务日志中的数据准确性较低，无法直接对日志文件进行挖掘，需要对这些日志文件进行预处理，包括数据清洗、用户识别、会话识别、页面过滤、路径补充等一系列操作。Web使用数据的采集和预处理是Web使用挖掘过程中非常关键的步骤。在模式识别阶段，应用路径分析、关联规则分析、时序模式分析、聚类和分类等算法来识别和挖掘出规则或模式。而在模式分析阶段，需要消除无关的规则或模式，抽取出用户感兴趣的规则或模式。在Web使用挖掘中一个需要注意的问题是，如何在多用户环境下标识某个用户，以及如何识别出属于该用户的会话和使用记录。这个问题在很大程度上影响着挖掘结果的质量。

Web使用挖掘已成为电子商务个性化推荐的主流方法，通过用户访问Web的记录分析用户的兴趣和习惯，可以挖掘用户群体的共同行为和共性兴趣，以及个人用户的检索偏好、习惯和模式等，对用户行为进行预测，以提供个性化的产品信息和服务等。Web使用挖掘的方法可分为以下两类：

（1）基于Web事务的方法。该方法侧重用户序列模式的挖掘和分析，通常应用于Web日志文件，将用户会话分割成一系列的事务，再采用与关联规则相类似的方法挖掘频繁访问序列来取得用户访问模式。

（2）基于数据立方体的方法。该方法根据Web日志文件，建立数据立方体，再对数据立方体进行数据挖掘和联机分析处理。这种方法通过多角度、全方位地挖掘与分析，促进Web挖掘技术与数据挖掘技术的迅速融合与发展。

5.4.6 Web挖掘的应用

1. 客户聚类

通过对客户访问记录、客户描述等信息进行聚类，分析相似行为客户的共同特征，可以帮助商家更好地了解自己的客户，向客户提供更适合的服务。例如，有一些客户花时间浏览了"房屋装修""家具"相关页面，对这些客户进行挖掘分析后可聚类成为一类。商家根据分析的聚类信息，就可以知道这是一类与购房、装修相关的客户，对他们所进行的业务活动就与其他诸如"大学生""购车族"等分类客户不相同。

2. 发现潜在客户

当有新的访问者时,通过 Web 上的分类,识别出这个新访问者与已分类的客户的相似性,将其归类到正确的客户类别中,从而判断这个新访问者是否属于潜在客户。确定新访问者的类型后,就可以针对该客户类别来动态地展示 Web 页面内容,提供适合的产品和服务。

3. 提供个性化服务

针对单个客户的使用记录对该客户进行建模,结合客户描述信息,分析其使用习惯、偏好等,了解客户的兴趣及需求所在,以便动态地调整 Web 页面,满足客户的需要,达到使用户在站点上驻留更长时间的目的。

4. 站点改进优化

站点的结构和内容是吸引客户的关键。通过挖掘用户的行为记录和反馈情况为站点设计者提供改进的依据。例如,挖掘客户访问页面的相关性,在密切联系的网页之间增加链接,方便用户使用;利用路径分析技术识别 Web 站点中最频繁的访问路径,可以把重要的商品信息放在这些页面中,从而优化页面和网站结构的设计,增强商品对客户的吸引力,提高商品销售量。

5.5 搜索引擎

5.5.1 搜索引擎的基本概念

搜索引擎是指根据一定策略、运用特定的计算机程序搜集、组织和处理互联网上的信息,为用户提供检索服务的系统。搜索引擎可以帮助人们在浩如烟海的互联网上查找信息。例如,购物之前,人们可以使用搜索引擎来了解商品或服务,例如,销售商都有谁、不同地点/卖家的价格分别是多少、人们谈论/关心的共同问题、以前买家的满意程度、哪些产品或服务可能会更好,等等。搜索引擎已成为人们在互联网上查找信息的必备工具,成为基于因特网的事务和活动的中心。

从用户角度来看,搜索引擎提供了一个包含搜索框的页面,用户在搜索框里输入关键词,通过浏览器提交后,搜索引擎返回与输入关键词相关的信息列表。作为互联网的主力,搜索引擎每天要响应数以亿计的查询。从技术角度来讲,搜索引擎是信息检索系统的流行术语,它的目标是返回与用户查询最匹配的一个或多个文档/页面,如果多于一个文档/页面,则提供一个排序列表。评价搜索引擎的最基本指标是召回率、准确率和响应时间。召回率是指搜索引擎提供的检索结果中相关文档数占网络中存在的相关文档数的比例,反映了搜索引擎对网络信息的覆盖率。准确率是检索结果中有效文档数占搜索引擎提供的全部文档数的比例,反映了检索结果与用户信息需求的匹配程度。这两个指标存在冲突,很难做到两全其美。响应时间反映的是搜索引擎的查询效率,取决于网络带宽和搜索引擎本身的速度。

5.5.2 搜索引擎的方法与过程

搜索引擎的主要工作可分为页面爬取、页面分析、页面排序和关键词查询。

1. 页面爬取

页面爬取是指搜索引擎利用爬虫程序在互联网上爬取页面并存储的过程，这一过程为搜索引擎的后续工作提供数据支撑。爬虫程序对页面的爬取实际上就是搜索引擎在互联网上进行数据采集。搜索引擎的爬取能力决定了搜索引擎可提供的信息量和对互联网的覆盖范围搜索引擎的查询质量。因此，搜索引擎的爬取能力是搜索引擎的基本能力。

URL 是页面在互联网上的入口，爬虫程序通过 URL 来获取页面。爬取网页前，爬虫并不知道从哪里开始，需要人们给它一组优质网页的 URL 作为种子，例如，门户网站的主页等。爬虫程序从种子页面出发，通过 URL 爬取页面并存储原始页面，同时将原始页面中的 URL 资源补充到 URL 列表中。不断重复上述操作，就可以从互联网中采集到足够多的页面。由于存在一个页面被多个页面的链接指向的情况，需要对提取的 URL 进行去重，避免对同一页面的重复爬取。常见的 URL 去重方法是使用布隆过滤器。

2. 页面分析

页面分析是搜索引擎的一项基础性工作，主要是对爬取的页面进行信息提取。首先，搜索引擎对原始页面的 URL 建立索引；然后，过滤原始页面的标签信息，提取正文信息，并进行切词、建立关键词索引等操作；最后，对所有关键词进行重组，建立关键词与页面的对应关系。

3. 页面排序

经过页面分析后，搜索引擎就能够根据用户的查询返回相关的页面列表，但是简单地返回这个网页列表往往不能满足用户的需求。通常，搜索引擎会根据页面与用户查询的相关性对返回的网页列表进行排序。搜索引擎页面排序主要通过页面内外部因素计算页面与某个关键词的相关度来进行页面排序，从而得到与该关键词相关的页面排序列表。常见的影响页面排序的因素有页面相关性、链接权重和用户行为。

（1）页面相关性是指页面内容与用户查询的关键词之间的相关程度，主要由关键词匹配度、关键词密度、关键词分布和权重标签等决定。关键词匹配度由关键词在页面中出现的次数决定，关键词在页面中出现的频率越高，页面内容与关键词的匹配程度越高。关键词密度是指关键词词频占页面词汇量的比例，用来衡量关键词的词频是否合理，以防止网站所有者恶意操纵搜索结果。关键词分布是指关键词在页面中出现的位置。关键词在页面中的不同位置反映了不同的相关性。而权重标签则是指网页中会影响页面权重的 HTML 标签，例如，在页面中使用加粗字体来突出重要的文本内容。

（2）链接权重反映了页面的重要程度。链接权重是基于这样的假设：在页面中加入的链接所指向的页面是重要的或者是用户所需要的。基于该假设，如果一个页面得到的链接越多，则表示该页面越重要，它的链接权重也越高。

（3）用户行为则是利用用户对搜索结果的点击行为来衡量页面的相关性。例如，统计每条搜索结果的用户点击次数来推测用户对搜索结果的偏好，点击次数越高的搜索结果越符合用户需要。

4. 关键词查询

搜索引擎接收来自用户的查询请求，对查询请求进行切词和匹配检索，返回与用户相关的页面排序列表。

5.5.3 搜索引擎的应用

1. Google

Google 始于 1995 年拉里·佩奇和谢尔盖·布林在斯坦福大学开始的 BackRub 项目。该项目的核心是 PageRank 算法，该算法通过分析网页中的反向链接来评估站点的重要性来对搜索结果进行排序。1998 年，Google 公司成立，现已发展成为全球最有影响力的、支持多语言的全文搜索引擎。

2. 百度搜索

2000 年，百度公司成立，仅仅半年就迅速占领了中国 80%的网站搜索服务市场。2001 年，百度正式推出独立的中文搜索服务，并提出了竞价排名机制。随着业务的发展，百度成为最大的中文搜索引擎。

3. Bing 搜索

Bing 搜索是微软公司于 2009 年推出的，用以取代"Live Search"的搜索引擎服务，中文品牌名为"必应"。自 2009 年起，Bing 搜索开始使用引入语义技术驱动提供更多相关搜索，来帮助人们获得更好的搜索结果。随着 Bing 搜索与微软相关产品的融合，Bing 搜索已成为基于微软生态体系的搜索服务。2020 年，Bing 搜索改名为 Microsoft Bing。

4. 搜索引擎优化

搜索引擎优化是指一种利用搜索引擎规则提高网站在搜索引擎内的排名方式。它是网站经营者的一种商业行为。一般来说，一个网站的搜索结果排名越高，在搜索结果列表中出现越频繁，这个网站就能够得到越多的访问者，从而达到为网站引流的目的，提高网站的销售和宣传能力，提升网站的品牌效应。

5.6 社交媒体分析

5.6.1 社交媒体分析的基本概念

互联网正逐步演变为无处不在的计算平台和信息传播平台。在线社交网站、微博、博客、论坛等社交媒体的出现和迅猛发展，使得人类使用互联网的方式产生了深刻变革——由简单信息搜索和网页浏览转向网上社会关系的构建与维护、基于社会关系的信息创造、交流和共享。

社交媒体将人与人之间的社会关系与社会互动映射到互联网上，并为人们相互交流、交换信息和思想提供平台和途径。在社交媒体中，以用户作为节点、用户间关系为边构成的网络被称为社交网络，也被称为社会网络。它既是用户间社会关系的反映，也是用户之间信息交互、传递的载体。从社交网络视角来看，对社交媒体的分析主要是从社交媒体的结构信息进行分析，具有关系的异质性、结构的多尺度性和网络的动态演化等特性。社交网络及其分析是一个以复杂网络为基础理论，涵盖计算机、图论、社会心理学、社会学、统计学、博弈论等跨学科领域。从媒体角度来看，对社交媒体的分析主要是从信息传播方面进行分析，包括信息传播建模、信息传播预测、最大影响力分析等。以微博、社交网站、微视频等类型为代表的社交媒体，是企业接触消费者的媒介，社交媒体分析则成为它们理解消费者、整合营销和传播策略的工具。

5.6.2 社交媒体分析的方法

1. 基于结构的社交媒体分析

社交网络分析是用复杂网络、社会学等理论来分析和识别网络的结构特性。在社交网络中，节点表示个人或组织，边表示个人或组织之间的关系，如友情、亲情、合作、同事等。社交网络分析经过多年的发展，形成了从不同角度分析社交网络结构的评价指标，如从个体、连接、群体、网络整体等角度。以下是常见的社交网络结构评价指标。

（1）节点的度和度分布：节点的度是指与该节点相关联的边的数目，它的分布反映了网络结构的宏观统计特性。

（2）节点中心性：度量节点在网络结构中的重要程度。常用的度量节点中心性的指标有度中心性、接近中心性、介数等。度中心性是刻画节点中心性最直接的度量指标。在无向网络里，一个节点的度越高，该节点度中心性越高，说明节点在网络中越重要。接近中心性反映了一个节点与其他节点之间的接近程度。接近中心性越大，意味着该节点与其他节点连接越紧密，从该节点出发的信息就越能够迅速传播到其他节点。介数则用来衡量网络中通过一个节点的最短路径的数目，直接反映了该节点在网络信息传播中的重要程度。

（3）传递性：三元闭包用来衡量网络中关系三元组的完整性。传递性是一种测量三元闭包的方法，也是认知平衡的结果。所谓认知平衡是指两个个体倾向于对同一事物产生相同的感觉，例如，在一个社交圈内，若两个人有一个共同朋友，则两人存在成为朋友的可能性。

（4）同质性：表明节点与它的邻居节点的相似程度。相似性可以由年龄、职业、兴趣等特征进行定义。

（5）多重性：网络关系的类型具有多样性。例如，两个人之间既可以是朋友，也可以是同事。

（6）桥：在网络中，如果去掉某一条边，使得该边两端的节点分属不同的连通分量，那么这条边称为桥。

（7）连接强度：根据个体间互动频率、情感强度、亲密程度、互惠程度等进行定义，分为强连接（如朋友关系）和弱连接（如熟人关系）。强连接与同质性、传递性等相关联，而弱连接与桥相关联。

（8）结构洞：社交网络中的"空洞"，即社交网络中某个或某些个体与有些个体发生直接联系，但与其他个体不发生直接联系。

（9）聚集系数：用来描述节点之间聚集成团的程度。它也是三元闭包的一种度量，分为整体与局部两种。整体聚集系数反映了网络整体的聚集程度，而局部聚集系数则反映了网络中每个节点附近的聚集程度。节点的聚集系数越大,其附近的三元闭包过程越强,表明聚集成团的程度越大。

(10)密度:网络中的直接连接占可能连接总数的比例,用来描述网络中节点联系的紧密程度。

在社交网络中,有些个体因血缘、兴趣爱好等因素形成了连接紧密的圈子。这种内部连接紧密,而外部连接稀疏的结构被称为社区。社区结构是社交网络普遍具有的结构特征,对于挖掘人们观点、分析信息传播、揭示网络群体演化等具有重要意义。针对社区结构的研究可分为社区发现、社区结构演化等。模块度是一种常用的衡量网络社区结构强度的方法。模块度值越高,表示划分的社区结构强度越强,划分质量越好。

2. 基于内容的社交媒体分析

随着社交媒体用户的迅猛增长,社交媒体已经成为个体、机构、组织等进行舆论表达、信息发布、营销等的主要平台。与传统媒体相比,社交媒体的核心在于用户之间的社交互动、内容的创建或分享,这使它在在信息传播方面发挥着举足轻重的作用,从而吸引了众多研究者对其信息传播机制进行深入研究。

1)信息传播模型

社交媒体中用户往往受其邻居用户的影响而参与到信息传播的过程中,并进一步去影响其他节点。这个过程与传染病的扩散非常相似,因此传染病模型被应用到社交媒体的信息传播建模中。这类模型将节点分为易感、已感和已恢复三类,不同的节点之间存在一定的转变概率。常见的传染病模型有 SIS 模型、SIR 模型等。基于社交媒体的显示网络结构、独立级联模型(independent cascade,IC)和线性阈值模型(linear threshold,LT)也被广泛用于社交媒体的信息传播的建模。独立级联模型给网络的每一条边设定了传播概率,消息从源节点沿着这些边依次向外扩散。线性阈值模型则为网络中每个节点设置了影响阈值,当一个节点的邻居节点参与信息传播的影响之和超过该节点的阈值,那么该节点就会参与到信息传播中。

2)信息传播预测

借助信息传播规律和信息传播模型,可对社交媒体上的信息传播进行预测。常见的社交媒体信息传播预测任务有信息流行度预测、用户转发行为预测等。信息流行度是指在社交媒体中信息的传播过程和最终结果,它通常与信息的形式和传播方式有关。例如,视频信息的流行度可由播放量、点赞量、分享数来衡量,微博消息可由转发量、评论量等来衡量。社交媒体的信息流行度有多种呈现形式,通常可概括为传播范围和传播周期。传播范围从空间角度衡量信息的流行度,关注信息的整体传播趋势;而传播周期则从时间角度衡量信息的流行度,关注信息的传播速度、持续时间等。用户转发行为预测从微观角度对用户的信息传播行为进行预测,在此过程中需要考虑影响用户行为的因素。这些因素可归为内容因素和群体影响因素两类。内容因素主要是指信息自身内容特点、内容与用户兴趣的匹配度等,而群体因素则主要是指用户之间的相互影响、群体成员的从众心理等。

3)意见领袖挖掘

在社交媒体中,每个用户既是信息的生产者,也是信息的接收者和传播者。每个用户都会受到其他用户观点的影响,也有影响其他用户观点的能力。但是不同用户影响其他用户的能力大小也不相同。在社交媒体的信息传播过程中,那些对普通用户的观点和行为拥有极大影响和引导能力的用户被称为意见领袖。意见领袖在病毒式营销中发挥着极其重要的作用。例如，品牌方在推广某款产品时，会为社交媒体具有影响力的意见领袖提供免费产品或试用，并希望这部分人使用之后在微博、抖音、朋友圈等社交媒体上进行宣传，吸引新的用户，而这些新用户进一步在社交媒体上进行宣传来吸引更多的用户。在免费品预算固定的情况下，品牌方的期望是通过选择最佳的投放用户集合，使得最终接受和购买产品的人数最多。如何选择最佳投放用户集合就是一个影响力最大化问题，即给定 K 个数目的用户，使得他们在社交媒体中的影响范围最大。这 K 个用户就是意见领袖。

4）突发话题检测

与传统媒体相比，社交媒体用户生成内容呈现出文本简单、语言不规范和模态多样化等特点，同时社交媒体具有开放性和用户参与广泛性的特点，这使得信息的实时分享和传播形成巨大的实时信息流。这使得社交媒体上的话题相比传统媒体，具有实时性和突发性的特点。目前突发话题检测的方法主要分为两类：一类是基于内容特征的突发性分析方法，主要通过分析关键词、图像等文本或非文本特征的使用、转发等变化趋势来判断话题是否为突发话题；另一类是基于信息传播特征的方法，主要通过分析信息的可能传播路径、参与用户的影响力等，预测话题的发展趋势，从而判断话题是否是突发话题。

5.6.3 社交媒体分析的应用

Megaputer 公司于 1997 年在美国成立，是一家致力于开发先进数据分析软件和打造定制化分析解决方案的公司。Megaputer 公司使用基于 PolyAnalyst 的解决方案，帮助美国一家大型财产和意外伤害保险公司利用社交媒体了解消费者，准确而高效地监测社交媒体网站的内容，以更好地利用社交媒体与消费者互动，从而了解竞争对手。

1. 挑战

社交媒体的开放性和自媒体性，使任何组织和个人都可以在不同的平台上以各种方式共享信息和互动。社交媒体交流的便利性，使很多人写的东西与该保险公司的业务无关，这导致了社交媒体数据中存在大量噪声。同时，人们谈论的话题多且杂。即使是在一个特定的主题上，也可能有很多话题：抱怨、问题、建议、满意或不满意，或者是一个人是否喜欢某件事，等等。因此，通过手工方式从各个站点收集数据、分析数据并聚合众多主题以及与主题相关的信息时，既困难又耗时。当公司想要分析竞争对手的社交媒体以了解最新的行业趋势和活动，以及竞争对手共享的帖子或推文时，这项任务变得极具挑战性。

此外，坏消息在社交媒体上传播得很快，会损害公司的品牌形象。随着信息和数据分析的快速发展，快速、准确地分析如此大量的数据变得至关重要，它可以让公司能够及时应对和纠正上述情况。

2. 解决方案

Megaputer 公司为这家保险公司提供了一个可扩展、自动化的社交媒体分析系统。该系统基于 Megaputer 公司专有的数据和文本分析软件 PolyAnalyst 而开发，该系统可以快速扫描和分析几千篇文章和多个社交媒体平台，实现了对社交媒体平台全面、近乎实时的分析。

通过与 Facebook、X 和 Webhose 的内置集成，PolyAnalyst 软件能够无缝地收集数据并整合来自多个社交媒体平台的信息。该系统自动从 Facebook 下载数据并提取有用的信息，例如，帖子、评论、海报和评论者的用户名、帖子类型、喜欢的数量和分享的数量。类似地，对于 X，该系统下载数据并分离有用的信息，包括推文、用户描述、关注者数量、转发数量和收藏夹数量；对于 WebHose，该系统从几十万个论坛、留言板、新闻和博客网站收集数据，包括 Reddit、谷歌新闻和福布斯排行榜等来源。

3. 效果

（1）该系统用两种不同的层次结构自动对文本数据进行分类。第一个层次结构对跨多个平台出现的常见主题进行分类，例如，投诉、建议、常见问题解答和满意度原因。第二个层次结构确定了每个社交媒体平台最受欢迎的主题，用以分析公司分享的帖子或提及公司的地方。将这些数据与提取的其他数据相结合，该保险公司能够找出哪些类型的文章、帖子或推文最受欢迎，分享/转发量最多。

（2）使用该系统对行业博客、文章和社交新闻，以及竞争对手的 X 和 Facebook 帖子等进行相同类型的分析，公司可以了解行业的趋势主题、竞争对手在做什么，可以找出哪些主题、标签被竞争对手提及最多，哪些帖子在 X 上最受欢迎，以及哪些意见领袖可帮助它获得曝光率。例如，该公司的一名竞争对手正在赞助一项体育锦标赛，该锦标赛有许多关注者。当体育锦标赛的官方账户公布了一些关于赞助商的信息时，得到了大量的曝光。因此，如果该活动的关注者属于其目标客户，则该公司可以选择在未来赞助类似的活动。

（3）该系统能够进行命名实体识别，提取和分析相关的日期、位置、组织和名称。将命名实体识别的结果与投诉相结合，该公司可以找出哪个保险代理人或城市分行表现不佳。此外，词云和链接分析确定了经常讨论的主题和共同主题，以及它们与公司的关系。

（4）基于 Web 的交互式分析报告将分析结果可视化，帮助用户了解其社交媒体足迹，发现趋势，获得见解，并深入查看这些见解所基于的文章和帖子。例如，分析发现，该公司在 Facebook 上发布的有关家庭安全或汽车旅行提示的帖子被分享得更频繁。类似地，当该公司举办一场与大学合作的活动，并向毕业生和校友提供折扣时，与该活动相关的 X 数量以及趋势标签出现了增长。该公司还发现，在一个受欢迎的汽车爱好者博客上，有几位评论者正在推广该产品。基于网络的界面还允许用户深入了解哪些意见领袖转发了公司的推文，以便公司能够与这些人建立关系。

（5）该系统还使公司能够监控和处理各种平台上出现的客户反馈。例如，该公司发现其位于得克萨斯州阿灵顿的一家保险代理在 Facebook 上被描述为"可耻的，与客户没有联系"。类似地，在 Webhose 抓取的一个大学橄榄球网站上，洛杉矶巴吞鲁日的一位评论者抱怨该公司在该地区的路边服务"毫无价值"。虽然这些单独个案不一定证明代理商服务不好，但公司可进一步调查这些问题。此外，公司还可以直接联系这些人以获取更新的信息并纠正问题。

思 考 题

1. 请说明数据挖掘、文本挖掘以及情感分析之间的关系。

2. 请描述文本挖掘与数据挖掘之间的区别。
3. 自然语言处理包括哪些阶段?
4. 简述外文分词与中文分词之间的区别。
5. Web挖掘的分类及特点。
6. 什么是搜索引擎?它对企业有什么用途?
7. 什么是社交媒体分析?它对企业有什么用途?

第 6 章
大数据分析

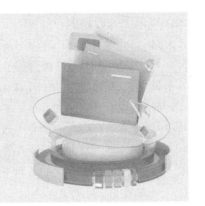

国际数据公司（IDC）报告称，数字世界将不断扩大、复杂而有趣。数据生成速度也成指数增加。据估计，全世界数据将每年增加 1～3 倍。这个趋势超出了传统信息技术的处理能力，使它们无法处理这些数据，也不能从中提炼价值。而大数据的使用有助于企业提高生产力，改善决策质量，开发新产品，增强市场竞争地位。因此，为了有效利用新出现的大数据，一些新技术、编程范式和分析工具得到了快速发展的和应用。本章主要介绍大数据的基本概念以及常用技术，并利用案例说明大数据技术是如何在商务智能中应用的。

6.1 大数据概述

6.1.1 大数据的基本概念

大数据的概念起源于 2008 年 9 月《自然》期刊刊登的名为"Big Data"的专题；2011 年《科学》期刊也推出专刊"Dealing with Data"，对大数据的计算方向进行了讨论。谷歌、雅虎、亚马逊等著名企业在此基础上，总结了它们利用积累的海量数据为用户提供更加人性化服务的方法，进一步完善了大数据的概念。大数据是指传统信息技术和算法无法处理的大量复杂数据集，这些数据集包括结构化和非结构化数据。大数据的目的是揭示隐藏的模式，它导致了数据处理方式的创新，即从传统的模型驱动的科学范式转变为数据驱动的科学范式。

通常使用数据量（volume）、多样化（variety）、速度（velocity）3 个"V"来定义大数据，另外大数据还具有真实性（veracity）、易变性（variability）和价值主张（value proposition）等特性。

第一，顾名思义，大数据的核心特征在于"大"。大数据处理的数据量巨大，正以难以想象的速度爆炸，大数据的规模是以 PB 甚至更大的规模来衡量的。

过去，海量数据带来了棘手的存储问题和高额成本，但是随着信息技术的发展和存储成本的降低，这些问题已经变得不再重要，随之出现了其他问题，例如，如何从海量数据中发现相关性以及如何利用相关的数据创造价值。

第二，大数据不仅处理静止的数据，还处理运动中的数据。传统方法，如关系型数据库，在处理需要即时处理的、连续流动的数据方面一直很弱。在大数据环境中，数据实时或接近实时地流入、被处理和分析。例如，决策者可能要即时决定向正在浏览某个网页的用户展示哪条广告或搜索特定的信息。过去，数据被保存在稳定的数据存储中（如数据仓库），在静止状态下被查询和分析。但新型的数据需要采用不同的处理方法。数据流数量和速度的增加，要求企业必须通过持续的监控来动态地采集、存储、分析和解释数据。公司必须快速处理数据，并对数据做出即时反应。

第三，大数据形式多样。有价值的信息正在通过非结构化的数字媒体产生。它们可以是科学数据、地理数据、临床图像、来自社交媒体的文本数据、网络流量数据、商业交易数据以及传感器采集的数据，并没有标准的输入格式。这些类型的数据不适合现有的处理模式。例如，传统数据库的行和列中没有此类信息的格式。在关系型数据库中，模式是事先定义好的，如表结构、列名、数据类型和各种完整性约束。但在大数据环境中，没有这样的预定义模式。因此，传统的关系型数据库技术无法很好地适应大数据的速度和种类等维度。

第四，价值性高。大数据价值总量大，但是价值稀疏，即知识密度低。虽然数据规模与数据挖掘得到的价值之间有相关性，但是两者难以用线性关系表示。同一时间的不同数据集即便有相同的规模，其价值也可以相差很多，因为数据含金量不同；大数据中很多数据是重复的，忽略其中一些数据并不影响对其挖掘的结果。

为企业配备大数据驱动的电子商务架构，有助于获得广泛的"对客户行为、行业趋势的洞察力，更准确地做出决策，以帮助企业更好地发展，改善业务的每一个方面，从市场营销和广告，到商品销售、运营，甚至是客户保留"。例如，联邦包裹服务公司（United Parcel Service，UPS）在 2009 年初把握住了大数据分析的重要性，在其 46 000 多辆汽车上安装了传感器；这背后的想法是获得"卡车的速度和位置、卡车反向停放的次数，以及驾驶员的安全带是否被锁上等信息"。很多信息都是在当天最晚时间上传到 UPS 数据中心的，连夜被分析。通过分析燃料效率传感器和 GPS 的数据，UPS 能够减少消耗 840 万加仑（1 加仑=3.79 升）燃料，并将其航线缩短为 8 500 万英里（1 英里=1.61 千米）。

大数据不应该仅仅被看作一种新的思想观念，而应该被看作一种新的环境，这种环境要求"对数据收集有新的理解，对 IT 专家技能有新的愿景，对安全问题有新的方法，对任何领域的效率有新的认识"。如果分析和处理得当，这种环境就会增强商业机会；但是在收集、存储和处理这些大型数据集时，应该考虑其中的风险。

6.1.2 商务智能与大数据

Dave Wells 将"商务智能"描述为一个组织或企业的推理、计划、预测、解决问题、抽象思考、理解、创新和学习的能力，这种能力能够增加组织知识，为决策过程提供信息、促成有效行动，并帮助其建立和实现业务目标。

商务智能在很大程度上依赖于数据。

正如著名数学家和计算机科学家理查德·汉明所言："计算的目的是获得洞察力，而不是数字。""数据即平台"和"分析即效用"的方法适合于各个行业和商业模式。多个来源的数据可以被组织在一个内聚的平台上，人们根据需要在这个平台上进行分析，就像从发电站获取电力一样。一种被称为企业信息管理（enterprise information management，EIM）的方法将数据整合在一起，并能够使组织提高其机构的决策力、灵活性和绩效。

企业管理正向数据平台化转型，具体表现为驱动数据价值深度挖掘、注重企业资源规划、存储运营数据、应用数据仓库、横向和纵向整合报表系统和分析引擎。这样，数据被组织在一个平台上，就有了生命力。

各大软件平台厂商在"数据即平台"方面的努力已经有一段时间了，收购和整合企业绩效管理（enterprise performance management，EPM）工具、分析引擎、数据仓库实用程序和搜索引擎，使平台的整合成为现实。

在技术进步与集成化、软件平台驱动商务智能成为企业竞争力的同时，企业通过升级品牌与数字化能力，加速扩展它们的领域。EIM 包括 EPM、商务智能及数据治理，它不仅仅是一个框架。EIM 通过定义商务智能的实施框架与技术流程整合机制，为企业构建预测分析能力提供系统性支持。分析作为一个过程，从业务决策的角度自上而下地贯穿 EPM 和商务智能过程。另外，报表流程自下而上地延伸，它是一种为决策提供数据和信息的方法。或者最好是创建一个架构，使决策者能够随时随地获取信息，而无需等待预定的报告。EIM 通过整合数据治理、流程协同与系统交互模块，使企业能够清晰认识决策、报表、信息存取及分析间的系统性关联，并实现数据驱动型流程闭环。预测分析的解决方案不是需要更多的工具，而是更好地集成这些工具。

大数据为新价值的发现带来了机会，有助于深入了解数据中隐藏的价值。大数据能让管理者做出更明智的决策，企业也能更好地了解自己的市场、客户和供应商。

如果不能产生价值，仅仅拥有庞大的数据集是没有意义的。大数据提供的最重要的方法之一就是大数据分析（big data analysis，BDA）。为了确定研究参数，传统的统计学使用了应该代表整体的抽样。在一定的概率边界内对这个样本进行分析，并提供一个整体参数的估计。但是，借助大数据技术，全量数据分析（而非抽样分析）已成为可能，传统抽样方法的必要性在特定场景下显著降低。此外，它还可以防止抽样误差，从而避免错误的结果。大数据分析在业务上有很多优势，包括提高运营效率、为战略方向提供参考、发展更好的客户服务、发现和开发新产品和服务、发现新客户和市场等。例如，据估计，在 2009 年，仅谷歌一家就利用大数据分析对美国经济贡献了 540 亿美元。

6.2 MapReduce 技术

6.2.1 MapReduce 概述

在开发 MapReduce 之前，当人们处理大量原始数据时，人们需要在数百甚至数千台机器上运行任务，才能在合理的时间内完成。因此，为解决并行化计算、分布数据、故障处理等问题，人们使用了大量复杂的代码，导致原本简单的计算复杂化。

为应对这种复杂性，Jeffrey 和 Sanjay Ghemawat 设计了一个简单而强大的接口，可以实现大规模计算的自动并行和任务分发，结合这个接口的实现，可以在大型商品 PC 集群上实现高性能计算。该编程模型还可在同一台机器的多个核上进行并行计算。计算需要一组输入键/值对，并产生一组输出键/值对。MapReduce 库的用户将计算表达为两个函数：map 和 reduce。map 函数由用户编写，接受一个输入对并产生一组中间键/值对。MapReduce 库将与同一个中间键 I 相关联的所有中间结果分组，并将它们传递给 reduce 函数。reduce 函数也由用户编写，它接受一个中间键 I 和该键的一组值；它将这些值合并在一起，形成一个较小的值集。迭代器将中间值提供给用户的 reduce 函数。通常情况下，每次 reduce 函数调用只产生零个或一个输出值。这样，就可以处理那些太大而无法放入内存的值列表。

考虑计算一个大型文档集合中每个单词出现次数的问题，用户将编写类似于以下伪代码的程序：

```
map(String key, String value):
//key:输入文档名
//value:文档内容
For eachword w in value:
//遍历文档内容中的每个单词
    Emit Intermediate(w,"1");
    //输出键值对


reduce(String key, Iterator values):
//key: 单词
//values: 计数列表
Int result=0;   //输出结果初始化
For each v in values:
//遍历列表中的计数
    result+=ParseInt(v);
    //对列表中的计数进行累计
Emit(AsString(result));
//输出计数值
```

map 函数发出的每个单词以及相关的出现次数，在这个简单的例子中只有 1 次。reduce 函数将某一特定单词的所有计数相加。首先，用户编写代码，在 MapReduce 规范对象中填写输入和输出文件的名称以及可选的调整参数；然后，用户调用 MapReduce 函数，将其传递给规范对象。用户的代码与 MapReduce 库（用 C++实现，也可以用 Java 语言实现）链接在一起。谷歌使用 MapReduce 开发了 1 万多个不同的程序，实现了大规模图处理、文本处理、数据挖掘、机器学习、统计机器翻译等领域的算法。

6.2.2　MapReduce 流程

当用户程序调用 MapReduce 时，会发生以下一系列操作（图 6-1 中的数字标签对应以下列表中的数字)。

(1)用户程序中的 MapReduce 库首先将输入文件分割成 M 个片段,每个片段通常为 16~64 MB。然后,它在机器集群上启动许多程序副本。

(2)其中一份程序的副本是特别的,称其为母版。其余的是由 master(主程序)分配给工作的 worker,有 M 个 map 任务和 R 个 reduce 任务要分配。主程序挑选闲置的 worker,给每个 worker 分配一个 map 任务或 reduce 任务。

(3)被分配到 map 任务的 worker 会读取相应的输入并拆分内容。它从输入数据中解析出键/值对,并将每个键/值对传递给用户定义的 map 函数。map 函数产生的中间键/值对被缓存在内存中。

(4)定期将缓存的中间键/值对写入本地磁盘,并通过分区函数将其分割成 R 个区域。这些缓存在本地磁盘上的位置被传回主程序,主程序负责将这些位置转发给 reduce worker。

(5)当主程序通知 reduce worker 这些数据位置时,它利用远程过程调用 map worker 使其从本地磁盘中读取缓存数据。当一个 reduce worker 读取了分区的所有中间数据后,它就会按照中间键对数据进行排序,从而将所有出现在同一键上的数据进行分组。由于许多不同的键会映射到同一个 reduce 任务上,需要进行排序。如果中间数据量太大,内存无法容纳,则使用外部排序。

(6)reduce worker 对排序后的中间数据进行迭代,对于遇到的每一个唯一的中间键,它都会将键和相应的中间值集传递给用户的 reduce 函数。reduce 函数的输出被追加到这个 reduce 分区的最终输出文件中。

(7)当所有的 map 任务和 reduce 任务完成后,主程序唤醒用户程序。此时,用户程序中的 mapreduce 调用会回到用户代码中。

当成功完成这些任务后,mapreduce 执行的输出结果可以在 R 个输出文件中获得。通常情况下,用户不需要将这些文件合并成一个文件,可以将它们作为输入传递给另一个 MapReduce 调用,或者在另一个分布式应用中使用这些文件,这些应用能够处理被分割成多个文件的输入。

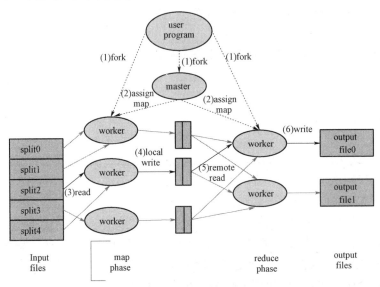

图 6-1　MapReduce 流程

6.3 Hadoop 技术

Hadoop 是 Apache 软件基金会的项目，用 Java 语言编写。就其用途而言，可以把 Hadoop 看成一个建立在分布式集群文件系统之上的计算环境，这个系统是专门为海量数据处理而设计的。

6.3.1 Hadoop 的由来

Hadoop 的灵感来自谷歌的分布式文件系统（GFS）和 MapReduce 编程范式，其中 MapReduce 编程范式被分解为 map 任务和 reduce 任务，以处理存储的数据，且在服务器集群上进行大规模的并行计算。现在 Hadoop 极大地扩展了 MapReduce 的应用范围。与事务性系统不同，Hadoop 能够扫描大型的数据集，通过高度可扩展的分布式批处理系统产生结果。Hadoop 方法论是围绕着函数到数据模型建立的，与传统的数据到函数相对应。在这个模型中，因为有太多的数据，所以分析程序被发送到数据中。

Hadoop 一般由两部分组成：一个文件系统（Hadoop 分布式文件系统）和一个编程范式（MapReduce）。Hadoop 成功的关键之一是环境中内置的冗余。不仅数据冗余地存储在整个集群的多个地方，编程模型也是如此，这样即使机器发生故障，也可通过在集群中不同服务器上运行的部分程序自动解决故障。由于存在这种冗余性，可以将数据及其相关的编程分布在一个非常大的商品组件集群中。商品组件经常会出现故障，特别是在拥有非常多的组件时，但这种冗余提供了容错能力和 Hadoop 集群自我修复的能力。这使得 Hadoop 能够在大型廉价机器集群上扩展工作负载，从而解决大数据问题。

与 Hadoop 相关的项目有很多。一些比较著名的 Hadoop 相关项目包括：Apache Avro（用于数据序列化）、Cassandra 和 HBase（数据库）、Chukwa（专门为大型分布式系统设计的监控系统）、Hive（为数据聚合和汇总提供类似 SQL 的特别查询）、Mahout（机器学习库）、Pig（高级 Hadoop 编程语言，为并行计算提供数据流语言和执行框架）、ZooKeeper（为分布式应用提供协调服务）等。

6.3.2 Hadoop 分布式文件系统

Hadoop 分布式文件系统（HDFS）是一个分布式文件系统层，位于本地操作系统之上。它提供了冗余，使用廉价、不可靠的硬件来存储海量数据。在加载时，数据被分布在所有节点中，这有助于 MapReduce 进行高效的处理。与大量的小文件相比，HDFS 在处理一些大文件时表现更好；与低延迟相比，高持续吞吐量更受青睐。

HDFS 中的文件以块的形式存储，并为了确保可靠性进行复制。默认情况下，区块会在三个 DataNodes（数据节点）上进行复制，因此每个文件都会保持三个副本。另外，与其他文件系统中的块相比，HDFS 的块要大得多，默认为 64 MB。

1. NameNode

NameNode（命名节点）存储元数据并协调对 HDFS 的访问。元数据存储在 NameNode 的 RAM 中，以实现快速检索，并在提供数据块地址的同时减少响应时间。这种配置提供了简单的集中管理，这也是 HDFS 的单点故障（single paint of failure，SPOF）原因。当前的版本提供了在主/从架构下配置了集群的一个热备用节点，以消除 NameNode 的 SPOF，并提供 NameNode 冗余。图 6-2 说明了 HDFS 集群及其组件之间的关系。

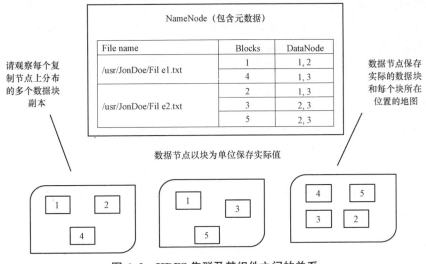

图 6-2　HDFS 集群及其组件之间的关系

2. HDFS 文件存储和块复制

由于 HDFS 文件存储和复制系统内置了块放置功能，从而提供了更好的节点故障恢复能力。当 NameNode 处理一个文件存储请求（来自客户端）时，如果它是集群的一部分，它会将块的第一个副本存储在客户端本地。如果不是，那么 NameNode 会把它存储在一个不是太满或太忙的 DataNode 上。它将该块的第二个副本存储在同一个机架的不同 DataNode 上，将第三个副本存储在不同机架的 DataNode 上，这样做是为了降低机架故障而导致数据完全丢失的风险。图 6-2 说明了两个文件的两个副本是如何分布在可用的 DataNode 上。

假如块"丢失"，NameNode 会找到其他 DataNode，并指示它们将丢失的块重新复制到另一个 DataNode 上。这样一来，所有区块的复制总数将始终与配置的复制因子相匹配。

3. 添加或删除 DataNodes

从 HDFS 集群中添加或删除 DataNode 是非常容易的。只需要将新 DataNode 的主机名添加到配置文件中，并运行一个管理实用程序，将这一添加"告诉"NameNode。之后，在新的 DataNode 上启动 DataNode 进程，HDFS 集群就多了一个 DataNode。

DataNode 的删除同样简单，只需要一个反向过程，从 slave 中删除 hostname 条目，并运行管理实用程序使 NameNode 识别到这一删除。在这之后，可以在该节点上关闭 DataNode 进程，并从 HDFS 集群中删除这个节点。NameNode 会悄悄地将区块复制到其他 DataNode 上。

4. 集群重新平衡

添加或删除 DataNodes 很容易，但它可能会导致 HDFS 集群不平衡。还有其他一些活动可能会在 HDFS 集群中产生不平衡。Hadoop 提供了一个实用程序——平衡器（Hadoop

Balancer），它将重新平衡集群。平衡器将数据块从过度使用的 DataNode 移动到未充分使用的 DataNode 上，同时仍然遵循 Hadoop 的存储和复制策略，即不将 DataNode 上的所有复制都放在同一个机架上。

块移动一直持续，直到所有 DataNodes 的利用率（使用空间与总容量的比率）都在彼此的阈值百分比之内。例如，5%的阈值意味着所有 DataNode 的利用率都在 5%以内。平衡器在后台以低带宽运行，不会对集群造成负担。

5. SecondaryNameNode

NameNode 使用一个名为 fsimage 的映像文件来存储 HDFS 的当前状态（文件系统内存储的所有文件及其对应块的位置的地图），以及一个名为 edits 的文件来存储对 HDFS 的修改。随着时间的推移，edits 文件可能会变得非常大；因此，fsimage 将不会有一个正确反映 HDFS 状态的最新镜像。在这种情况下，如果 NameNode 崩溃，HDFS 的当前状态将丢失，使得数据无法使用。

为了避免这种情况，SecondaryNameNode 会执行一个检查点（默认情况下每小时一次），将本地的 fsimage 和 NameNode 的编辑文件合并，并将结果复制回 NameNode。因此，在最坏的情况下，只有对 HDFS 的编辑或修改会丢失，因为 SecondaryNameNode 在本地存储了 fsimage 的最新副本。图 6-3 可以更深入地显示这个过程。在 Hadoop2.X 的 HA（高可用）架构中，它被 tandbyNameNode（备用名称节点）替代。

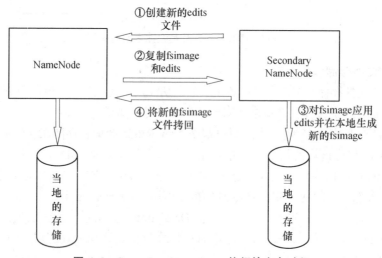

图 6-3 SecondaryNameNode 执行检查点过程

6.3.3 Hadoop 的组成

1. MapReduce

MapReduce 是 Hadoop 的一个编程组件，用于读取和处理大型数据集。MapReduce 算法赋予了 Hadoop 并行处理数据的能力。简而言之，MapReduce 将大量的数据压缩成有意义的结果，并用于统计分析。MapReduce 可以进行批量作业处理，也就是在处理过程中可以多次读取大量数据，以产生所要求的结果。对于拥有大型数据存储或数据湖的企业和组织来说，这是一个必不可少的组成部分,可以将数据缩小到一个可管理的大小,以便分析或查询。

MapReduce 的强大功能使其成为最常用的批处理工具之一。MapReduce 允许其用户将工作负载划分为多个任务,这些任务在服务器上并行运行,处理存储在 HDFS 中的任何类型的海量数据。因此,MapReduce 使 Hadoop 成为一个强大的工具。随着 Hadoop 的最新发展,另一个名为 YARN 的组件可以更方便地使用 Hadoop 生态系统。

2. YARN

YARN 基础设施(yet another resource negotiator)是负责提供执行应用所需的计算资源(内存、CPU 等)的框架。YARN 有两个重要功能:资源管理器和节点管理器。首先考虑一个两级集群,其中资源管理器在顶层,每个集群一个。资源管理器是主控,它知道 slave 的位置(下层)及其资源,并运行几个服务。最重要的是资源管理器,它决定如何分配资源。节点管理器是基础设施的从机,每个集群有很多节点管理器。当它启动时,它向资源管理器宣布自己。节点具有向集群分配资源的能力,它的资源容量是内存和其他资源的数量。在运行时,资源管理器将决定如何使用这些容量。

3. ZooKeeper

ZooKeeper 是另一个 Hadoop 服务,是分布式系统环境中的信息保管员。ZooKeeper 利用集中式管理方案来维护分布式系统的配置。因为 ZooKeeper 负责维护信息,所以任何新加入的节点在加入系统后都会从 ZooKeeper 中获取最新的集中配置,此外,通过 ZooKeeper 客户端修改集中配置,可以集中调整分布式系统的状态。

名称服务是将一个名称映射到与该名称相关的一些信息的服务。它类似于活动目录,将一个人的 userID(名称)映射到环境中的某些访问或权利。同样,DNS 服务也是一种名称服务,它将域名映射到 IP 地址。通过在分布式系统中使用 ZooKeeper,可以跟踪哪些服务器或服务已经启动并运行,并通过名称查询其状态。

如果出现节点宕机的问题,ZooKeeper 可以通过领导者选举策略进行故障自动切换,作为现成的支持方案(如图 6-4 所示)。领导者选举是一项服务,可以安装在几台机器上进行冗余运行,但在任何给定的时刻,只有一个是活跃的。如果活动中的服务因某种原因停机,另一项服务就会恢复工作。

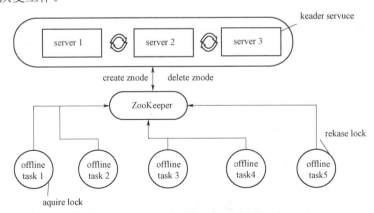

图 6-4 ZooKeeper 自动故障切换

ZooKeeper 用更可靠的性能、更短的时间让用户处理更多的数据。ZooKeeper 可以建立更强大的系统,管理型数据库集群可以从集中管理服务中受益,包括名称服务、组服务、领导者选举、配置管理等方面。所有这些协调服务都可以通过 ZooKeeper 进行管理。

4. Hive

Hive 最初被设计为 Hadoop 的一部分,但现在它是一个独立的组件。它是建立在 Hadoop 之上的数据仓库基础设施,用于提供数据汇总、查询和分析。当用户使用 Hadoop 时,如果希望获得数据库的体验,但是又缺少关系型环境结构(如图 6-5 所示),那么 Hive 就是解决方案之一。Hive 提供了一个将结构投射到这些数据上的渠道,并使用一种类似 SQL 的语言 HiveQL 来查询数据。

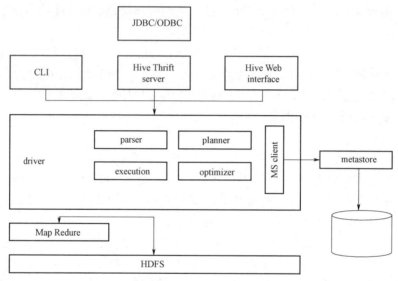

图 6-5 Hive 示意图

5. 与其他系统的整合

系统整合是成功管理大数据的重要操作。通过发现过程或规划流程,组织能够更高效地管理大数据。随后的步骤将确定如何在现有环境中实施 Hadoop。实施或考虑实施 Hadoop 的组织很可能将其引入现有环境中。为了获得最大的利益,必须要了解 Hadoop 和现有的环境如何一起工作,以及有什么机会可以利用现有的环境。供应商已经开发出连接器,允许其他企业系统连接到 Hadoop 上,以利用现有的环境。

6.3.4 Hadoop 生态系统

基于 Apache 提供的各种产品,以及大量供应商提供的解决方案,Hadoop 生态系统持续增长,将 Hadoop 与企业工具集成,而 HDFS 是该生态系统的重要组成部分。通过利用这些服务和工具,Hadoop 的生态系统将持续发展,并逐步消除与大型数据湖的分析处理和管理相关的诸多障碍。由于 Hadoop 具有较低的成本,因此通过虚拟机或在现有环境中建立混合生态系统,就能利用 Hadoop 的功能了。

Horton 数据平台(horton data platform,HDP)就是一个生态系统。HDP 通过在虚拟机中使用单节点集群来帮助用户使用 Hadoop,如图 6-6 所示。由于 Hadoop 是一个商品化的解决方案,它使用户能够将 Hadoop 部署到云端或自己的数据中心内。HDP 提供了构建 Hadoop 基础架构的数据平台基础,并整合了众多商务智能(BI)和其他相关供应商的支持。该平台旨在处理来自多个来源和格式的数据，允许用户定制自己的解决方案。选择类似 HDP 产品的理由是，它是 Hadoop 的领先提交者之一。它为使用 Hadoop 与多个数据库资源提供了更多的选择。

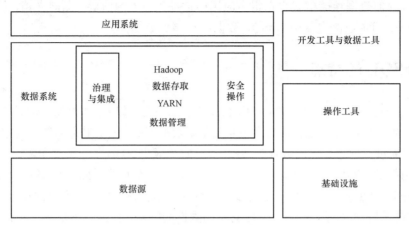

图 6-6　Hadoop 生态图

HDP 被认为是一个生态系统，因为它创建了一个数据社区，将 Hadoop 和其他工具结合在一起。Cloudera（CDH）为其数据平台创建了一个类似的生态系统。Cloudera 为整合结构化和非结构化数据奠定了基础。利用平台提供的统一服务，Cloudera 打开了处理和分析几种不同类型数据的大门（如图 6-7 所示）。

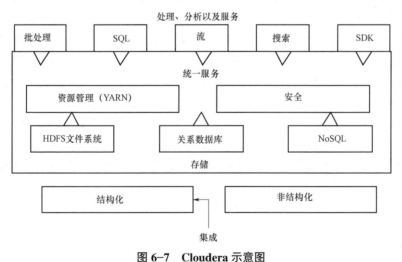

图 6-7　Cloudera 示意图

6.4　NoSQL 技术

关系型数据库（RDB）从 20 世纪 70 年代发展至今，已经成为数据管理的核心技术之一。强大的关系型数据库管理系统（RDBMS）使 RDB 易于使用和维护，成为一种应用广泛的数据库。由于大数据采集技术和应用的普及，使企业需要存储的数据比以往任何时候都多，企业需要能够以最快的速度访问数据库。为了从多个关系表中获取复杂的信息，RDB 有时需要执行 SQL 连接操作，将两个或多个关系表合并，这会导致性能瓶颈。此外，除了关系型数据存储格式外，其他数据存储格式也在很多应用中被提出，如键值对、面向文档、时间序列等。因此，越来越多的企业决定使用 NoSQL 数据库存储大数据。

6.4.1 NoSQL 的特点

NoSQL 作为一个术语，在 1998 年由 CarloStrozzi 首次使用，作为他开发的基于文件的数据库的名称，从那时起，NoSQL 被定义为非关系型数据库的统称，其命名源自规避结构化查询语言（SQL）的设计理念。然而，直到 2009 年，它才成为 RDB 的重要竞争者。对 NoSQL 产品的大量使用鼓励了其他公司做出自己的解决方案，并导致了通用 NoSQL 数据库系统的出现，现在有上百种 NoSQL 产品。这些产品对某些领域的应用存在适用性、安全性和可靠性等问题。

NoSQL 技术运动兴起于对关系型数据库局限性的突破，其核心诉求在于构建适应互联网时代分布式架构的数据库范式。NoSQL 数据库的特点包括无模式、易复制支持、简单的 API 等。NoSQL 数据库的特点介绍如下：

（1）非关系型。NoSQL 数据库不使用关系型数据库模型，也不支持 SQL 连接操作。此外，与 RDB 通过 Join 操作获得高级数据不同，NoSQL 数据库不支持 Join 操作，需要将相关的数据存储在一起，以提高数据访问的速度。

（2）分布式。NoSQL 数据库中的数据通常存储在不同的服务器中，而在这些服务器上存储的数据由元数据管理。

（3）开源。与大多数 RDB 需要付费购买不同，大多数 NoSQL 数据库开源且免费下载。

（4）可横向扩展。可增加或减少普通服务器，以满足 NoSQL 数据库的数据处理能力。

（5）无模式。与 RDB 需要在插入数据前定义数据库模式不同，NoSQL 数据库不需要这样做。因此，NoSQL 数据库可以灵活地添加数据。

（6）易复制支持。NoSQL 数据库大多支持主从复制或点对点复制，使得 NoSQL 数据库更容易保证高可用性。

（7）简单的 API。NoSQL 数据库为网络传输、数据采集等提供了 API，方便程序员使用，这样程序员就不需要设计额外的程序。

（8）基本可用、软态和最终一致性（basically available, soft-state and eventual consistency，BASE），其含义描述如下：

第一，基本可用。DB 系统能够持续执行任务并提供稳定的服务。虽然 DB 系统的某些部分可能出现故障，但是其他部分可以继续运行。一些 NoSQL DB 通常会在不同的服务器上保存多个特定数据的副本，因此，即使有服务器发生故障，DB 系统也能响应所有的查询。

第二，软状态。DB 系统不需要强一致性的状态。强一致性意味着无论某个数据在哪个复制中更新，以后所有的读操作，都必须能够获得最新的数据信息。

第三，最终的一致性。DB 系统需要满足一致性要求，但是，在某个时刻，DB 可能处于不一致的状态。例如，NoSQL DB 在多个服务器上保存某些数据的多个副本。然而，这些副本可能在短时间内不一致，这可能发生在更新数据副本时，而该数据的其他副本继续拥有旧版本的数据。最终，NoSQL DB 系统中的复制机制将更新所有副本，使其保持一致。

根据 NoSQL 数据库官方网站的分类，NoSQL 数据库有宽列存储、文档存储、键值存储、图数据库、多模型数据库、对象数据库、网格和云数据库解决方案、XML 数据库、多维数据库、多值数据库、事件源（EventSourcing）、时间序列数据库（TimeSeriesDatabases，TSDBs）、科学与专用数据库（ScientificandSpecializedDBs）等 15 种类型，它们都基于不同的数据模型。

6.4.2 MongoDB

一些领先的企业和消费类 IT 公司已经在其产品和解决方案中利用了 MongoDB 的功能。MongoDB3.0 版本引入了可插拔的存储引擎和运维管理，扩展了最适合 MongoDB 的应用集。MongoDB 的名字来源于"humungous"这个词，和其他 NoSQL 数据库一样，MongoDB 也不符合 RDBMS 的原则，它没有表、行和列的概念。同时，它也没有提供 ACID 规范性、JOINS、外键等功能。MongoDB 将数据存储为二进制 JSON 文档（也称为 BSON）。这些文档可以有不同的模式，这意味着模式可以随着应用的发展而改变。MongoDB 是为可扩展性、高性能和高可用性而构建的。

1. 发展历史

2007 年下半年，Dwight Merriman、Eliot Horowitz 和他们的团队决定开发一项在线服务。该服务是为开发、托管和自动扩展网络应用提供一个平台，与谷歌应用引擎或微软 Azure 等产品非常一致。很快他们就意识到，没有任何一个开源数据库平台符合该服务的要求。"我们觉得很多现有的数据库并没有真正具备你希望它们具备的'云计算'原则：弹性、可扩展性，以及易于管理，同时也便于开发者和操作员使用"，Merriman 说，"MySQL 不具备所有这些特性。"所以他们决定建立一个不符合 RDBMS 模型的数据库。一年后，该服务的数据库可以使用了。该服务本身从未发布，但团队在 2009 年决定将数据库开源为 MongoDB。MongoDB 于 2010 年 3 月发布 14.0 版本，成为首个官方认证的生产就绪（Production ready）版本；2015 年 3 月正式推出采用可插拔存储引擎架构的 3.0 生产版本。

2. MongoDB 设计理念

Eliot Horowitz 在一次演讲中提到，MongoDB 不是在实验室里设计出来的，而是从构建大规模、高可用性和健壮系统的经验中建立起来的。

1）速度、可扩展性和敏捷性

设计团队在设计 MongoDB 时的目标是创建一个快速、大规模可扩展、易于使用的数据库。为了在分区数据库中实现速度和水平可扩展性，必须对一致性和事务支持进行妥协。因此，MongoDB 以一致性和事务支持为代价，提供高可用性、可扩展性和分区。在实际应用中，这意味着 MongoDB 使用文档来代替表和行，使其灵活、可扩展、快速。

2）非关系型方法

MongoDB 将数据存储在 BSON 文档中，所有相关的数据都放在一起，也就是说所有的数据都存储在一个地方。MongoDB 中的查询是基于文档中的键，所以文档可以分布在多个服务器上；查询每个服务器意味着它将检查自己的一组文档并返回结果，这就实现了线性扩展性和性能的提高。MongoDB 有一个主/从复制，主站接受写请求。如果需要提高写入性能，则可以使用分片（sharding），将数据分割到多台机器上，并使这些机器更新数据集的不同部分。在 MongoDB 中，Sharding 是自动的，当增加更多的机器时，数据会自动分发。

3）基于 JSON 的文档存储

MongoDB 使用基于 JSON 的文档来存储数据。JSON/BSON 提供了一个无模式的模型，在数据库设计方面提供了灵活性。与 RDBMS 不同，它可以灵活地对模式进行更改。这种设计还通过提供内部相关数据的分组，使其易于搜索，从而实现高性能。JSON 文档包含了实际的数据，可以和 SQL 中的行相比较。然而，与 RDBMS 行相比，文档可以有动态的模式。这意味着一个集合中的文档可以有不同的字段或结构，或者公共字段可以有不同类型的数据。

一个文档包含的数据是以键值对的形式存在的。下面通过一个例子来理解这个问题：

{"Name":"ABC",
　"Phone":["1111111",
　........"222222"........],
　"Fax":..}

如前所述，键和值是成对的，文档中键的值可以留空。在上面的例子中，文档有三个键，分别是"Name"、"Phone"和"Fax"。其中"Fax"键没有值。

4）性能与功能

为了使 MongoDB 具有高性能和快速的特点，RDBMS 系统中常用的某些功能在 MongoDB 中无法实现。MongoDB 是一个面向文档的 DBMS，数据以文档的形式存储。它不支持 JOIN，也没有完全通用的事务。但是，它支持二级索引机制，可实现基于文档属性的灵活查询，同时通过文档级原子操作保障数据更新的完整性和一致性。它提供了一个复制集，这是一种主从复制的形式，具有自动故障转移功能，它内置了水平扩展功能。

5）随时随地运行数据库

MongoDB 主要设计目标之一是能够从任何地方运行数据库，这意味着它应该能够在服务器、虚拟机上运行，云端环境下也可采用按量计费的弹性服务模式。实现 MongoDB 的语言是 C++，10gen 网站提供了不同操作系统平台的二进制文件，使 MongoDB 几乎可以在任何类型的机器上运行。

3. 与 SQL 比较

以下是 MongoDB 与 SQL 的不同之处。

（1）MongoDB 使用文档来存储其数据，它提供了一个灵活的模式（同一集合中的文档可以有不同的字段）。这使用户可以存储嵌套或多值字段，如数组等。相比之下，RDBMS 系统提供的是固定的模式，一列的值应该具有相似的数据类型。另外，在单元格中不能存储数组或嵌套值。

（2）MongoDB 并不像 SQL 那样提供对 JOIN 操作的支持。但是，它可以让用户将所有相关数据存储在一个文档中，避免了在外围使用 JOIN。

（3）MongoDB 没有像 SQL 一样提供对事务的支持。但是，它保证了文档级别的原子性。另外，它使用隔离操作符来隔离影响多个文档的写操作，但它不为多文档写操作提供"全有或全无"的原子性。

6.5　大数据与数据仓库的对比

大数据和数据仓库都被用作商务智能的主要输入源，如创建分析结果和生成报告，以提供有效的商业决策过程。大数据系统支持存储多源异构的原始数据，而数据仓库则需预先对数据进行清洗、转换和结构化处理后方可加载，以确保存储数据的完整性与一致性。大数据系统中的原始数据可以是任何大小，取决于其格式的类型。数据仓库中的数据由于其精细化、结构化的系统组织，几乎所有的数据都是普通大小。具体来看，两者有如下不同。

1. 内涵

数据仓库是一种架构，而不是一种技术，它从各种基于 SQL 的数据源中提取数据，并生成分析报告。大数据主要是一种技术，它代表数据量、数据速度和数据种类等。数据量指的是来自不同来源的数据量，数据速度指的是数据处理的速度，数据种类指的是数据类型的数量。

2. 偏好

如果组织想采取一些明智的决策，例如，当人们根据今年的业绩确定明年的规划时，更愿意选择使用数据仓库。为了得到结论明确的报告，组织需要可靠或可信的数据来源。若组织需处理和分析海量数据以支撑其做出更优决策（例如增加收入、提升利润等），显然更倾向于使用大数据方法。

3. 数据来源

数据仓库接收一个或多个同质（所有站点使用相同的数据库管理系统产品）或异质（站点可能运行不同的数据库管理系统产品）数据源。大数据能够整合来自各种来源的数据，包括业务交易、社交媒体，以及来自传感器或机器特定数据的信息。

4. 接受的格式类型

数据仓库主要处理结构性数据，特别是关系型数据。大数据接受所有类型格式的数据，包括结构化数据、非结构化数据和关系型数据，如文本文档、电子邮件、视频、音频、股票行情数据和金融交易等。

5. 面向的主题

数据仓库是面向主题的，因为它提供的是特定主题的信息，如产品、客户、供应商、销售、收入等，而不是面向组织的持续运作。它并不关注正在进行的操作，它主要关注分析或显示有助于决策的数据。大数据也是面向主题的，主要区别是数据来源，因为大数据可以接收和处理所有来源的数据，包括社交媒体、传感器或机器的特定数据。它也要提供精确的数据分析，以及专门面向主题的数据。

6. 时间变化

数据仓库中收集的数据实际上是按特定的时间段来获得的。因为它主要保存历史数据，供分析报告使用。大数据有很多方法来识别已经加载的数据，时间段是方法之一。大数据主要处理的是平面文件，所以带有日期和时间的归档将是识别已加载数据的最佳方法。但它可以选择与流数据一起工作，所以它并不总是持有历史数据。

7. 非易失性

当新的数据加入到数据仓库中时，以前的数据永远不会被清除。这是数据仓库的主要特点之一。由于它与操作型数据库架构完全不同，所以操作型数据库的任何变化都不会直接影响到数据仓库。对大数据来说，当新的数据添加到大数据中时，以前的数据永远不会被删除。它以一个文件的形式存储，代表一个表。但在流媒体的情况下可以直接使用 Hive 或 Spark 作为操作环境。

8. 分布式文件系统

在数据仓库中处理庞大的数据非常耗时，有时甚至需要一整天才能完成整个过程。这正是大数据发挥其独特价值的关键所在。作为分布式和系统的核心，HDFS 通过使用 MapReduce 程序来加载和处理海量数据。这既是大数据面临的挑战，也是大数据面对的机遇。

6.6 流分析（实时分析）

《大数据，大分析》的作者之一 Michael Minelli 认为，实时大数据不仅是在数据仓库中存储 PB 或 EB 级的数据，它还是在正确的时间做出更好的决策和采取有意义的行动的能力；它是在某人刷信用卡时检测欺诈行为，或购物者站在结账线上时触发报价，或在某人阅读特定文章时在网页上投放广告；它是实时数据分析，这样就可以在正确的时间、正确的地点采取正确的行动。对一些人来说，实时大数据分析（real time big data analysis，RTBDA）是改善销售、提高利润和降低营销成本的门票。对另一些人来说，它标志着一个新时代的到来，在这个新时代里，机器开始更像人类一样思考和反应。

6.6.1 流分析的基本概念

大数据流处理需求的持续增长，即大数据批处理和大数据流计算。在分析实时应用场景时，大数据批处理是不够的。实时数据流中产生的大部分数据都需要实时数据分析。此外，输出必须实现低延迟，任何传入的数据必须在几秒钟内反映在新生成的输出中。这时就需要大数据流分析。

随着大数据对流处理需求的持续增长，组织与企业必须快速处理海量数据，才能对瞬息万变的环境做出实时响应。大数据流分析的本质是需要使用连续查询来分析和响应实时流数据，这样就能在流中不断进行分析。流处理解决方案必须能够处理来自不同来源的实时、大量数据，并考虑系统的可用性、可扩展性和容错性。大数据流分析通常以流的形式，将数据同化为一个无限的元组，对其进行分析和产生可操作的结果。批处理与流处理的对比见表 6-1。

表 6-1 批处理与流处理的对比

维度	批处理	流处理
输入	数据块	新的数据流或更新
数据大小	已知有限	无穷或事先未知
硬件	多 CPU	典型的单一有限的内存量
存储	存储	不存储或在内存中存储微不足道的部分
处理	经过多轮处理	一次或少数几次
时间	比较长	几秒甚至几微秒
应用	几乎在每个领域都被广泛采用	Web 挖掘，交通监控，传感器网络等

在流处理器中，应用被表示为由操作者和相互连接的流组成的数据流图，如图 6-8 所示。在流分析系统中，应用是以连续查询的形式出现的，数据被连续摄入、分析和关联，并产生结果流。流分析应用通常是一组由流连接的操作者。流分析系统必须能够识别新的信息，增量地建立模型，并判断新传入的数据是否偏离模型预测。

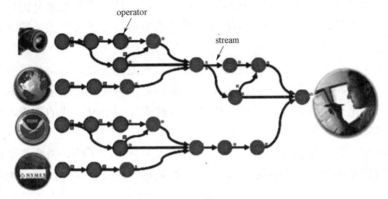

图 6-8　流处理示意图

流分析的理念是，每个被收到的数据图元都在数据处理节点中进行处理。这种处理包括删除重复的数据、填补缺失的数据、数据规范化、解析、特征提取，由于外部馈送的数据速率很高，这些处理通常在一次完成。当一个新的元组到达时，这个节点被触发，它删除比滑动窗口中指定的时间更早的元组。窗口被称为接收数据图元的逻辑容器。它定义了数据在容器中被刷新的频率以及数据处理被触发的时间。

6.6.2　大数据流分析的关键问题

当组织需要以有效和快速的方式，从当前发生的事件中获得有用的知识，以便能够对问题做出快速反应，或检测到新的发展趋势，最终提高组织的绩效时，大数据流分析就显得有意义。然而在这个过程中会遇到以下挑战，必须得到妥善处理。

（1）可扩展性。大数据流分析的主要挑战之一是可扩展性问题。大数据流正经历着指数级的增长，其增长速度远远超过计算机资源的增长。处理器遵循摩尔定律，但数据的大小却在爆炸性增长。因此，研究工作应着眼于开发可扩展的框架和算法，以适应数据流计算模式、有效的资源分配策略和并行化问题，以应对不断增长的数据规模和复杂性。

（2）集成性。构建一个分布式系统，每个节点都有一个数据流的视图，也就是说，每个节点都用少量的数据源进行分析，然后将这些视图聚集起来，建立一个全局视图，这不是一件容易的事。应该设计一种整合技术，以实现不同数据集之间的有效操作。

（3）容错性。在生命攸关的系统中，需要高容错性。由于大数据流计算环境中的数据是实时和无限的，因此需要一个良好的可扩展的高容错策略，使应用程序在组件故障时仍能继续工作而不中断。

（4）时效性。对于时间敏感的过程来说，时间是至关重要的，如减轻安全威胁、挫败欺诈，或应对自然灾害。因此，有必要建立可扩展的架构或平台，以实现对数据流的连续处理，从而最大限度地提高数据的及时性。其中的主要挑战是实现一个分布式架构，将数据的本地视图聚集成全局视图,并在通信节点之间有最小的延迟。

(5) 一致性。在大数据流计算环境中实现高一致性(稳定性)并非易事,因为很难确定哪些数据是需要的,哪些节点应该是一致的。因此,需要一个良好的系统结构。

(6) 异质性和不完全性。大数据流在结构、组织、语义、可访问性和颗粒度方面都是异质的。这里的挑战是如何处理一个总是不断增加的数据,从中提取有意义的内容,实时聚合和关联来自多个来源的流数据。一个合格的数据展示应该被设计成反映流媒体数据的结构、多样性和层次性。

(7) 负载平衡。大数据流计算系统应能自适应数据流的变化,并避免甩掉负载。这是一个巨大的挑战,因为将资源用于全天候覆盖峰值负载是不可能的,当平均负载和峰值负载之间的差异很大时,甩掉负载是不可行的。因此,这就需要一个分布式的环境,当本地资源不足时,它自动将部分数据流流向全局中心。

(8) 高吞吐量。在大数据流计算环境中,确定需要复制的子图、需要复制的份数以及分配给一个复制的数据比例,这些都是决策问题。如果要实现高吞吐量,就必须依赖高效的多实例复制机制。

(9) 隐私。大数据流分析为实时分析海量数据创造了机会,但也给个人隐私带来了巨大的威胁。根据国际数据公司(IDC)的数据,在整个需要保护的信息中,超过一半没有得到有效的保护,因此,需要解决的关键问题是在数据分析前对数据集进行保护。

(10) 准确性。大数据流分析的主要目标之一是开发能够准确预测未来观测结果的有效技术。然而,由于大数据的固有特点,如数量、速度、种类、变异性、真实性、波动性和价值,大数据分析在时空上强烈地制约着处理算法,因此必须考虑到流的具体要求,以确保准确性。

案例 6-1

建设更智能的电网,满足客户的期望

众所周知,美国电网正在变得陈旧。Utility Dive 最近进行的一项调查发现,超过 1/3 的公共事业主管表示,老化的基础设施是该行业面临的最大挑战。这并不奇怪,电力研究所(EPRI)估计,在未来 20 年内,美国电网的改造将超过 4 760 亿美元的花费。

在电力基础设施慢慢老化的同时,客户的期望值却急剧飙升。正如电信业和银行业一样,技术已经成为能源行业客户的主要需求。近 80% 的客户期望直接从能源公司获得个性化的能源管理洞察力和建议。那么,美国电网如何满足并超越客户的期望?

通过利用实时数据分析提供的节能洞察力,公共事业公司可以经济有效地提高美国电网的效率、可靠性和快速恢复的能力,同时满足客户更高的期望。但要先考虑:客户实际上想从能源供应商那里得到什么?

越来越多的客户——都在寻找同样的东西:授权。埃森哲最近的一份报告发现,近 2/3 的能源消费者希望获得对其自身能源使用的更大控制权和洞察力。

对于住宅和小型企业客户来说,Nest 学习型恒温器已经成为实时能源数据分析帮助客户更有效使用能源的成功案例之一。研究表明,Nest 学习型恒温器已经帮助住宅客户节省了

10%~12%的供暖费用和约15%的制冷费用。

Nest学习型恒温器并不是住宅和小型企业客户可以节约的唯一方式。这项创新的需求响应计划通过实时个性化反馈，指导客户在用电高峰期采取节能措施。已经证明该计划可以帮助客户减少高峰负荷，确保电网更加可靠，并为客户节省能源费用。据绿色科技媒体报道，在过去的夏天，行为需求响应帮助客户减少了3%~5%的峰值负荷，令人印象深刻。

更为关键的是商业和工业终端客户，根据美国能源信息署的数据，这些客户使用的能源占世界总能源的大部分。这些终端客户有更多的选择来节约能源，改善他们的运作并提高他们的基线。智能电网示意图如图6-9所示。

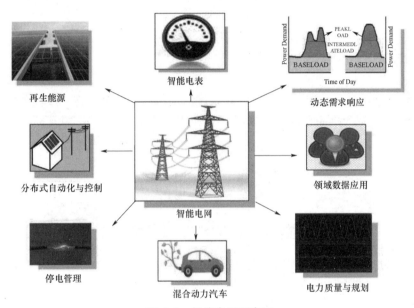

图6-9 智能电网示意图

传统上，工商企业用户有机会通过锁定低价的天然气和电费，提高企业或工厂的能源效率，以及在某些情况下，参与区域需求响应计划，来最大限度地降低他们的能源支出。这些当然是节约资金和能源的重要途径。然而，美国能源部的一项研究发现，工商企业用户仍有很大的改进空间。能源部报告说，在美国有大约550万座商业建筑，仍然存在能源浪费。从整体来看，建筑物的平均效能水平仍存在约30%的提升空间。那么，公共事业部门如何帮助商业建筑系统地减少能源浪费？答案是使用实时数据分析。

以Panoramic Power为例，该公司现在每月分析50亿个数据点，并且在不断增加，为企业终端用户提供无线电力监测。直接夹在电线上的无线传感器可实时捕捉设备层面的数据，并在分析平台上处理数据。在基本层面上，该技术预计可为企业节省12%的能源，使运营商能够看到他们如何能够变得更加节能，他们的设备是如何运作的，以及他们如何能够改善整体运营。这种类型的节能技术是经常提到的、不断增长的物联网的一部分，这是一个强大的概念，随着各类应用程序开始为特定目标整合多元数据，将从根本上改变商业模式。说到这里，今天的数据技术供应商仍然面临两个挑战。首先，有一个认识上的差距。人们还不了解他们可以利用的所有技术。其次，接口问题。随着越来越多的电器继续与传感器集成并连接，它们之间将通过竞争来确定管理信息的最佳中心应用程序。毕竟，没有人想为自己冰箱、空调、电灯等使用单独的应用程序。

物联网正在到来，并已经深入到我们工作、生活的方方面面。今天，最新的空调设备已内置传感器。然而，数以十万计的机器仍然没有传感器。我们现在基本上处于物联网 1.0 版本，它只是"物联网"。将来，机械装备会普遍内置传感器，人们将步入物联网 2.0 时代，一个真正意义上的"万物互联"新纪元。建立一个更智能的电网和满足所有部门的客户期望是当今行业面临的主要挑战。随着实时数据分析和数据技术的广泛应用，我们能够以更具经济效益的方式助力客户优化能源使用，实现显著的节能降耗。

案例来源：KENWORTHY B，ENERGY D，Real-time data analytics，building a smarter grid and meeting customer expectations.28，March 2016.www.power-grid.com。

6.6.3　实时大数据的 5 个阶段

实时大数据分析是一个涉及多种工具和系统的迭代过程，可以将个过程分为 5 个阶段：数据提炼、模型开发、验证和部署、实时评分和刷新模型，如图 6-10 所示。

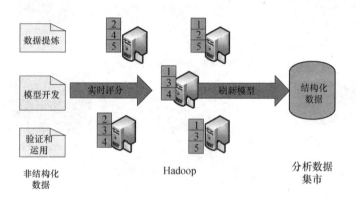

图 6-10　实时大数据分析的 5 个阶段

1. 数据提炼

就像未提炼的石油一样，数据层中的数据是粗糙和混乱的。它缺乏建立模型或执行分析所需的结构。数据提炼包括提取非结构化文本的特征，合并不同的数据源，帅选出感兴趣的人群，选择相关的特征和结果进行建模，并将提炼后的数据集导出到本地数据集市。

2. 模型开发

这个阶段的过程包括特征选择、取样和汇总、变量转换、模型估计、模型优化完善，以及模型基准测试。这个阶段的目标是创建一个强大、稳健、可理解和可实施的预测模型。这个阶段对数据科学家的关键要求是速度、灵活性、生产力和可重复性。这些要求在大数据背景下至关重要：数据科学家通常会构建、完善和比较几十个模型，以寻找一个强大而稳健的实时算法。

3. 验证和运用

这个阶段的目标是测试模型，以确保它能够在现实世界中工作。验证过程包括重新提取新鲜数据,对照模型运行,并将结果与作为验证集的数据运行结果进行比较。如果模型有效,就可以将其运用到生产环境中。

4. 实时评分

在实时系统中,评分是由决策层的行动触发的,而实际的通信是由集成层促成的。在评分阶段,一些实时系统会使用与数据层相同的硬件,但它们不会使用相同的数据。在这个阶段,制定的评分规则与数据层或数据集市中的数据"脱离"。

5. 刷新模型

数据总是在变化的,所以需要有一种方法来刷新数据,刷新建立在原始数据上的模型。现有的用于分析数据和建立模型的脚本或程序可以重新使用,以刷新模型。同时,还可以进行简单的探索性数据分析,并定期(每周、每天或每小时)刷新模型。刷新过程以及验证和部署可以使用基于网络的服务自动进行。

利用重新测试数据和重新运行脚本来刷新模型,仅具备短期有效性,因为随着底层数据的漂移,使得基础数据及其结构会发生很大的变化,以至于模型不再有效。重要的变量可能变得不重要,不重要的变量可能变得重要,新的数据源不断出现。如果模型精度测量开始漂移,就需要重新检查数据,必要时可重建模型。

6.6.4 流处理方法与工具

1. 流处理方法

随着越来越多的现代应用对某一特定事件的处理施加更严格的时间限制,流处理系统的重要性也随之增加。从流处理中得到的信息,可以为公司提供业务和客户活动等许多方面的决策参考,并使他们能够对新出现的情况做出快速反应。公司实时收到的许多数据在其到达时具有更高的价值。例如,企业可以通过持续分析社交媒体流,来跟踪公众对其品牌和产品偏好的变化。在用户离开电子商务网站后再检测潜在买家,或者在交易完成后再检测信用卡欺诈,都是没有意义的。例如,eBay 通过每天分析 500 万次实时交易来检测使用 PayPal 时的欺诈行为。实时处理和分析数据流是传统的数据仓库环境很难处理的任务,因为它们具有高延迟和高成本。

流处理系统或数据流管理系统,被用来处理数据流和管理连续查询。它进行持续查询,直到被明确卸载,而不是仅仅执行一次。只要有新的数据到达系统,它就会产生结果,而且数据是即时处理的,不需要存储。数据通常在处理后才被存储。由于要求实时数据处理,流处理系统与批处理系统不同。

流应用可以用一个有向无环图来表示,其中顶点是操作者,边是操作者之间的数据流通道。处理过程可以按照特定的顺序通过操作者,其中操作者可以连接在一起,但处理过程决不能回到图中的早期点。在流处理中,有两种执行模式:数据流方法和微批处理方法。

数据流方法是一个带有操作者和他们之间数据依赖关系的数据流图。一个任务封装了预定义操作者的逻辑,如过滤器、窗口、聚合或连接,甚至是用户指定的逻辑的例程。两个操作者之间的数据流代表了一个由任务产生的无限的数据序列,可供进一步使用。所有的数据都是自动管道化的。

微批处理方法提供了一个在批处理系统上实现数据流处理的解决方案。通过微批处理,可以把流式计算当作有界集上的一连串转换，把分布式数据流离散成批，再在工作节点的集群中按顺序调度这些批。

实时流处理系统必须满足以下要求：

（1）在流中处理信息，而不需要存储它们来执行任何操作或操作序列。

（2）支持具有可扩展的面向流基元的适当查询语言。

（3）使用机制来应对数据流的弹性，包括现实世界数据流中普遍存在的失序或丢失的数据。

（4）确保应用程序可以正常使用，即使出现故障，也应随时保持数据的完整性。该系统应具备高效存储、状态信息访问以及与实时流媒体相结合的能力。

（5）能够将其处理分布在多个处理器和机器上，以实现递增的可扩展性。理想情况下，这种分布应该是自动和透明的。

（6）拥有一个高度优化的、开销最小的执行引擎，为大批量应用提供实时响应。

2. 流处理工具

Apache Storm 是一种实时分布式计算技术，用于连续处理流媒体信息。单个的逻辑处理单元像流水线一样连接起来，表达一系列的转换，从而提供并发处理的机会。作为 Apache Storm 的替代品，Heron 是一个在 X 平台开发的、规模化的流媒体和实时数据的处理引擎。

Spark Streaming 作为另一种解决方案，通过微批处理简化了流式应用的建立。这背后的想法是与批处理相同的方式进行处理，但保持非常小的批处理规模。Apache Samza 是一个分布式流处理框架，提供了一个简单的 API，与 MapReduce 相当。还有一些商业解决方案，如 Amazon Kinesis 和 IBM InfoSphere Streams，是完全托管式服务，用于实时处理大规模的流数据。流处理技术的研究与发展持续深入，在物联网应用背景下，越发凸显其重要性。

Samza 是一个基于发布/订阅模型的流处理框架。它监听一个数据流，处理作为其流基元的消息，当它们到达时，一次处理一个，并将其结果输出到另一个流。它与 Apache Kafka 消息系统和 Apache YARN 紧密相连，前者用于任务间的数据流，后者用于集群中节点间的任务分配。Kafka 提供低延迟访问的数据复制存储功能，因此 Samza 任务能够实现毫秒级的运行延迟。Samza 允许任务将状态存储在磁盘上来维持状态。这种状态与处理任务存储在同一台机器上，以避免性能问题。通过将存储和处理放在同一台机器上，Samza 能够实现高吞吐量。它还跟踪消息是否被送达，如果失败它会被重新送达，使用检查点系统来避免数据丢失，但只能保证至少送达一次。如果一个 Samza 任务失败并被重新启动，它可能会重复计算一些自上次写检查点以来可能已经消耗的消息。Samza 任务的拓扑结构是由用户的代码明确定义的。

Flink 是一个混合解决方案。为管理统一架构中的多种工作负载，Lambda 架构等模式应运而生。批处理与流媒体一体架构的复杂性为"Kappa 架构"模式铺平了道路，它将批处理和流媒体层融合在一起。Flink 是 Kappa 架构的一个具体化。尽管它依赖于流式执行模式，但它能同时处理有界和无界的数据，两个 API 在统一的分布式流式处理平台上执行。

流分析软件工具对比见表 6-2。

表 6-2 流分析软件工具对比

平台/标准	Storm	Spark Streaming	Samza	Flink
处理框架	流	微批处理	流	混合
原始流	Tuple	Dstream	Message	DataStream
延迟	次秒级	数秒	次秒	次秒
吞吐量	低	高	高	高
有状态操作	否	是	是	是
确保	至少一次（三次）	就一次	至少一次	就一次
编程模式	组合的	声明的	组合的	声明的
API 语言	任意	Java，Scala，R，Python	JVM 语言	Java，Scala，Python
Github 贡献者	294	1 287	93	444

6.6.5 实时分析应用

实时分析应用依赖即时输入和快速分析，从而实现快速精准响应。在许多情况下，如果不能在限期内做出决定，分析就会变得毫无益处。因此，必须及时提供决策所需的所有数据，并且以快速可靠的方式进行分析。

1. 智能交通

传感技术可以用来监测大城市和拥挤街道的交通状况。这些传感技术分为两类：道路传感器和车辆传感器。这些传感器能够产生大数据，可以利用这些大数据为大城市提供先进的智能交通服务。例如，根据当前的交通状况，为用户提供从当前位置到目的地的最短路线信息。如果不能全面掌握所在城市的所有道路和交通状况，就无法提供这样的服务。这种服务对于普通用户车辆非常有用，对于消防车、救护车、警车、公共事业急救车等应急车辆来说，也是极其重要的。目前的全球导航卫星系统（global navigation satellite system，GNSS）为驾驶员提供了最佳的路线信息，但是，许多系统不能对交通状况的突然变化做出足够快的反应，如事故或路障。此外，因为系统不能向车辆提供实时信息，所以无法为应急车辆快速清理道路。

2. 金融市场交易和监督

金融市场每秒钟都会产生大量的金融数据，包括来自多个市场的股票和期权交易、货币汇率、利率和商品价格。这些数据不仅量大，而且是动态的。公司和组织可以利用这些动态的大数据来发现机会和威胁，并迅速做出反应。例如，在变化实际发生之前，预测一些证券价格的上涨或下跌，就可以是在证券价格上涨之前买入证券，或者在价格下跌之前卖出证券。后续再以较低的价格回购已售证券，实现利润增值。越早做出这样的决策，获得利润的机会就越大。此类机会的把握依赖于根据历史数据精准预测实时数据。在金融威胁方面，及时发现证券市场交易所的欺诈和非法行为，如操纵市场、操纵价格、不知情的内幕交易等，有助于迅速制止这些行为，规范市场秩序，保障投资者交易安全。

3. 人群控制

在有大型活动时，人群控制非常重要。在大型体育比赛、音乐会、户外庆祝活动中，需要观察和预测人群的流动，并立即做出决定，如开放更多的停车场，关闭一些街道以方便行人通行，或在一些地区增加警力。这可以通过传感器和跟踪技术来实现。通过交通传感器和车辆追踪进行交通监控，可以更好地了解活动区域的交通信息，从而控制交通的走向。此外，使用移动设备上的 GNSS 和位置跟踪应用程序，可以跟踪和了解人们在该地区的运动和集中模式。实时跟踪应用程序可以提供一个准确的视图，每个人在哪里，并确定过度拥挤的地区。利用这些信息，管理部门可以更好地分配警力，以便对该区域进行最佳控制，并在最佳地点提供服务。当意外事件发生时，许多人可能出现在同一个地点，收集到的数据量是巨大的，必须当场组织和分析，立即做出决策。此外，发生事故和灾难性事件的概率也会增加。通过适当的跟踪和分析系统，管理部门将有能力确定事故的位置，并立即规划应对策略，如清理紧急救援车辆的路线，疏散该地区的居民，并及时提供必要的支持服务。

4. 军事决策

战争是动态和复杂的。打赢战争的关键不仅在于实力，更在于能否正确收集当前形势的信息，并迅速做出正确的决策。在战争中，通过 GNSS 技术、卫星、飞机遥感器等探测技术，可以实时监控人员和军事装备的位置。在快速移动的战场上，收集到的数据量是巨大的，而且是高度动态的。这些数据必须与其他静态信息，如路线图和风险信息一起使用，以做出正确的决策。收集和分析的数据越多，决策就越准确。

5. 大规模应急响应

在地震、火山、洪水、战争、大规模恐怖袭击等灾害中，应在几分钟内采取正确而迅速的行动，以帮助受灾者。在这种情况下，海量的信息将从不同人员那里流向紧急控制中心，更多的信息也会从部署的无人机、机器人、传感器和卫星流入。应急控制中心需要利用现有的人力资源和设备资源，尽可能快速、高效地救助伤员。利用收集和处理信息的技术，可以在这种场景下实现最优或接近最优的资源管理和配置目标，从而高效地开展救援行动。这种技术的核心组成部分是一个实时决策支持系统，它能够收集尽可能多的有关情况和当前可用资源的数据，基于数据分析制定应急响应方案，并根据新的信息、资源的可用性或情况的进展来改变行动。

6. 智能电网

智能电网是一种创新的电网系统，它利用信息和通信技术，自动收集和作用于现有的数据，如生产商（发电厂）、供应商（国家电网）和消费者的行为信息，以创造更多价值。它提高了电力生产和分配的效率、可靠性、经济性和可持续性。智能电网采用基于计算机的远程控制，电力生产者和消费者之间采用双向通信技术，通过系统的自我监测和反馈，提高电网的效率和可靠性。这就需要在生产、输电和配电系统上放置智能传感器和电表，除此之外，还需要在用户家中安装智能传感器和电表，以获得当前电力生产、消费和故障的实时精细数据。它实现了用电的动态定价模型，通过在用电高峰期收取高额费用，而在其他时段收取较低的费用来平滑高峰。这有助于避免由于用户用电需求量大而导致的潜在停电。它可以为消费者提供近乎实时的能源使用信息，让他们根据自己的需求和可承受的价格来使用家用电器。

智能电网中的重要应用，如电力负荷预测、用电分析、电网故障检测等，都涉及大规模的数据，需要快速的处理和通信机制。

7. 自然灾害预警

自然灾害的预警可以挽救成千上万人的生命。预警系统需要实时处理地面传感器、水下传感器、远程传感器和其他设备实时收集分布式的大量数据，用来预测自然灾害的发生地点。如全球野地火灾预警系统，可以预测森林火灾的扩大模式。野地火灾每年烧毁几亿公顷的植被，它们对人类的安全、健康和区域经济产生了严重的负面影响。人们的目标是利用计算、通信和传感器系统技术，来限制这些火灾的影响。此外，同样的技术还可以用来实时预测一些洪水和火山喷发扩展区域。这有助于给生活在预期目标区域的人们发出预警。警告可以包括安全区域的信息，这样人们就会知道该去哪里。此外，通过先进的基于位置的技术，可以利用安全的道路路径将每个人引导到最近的安全区域。这种类型的应用可能需要同时涉及成千上万的人，必须立即提供准确、安全的路线信息。要做到这一点，就需要有一个系统，它能够处理洪水或火山信息、道路地图和当前状况、预期目标区域以及人员位置等大数据，发送成千上万条定制化的方向信息，将人员引导到确定的安全区域。

6.6.6 实时分析面临的挑战

随着大数据技术的不断发展，实时分析也面临诸多挑战。

1. 不断发展的数据流

为了应对不断增长的数据规模，流算法必须解决不断变化的数据高速性和复杂性，因为一个流通常会快速地提供实例。因此，流挖掘算法应该是可扩展的，并以动态的方式处理流中的最新实例。此外，人们需要可扩展的框架，通过采用有效的资源管理策略，并行处理大数据流。

2. 运行时间

一个在线算法必须尽可能快地处理传入的观测数据。否则，该算法对于需要快速处理的应用来说是不够高效的。

3. 内存的使用

由于大量的数据流需要无限的内存来处理和存储，所以很难存储整个数据流。因此，通过存储少量处理后的数据概要和当前模型，使任何流算法都必须能够在有限的内存约束下运行。

4. 高维度

在某些情况下，流媒体数据可能是高维的，例如，由于维度灾难，文本文件实例之间的距离呈指数增长，后者会影响各种算法的性能，主要原因是在时间和内存方面的复杂性显著增高。

5. 概念漂移

由于数据流是不断发展的，所以底层的数据分布可能随时发生变化，这种随时偶发现象被称为概念漂移。这种现象会影响算法的预测性能，因为当前学到的模型对下一个传入的数据将不再有代表性。为了应对新的趋势，学习算法需要使用漂移检测器来识别其出现的同一时间的变化。

6. 延迟的标签

流挖掘算法大多假设标签在下一个实例到达之前就可以得到（即时标签）。然而，标签的到来可能会有延迟，这种延迟可能是固定的，也可能因不同的实例而不同。因此，当面临标签数据获取存在显著的延迟时，一些依靠概念漂移检测的算法将表现不佳。

7. 不平衡的标签

当某个类别的标签比其他类别的标签多时，就被称为多数类别，这会影响学习算法的性能，因为它们被设计为优化泛化，因此，少数类别可能被忽略。

上述挑战在不同的数据流挖掘任务中普遍存在。为了应对这些挑战，增量方法应该集成增量策略。而更多的挑战则出现在分布式系统的情况下，如整合和异质性。

6.7 数据科学与数据科学家

6.7.1 数据科学

数据科学吸引了来自不同学科领域研究人员的兴趣。因此，这些来自不同学科背景的研究人员提出了不同的观点。

一些人认为，数据科学是新一代的统计学，是跨几个学科领域的整合，或者是一个新的知识体系。一个高层次的说法是"数据科学是数据的科学"或"数据科学是对数据的研究"。从学科角度来看，数据科学是一个新的跨学科领域，它建立在统计学、信息学、计算学、传播学、管理学和社会学的基础之上，研究数据及其环境，以遵循从数据到知识到智慧的思维和方法，将数据转化为洞察力和决策。因此，数据科学=统计学+信息学+计算机+通信+社会学+管理学|数据+环境+思维。其中"|"表示"有条件的"。

数据科学的产出是数据产品。数据产品是由数据产生的可交付成果，它涵盖洞察发现、预测分析、智能服务、决策支持等形态，具体表现为模型、模式、工具或系统。最终有价值的数据产品是知识、智能、智慧和决策。

数据和数据量化无处不在，因此数据无处不在。除常见的从业务和运营信息系统中获取的数据外，越来越流行的数据化、数据量化系统和服务正在大大加强数据洪流和大数据领域。这类系统和服务包括但不限于可穿戴设备、物联网、移动和社交应用。

数据科学还存在许多挑战。

（1）数学和统计基础方面的挑战。这一挑战是现有的理论基础在揭示、刻画、捕捉复杂性情报以及获得可操作的见解方面存在的局限性。

（2）数据/业务理解方面的挑战。这一挑战是识别、具体化、表示和量化的复杂性和智能。

（3）分析和数据/知识工程方面的挑战。这一挑战是开发特定领域的分析理论、工具和系统，而这些理论、工具和系统在已有的知识体系中尚不存在。它们将发现和管理相关的数据、知识和情报，并支持大数据存储和管理、行为和事件处理的工程。

（4）社会问题的挑战。这一挑战是确定和尊重与特定领域数据和业务理解及数据科学过程有关的社会问题，包括处理和保护隐私、安全和信任，并使关于社会问题的数据科学任务得以完成，但迄今为止，这些问题还没有得到很好的处理。

（5）数据价值、影响和可用性方面的挑战。从技术、商业、主观和客观的角度出发，这个挑战需要明确、量化和评估现有理论和系统无法解决的特定领域数据的价值、影响、效用和可用性。

（6）从数据到决策和行动方面的挑战。为了应对这个挑战，需要发展决策支持理论和系统，实现从数据驱动的决策生成、洞察力到决策的转变，以及决策行动的生成和数据驱动的决策管理和治理。这些都是现有技术无法管理的。

另外还有数据分析和数据/知识工程方面的挑战，这涉及许多尚未得到适当解决的具体问题，主要包括以下问题：行为和事件处理、数据存储与管理系统、数据质量提升、数据建模、数据挖掘、深度学习、强化学习、仿真与实验设计、高性能处理与分析、计算架构和基础设施、网络、通信和互操作。

6.7.2 数据科学家

1. 数据科学家的概念

数据科学家犹如企业中"金子做的人"。他们是受过良好的训练并具有强烈好奇心的高级专业人员，能够在大数据的世界里发现知识。数以千计的数据科学家已经在初创和成熟的公司工作。他们突然出现在商业舞台上，反映出各公司正在处理各种不同种类和数量的信息，这是以前从未遇到过的。

有效利用大数据依赖稀缺的数据科学家，那么管理者就要识别出这些人才，将他们吸引到企业中来，为企业发挥效用。但是，对于数据科学家在组织中的位置，以及他们如何才能发挥最大的价值，如何衡量他们的绩效，管理者并没有达成共识。

最重要的是，数据科学家在数据中的海洋"畅游"，从而找寻其中规律。他们在数字领域中游刃有余，能够将大量无形的数据结构化，并使分析成为可能。他们识别丰富的数据源，将其与其他可能不完整的数据源结合在一起，并对所得数据集进行清理。在一个挑战不断变化、数据永不停息的竞争环境中，数据科学家帮助决策者从临时分析转向与数据持续对话。

数据科学家具有强烈的好奇心——渴望深入研究问题，找到问题的核心，并将其提炼成一套非常清晰的可以测试的假设。如今，人们生活在一个被数据驱动的网络应用所包围的世界。互联网是建立在数据库和数据服务基础上的，因此，数据科学家的作用从未如此重要过，它使数据产品的创造成为可能，数据产品从数据本身获得价值，并创造出更多的数据，使得价值不断增加。

由图 6-11 可以看出，数据科学受到的关注持续上升。Press 认为，数据科学的出现是统计学和计算机科学的耦合。此外，2009 年，谷歌首席经济学家哈尔·瓦里安曾说过"未来十年最具吸引力的职业是统计学家"，他强调的是理解数据、处理数据、从数据中提炼价值、可视化数据并有效传达结果的能力。因此，人们对数据科学家所期望的知识储备超越了计算机科学家或统计学家的技能，甚至这两者之间的耦合。

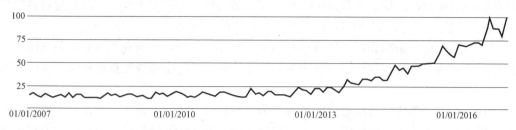

图 6-11　数据科学在 Google Trends 的知名度

数据科学家是指那些从事数据应用的人，他们对数据的应用会立即对组织产生巨大的影响；他们能够精准定位业务问题的核心，并通过科学的方法探索海量且多样化的数据，从而找到解决方案。数据科学家还帮助弥合业务部门和 IT 职能部门之间的沟通鸿沟，提出可行的措施，进行数据建模，可视化输出结果，分享技术，自动化流程。因此，数据科学家的核心特质与信息系统的研究范畴高度契合，从而数据科学家所需的知识基础和技能存在于信息系统领域。

总的来说，数据科学家能够运用先进的分析方法，借助复杂的分析和数据可视化软件或工具，挖掘数据的潜在模式；他们负责数据迁移和整合、数据清理、分析并提供结果；他们熟练掌握编程语言，如 Python、R、Java、Ruby、Clojure、Matlab、Pig 和 SQL，并了解 Hive、Hadoop 和 MapReduce。此外，数据科学家必须精通自然语言处理（NLP）、机器学习、概念建模、统计分析、预测建模和假设检验；他们具备沟通技巧、数据库查询技能，理解业务策略，能够为高层管理设计简洁的原型，并对系统架构有深入的理解。

2. 数据科学家的职位要求

数据科学家的职位要求如下：

（1）深入研究业务领域问题，与业务专家和决策者沟通，全面了解组织面临的业务目标、需求和偏好、问题和制约因素；评估组织成熟度；识别、明确、界定问题、边界和环境，以及相关挑战；最终生成业务理解报告。

（2）识别并明确隐私与安全等社会和道德问题；制定规范性解决方案，以及应对相关社会和道德问题的挑战。

（3）了解数据的特点和复杂性；找出数据存在的问题和制约因素；编写数据理解报告；通过制订详细的项目计划，明确分析目标和阶段性目标并确定其范围，设置议程，并制定治理与管理计划。

（4）通过制订相关数据智能的发现、升级和部署的技术方案，建立与分析目标相对应的工程和分析流程，将业务和数据转化为信息，将信息转化为洞察力，将洞察力转化为业务决策行动。

（5）将业务问题转化为分析任务，通过开发相应的技术、模型、方法、算法、工具和系统，开展高级分析，设计并评估数据科学实验，积累更优的实践经验；同时，进行描述性、预测性和规范性分析，进行调查研究，并支持可视化和展示。

（6）基于对数据特征及其复杂性的深入理解，提取、分析、构建、挖掘、选择判别特征，持续优化和创建新变量，以达到最佳的问题表达和建模效果；在必要时，提升数据质量。

（7）综合运用分析、统计、算法、工程和技术技能，通过整合背景信息深入挖掘相关数据；设计并开发新颖高效的模型，持续优化建模技术，提升模型性能，以实现最佳实践效果。

（8）维护、管理和完善项目、里程碑、流程、可交付成果、评估、风险及报告，构建积极的生命周期管理体系。

（9）基于用户指定的编程语言、框架和基础设施或开源工具与框架，开发相应的服务、解决方案和产品或模块，并将其集成至系统包中。

（10）维护数据和交付产品的隐私、安全和真实性。

（11）在整个生命周期中与客户频繁互动；将复杂的数据或算法中转化为清晰简洁的故事，得出简明扼要的结论；为客户提供情境分析，深刻洞察需要改进的地方；在最终部署中转化为业务改进的行动。

（12）撰写连贯的报告，并向专家和非专家传达清晰的信息；提交执行摘要，并提出基于证据的精准建议和风险管理策略，同时向决策者和企业主汇报。

那么，怎样才能成为一名优秀的数据科学家呢？为了满足前面的职位要求，数据科学家候选人除需要具备一定的资质外，还需要具备一定的分析能力，它们是这个职位的基础。这些资格和能力包括以下几点：

（1）具有分析性、创造性、批判性和探究性的思维能力。

（2）掌握复杂系统的相关理论与方法，以及自上而下和自下而上解决问题的策略。

（3）拥有计算机科学、统计学、数学、分析学、数据科学、信息学、工程学、物理学、运筹学、模式识别、人工智能、可视化、信息检索或相关领域的硕士或博士学位。

（4）了解常见的统计学、数据挖掘和机器学习的方法和模型。

（5）具有实施、维护大数据基础设施的能力，如云计算、高性能计算基础设施、分布式处理范式、流处理和数据库等。

（6）掌握人机交互、可视化、知识表示与管理的知识。

（7）具有软件工程（包括系统设计和分析）、质量保证方面的工作背景。

（8）具备在网络和分布式环境中处理大型数据集、混合数据类型与来源的经验。

（9）具有数据提取和处理、特征理解和关系分析的经验。

（10）对科学、技术、社会和生命科学的多学科和跨学科研究和方法有着浓厚的兴趣与丰富的知识积极的兴趣和知识。

（11）在Linux、云或分布式环境下，在最先进的面向分析的脚本、数据结构、编程语言和开发平台方面具有丰富的经验。

（12）具有丰富的理论背景和领域知识，以评价分析结果的技术和业务优劣。

（13）具有优秀的书面和口头沟通能力、组织能力；能够为不同的受众撰写和编辑分析材料和报告；能够将分析概念和结果转化为业务友好的解释；能够向非技术受众传达可操作的见解；具有数据驱动决策的经验。

数据科学家使用的工具或技术包括云基础设施、数据和应用集成、数据准备和处理、分析、可视化、编程、主数据管理、高性能处理、商务智能报告和项目管理等，他们可以根据需求使用这些工具中的一种或多种来解决数据科学问题。

6.7.3 大数据人才需求

随着大数据、物联网、5G等技术应用的不断发展，社会对大数据人才的需求日益增长。国家要加强大数据人才培养，整合高校、企业、社会资源，推动建立创新人才培养模式，建立健全多层次、多类型的大数据人才培养体系。

按照工作内容要求，企业提供的大数据岗位可以分为以下几类：（1）初级分析类，包括业务数据分析师、商务数据分析师等；（2）挖掘算法类，包括数据挖掘工程师、机器学习工程师、深度学习工程师、算法工程师、AI工程师、数据科学家等；（3）开发运维类，包括大数据开发工程师、大数据架构工程师、大数据运维工程师、数据可视化工程师、数据采集工程师、数据库管理员等；（4）产品运营类，包括数据运营经理、数据产品经理、数据项目经理、大数据销售等。

从业态变化的角度来看，企业需要大量的复合型人才，即能够对数学、统计学、数据分析、机器学习和自然语言处理等多方面知识综合掌握的人才。从技术变化的角度来看，深度神经网络等新兴技术的发展，弥补了传统分析挖掘技术在大数据时代的短板，这就需要大数据技能人才掌握深度学习方面的相关知识，适应大数据的分析挖掘需要。从运营方式的角度来看，运营方式的变化要求运营人员提升运营前准备、运营中把握、运营后反馈、修正，提升预见能力和掌控能力。

根据调研情况整理的大数据工程技术人员相关岗位的职责以及对大专以上学历人才的职业技能要求见表6-3。

表6-3　大数据岗位列表

岗位	岗位职责	岗位技能
数据分析师	负责行业数据搜集、整理、分析，并依据数据做出行业研究、评估和预测	数理统计基本知识，Excel，SQL，Python/R
挖掘工程师	负责行业数据整理、挖掘，并依据数据做出行业研究、评估和预测	常用数据挖掘算法，SQL，Python/R/Java
深度学习/算法/机器学习工程师	利用各种神经网络模型及其算法进行数据挖掘，并处理具体事务	各种神经网络模型，Python/C++/Java，TensorFlow、Caffe等深度学习系统
大数据开发工程师	使用编程语言开发大数据相关软件和应用系统	Java/Python/C++/Scala，Linux/Unix系统
大数据架构工程师	负责大数据架构的设计与实施	分布式系统原理，Linux/Unix系统及其脚本shell等，Hadoop、Spark等大数据框架及其组件Yarn、HBase、Hive、Pig等
大数据运维工程师	负责大数据系统的运行和维护	Linux/Unix系统及其脚本shell等，Java
数据可视化工程师	负责大数据可视化应用开发，对数据分析结果进行多维度生动地体现	前端框架及工具如jQuery、Vue.js、Webpack等，Web前端相关技术包括HTML/CSS/Javascript，数据可视化框架如Echars、Highcahrts、D3.js等

续表

岗位	岗位职责	岗位技能
数据采集工程师	负责数据采集、预处理、标注等	Linux/Unix 系统，数据库如 Mysql、redis、mongdb 等，爬虫框架如 Scrapy 等，Web 基础知识如 HTML/JavaScript/CSS/xpath/url/Ajax/xml 等，解析工具如 HttpClient、jsoup、WebDriver、phantomjs 等
数据库管理员	负责数据库的运行和维护	Linux/Unix 系统，MySQL、SQL 等数据库的运行机制和体系架构
数据运营经理	负责数据的运营	数理统计基本知识，运营方法，SQL
数据产品经理	负责数据产品的销售	工具如 Axure、Visio、Mindmanager、Project、PPT 等，BI、SQL，产品规划能力，撰写需求文档能力
数据项目经理	负责数据项目	项目管理工具，PMP 证书，梳理流程能力
大数据销售工程师	负责大数据业务销售	沟通能力，业务谈判能力

思 考 题

1. 什么是大数据？大数据有什么特点？大数据从哪里来？
2. 大数据面临的挑战与机遇是什么？
3. 大数据分析与传统的数据分析有什么不同？
4. 大数据技术有哪些？
5. Hadoop 与数据仓库之间的关系是什么？
6. NoSQL 数据库与传统数据库有什么区别？
7. 大数据分析如何才能够成功？
8. 大数据分析一般用来分析什么问题？
9. 什么是数据科学？数据科学与传统科学有什么区别？
10. 什么是数据科学家？为什么社会需要大量的数据科学家？
11. 数据科学家的常用工具是什么？
12. 什么是流分析？为什么要进行流分析？

第 7 章
商务智能案例——阿里巴巴集团

阿里巴巴集团于 1999 年在杭州创立，最初的网站专注于批发贸易市场。随着电子商务公司如雨后春笋般出现，8848、eBay、新蛋等公司在电商领域不断扩展延伸，阿里巴巴集团创立淘宝。正如马云所言："当初为什么要做淘宝，就是我们看到了未来。假如不做淘宝，情况将会是什么样子呢？我们为了防止 eBay 在中国的业务往 B2B 延伸，所以我们就做了一个升级，也是一个反击，使自己的业务彻底进入 eBay 的领域——C2C。假如今天淘宝不是我们拥有的，而是 eBay 拥有的，你觉得它会停止向 B2B 延伸吗？我看不会，它一定会过来。为了防止这一切，我们必须要搞淘宝。其实当时我们自己 B2B 的压力已经很大了，但还是在不断创新。由 B2B 产生了淘宝，产生了支付宝，再产生了阿里云，我们不断在升级"。每家企业都不得不面对激烈的市场竞争，无论是在 B2B、B2C 还是 C2C 领域，阿里巴巴集团面对众多的对手和快速变化的市场，也不得不快速实现变革。

在互联网时代，任何一种商业模式要想得到持久发展，都必须以用户友好为基础，关注用户体验。但是几年的时间，消费者发生了巨大变化。人们的网上购物行为从单纯的一种时尚、乐趣和补充，变成了生活中的必需。然而消费者已经不再满足于今天淘宝以及电子商务所提供的各种各样的服务，他们需要更加个性化、专业化的服务。平台上的商家需要各种互联网服务，中小企业也同样需要互联网服务。把互联网技术、互联网服务用好了，就能够帮助别人做成生意，就可以形成阿里巴巴的独特价值，这是阿里巴巴的定位。面对消费者、商家和中小企业需求的不断变化，阿里巴巴集团一直没停下商业创新的脚步。在电子商务领域，商业的创新首先源于技术的创新。阿里巴巴集团的平台架构、数据管理、数据应用、大数据挖掘等都在不断创新之中。

7.1 阿里巴巴集团的数据仓库建设

初期阿里巴巴集团 1688 团队有自己的技术支持团队，淘宝的技术团队同时支持淘宝和天猫两大平台，各业务部门自行负责网站及数据库的开发与运营，这三套电商体系完全独立，各自独立开发和运维。会员服务、商品信息、交易支付的数据都没有连通。这不仅不利于消费者体验，也使阿里巴巴集团在系统功能建设和维护上重复投资，更不利于业务的沉淀和持续发展。阿里巴巴集团采用共享服务架构来打通数据、降低维护成本，提供业务创新的土壤。

7.1.1 数据库建设

2003 年淘宝在创建之初，是一个功能简单的 C2C 平台，1999 年成立的 B2B 电商平台 1688 一直拥有自己的技术支持团队，阿里巴巴集团内部不同电商体系的架构完全独立，各自独立开发和运维。不同部门的数据库曾采用 Oracle、MySQL 等，之后的几年阿里巴巴集团业务量飞速增长。2006 年阿里巴巴 B2B 团队以开源方式研发了 Cobar 关系型数据的分布式处理系统。2007 年淘宝平台功能模块的数量超过 200 个，业务流程的复杂度也非常高，整个淘宝网站是一个几百兆字节的 WAR 包的模式已无法适应平台的继续发展。2008 年，阿里巴巴集团成立天猫（最初期叫淘宝商城）。业务快速增长的阿里巴巴集团开始面临世界级难题——数据库太大，此时阿里巴巴的数据库已经成为全亚洲最大的数据库用户，以当时的技术能力，如此大的数据库已经几乎不具备扩展可能，没有任何一家公司包括 IBM、微软能够为阿里巴巴集团提供一整套的技术服务。

在互联网时代，为了能争取更广大的用户群，以及解决用户多方面的问题，协同既是企业与企业，也是企业内部不同业务之间必须要走的一步。协同能优化资源利用效率，通过整合，提高竞争力，降低成本，锁定用户，提高用户忠诚度。而互联网的新技术，使协同能够以更大的范围、更高的效率展开。2009 年阿里巴巴集团成立共享业务事业部，将不同电商的业务做梳理和沉淀，将不同平台中公共的、通用的业务功能沉淀至共享业务事业部，以避免部分功能的重复建设和维护，从而更合理的利用技术资源。2013 年，阿里巴巴集团去"IOE"见效，去 IOE 即去除 IBM 小型机、Oracle 数据库以及 EMC 存储设备，2013 年 5 月从支付宝下线了最后一台 IBM 小型机，使用 PC server 替代小型机，2013 年 7 月淘宝核心的广告系统下线 Oracle 数据库，使用 MySQL+自研数据库（OceanBase）替代 Oracle，并不再使用高端存储。随着 Hadoop 的引入，HBase 也被引入。2014 年阿里巴巴集团已经研发出新一代分布式数据库产品 DRDS（distributed relational database service）。阿里巴巴集团现在用的有云数据库 MySQL 版、云数据库 MongoDB 版、云数据库 Redis 版、云数据库 Memcache 版、分析型数据库 MySQL 版、分析型数据库 PostgreSQL 版等。

阿里巴巴集团的 HBase 发展已经有比较长的时间，数据量小的时候，关系数据库基本能解决大部分问题，当数据量非常大的时候，很多场景需要混用 HBase、ES、TSDB、SQL 等系统，像是监控、IoT、画像、社交等，每一个应用都需要开发数据中间层来对接多种数据库，去处理模型转换、数据分发、数据同步、查询合并等一系列问题，最终期望这多个异构系统组合成为一个数据库系统工作，面向上层的业务逻辑提供统一存储、统一访问并保证数据正确。

针对这种普遍存在的共性需求，阿里巴巴集团打造一个同时具备宽表、时序、搜索、文件等多种模型处理能力的数据库，帮助业务重新聚焦于应用逻辑，2020 年 9 月上线云原生多模数据库 Lindorm（中文名为灵动）。对于监控、IoT、广告、社交、风控等数据驱动型业务，混合使用了 MySQL、HBase、ElasticSearch、OpenTSDB、Ceph、Hive 等类似系统，通过 Lindorm 可以替换其中的多个组件，大幅简化架构，实现降本增效。

7.1.2 初期数据仓库建设

阿里巴巴集团的第一代数据仓库系统建立在 Oracle 上，数据以满足报表需求为目的，将数据以与源结构相同的方式同步到 Oracle（称作 ODS 层），数据工程师基于 ODS 数据进行统计，基于对 Oracle 数据库特性的利用进行数据存储和加工，部分采用一些维度建模的缓慢变化维方式进行历史数据处理。

之后阿里巴巴集团数据仓库工程师尝试构建一个四层的模型架构：ODL（操作数据层）+BDL（基础数据层）+IDL（接口数据层）+ADL（应用数据层）。ODL 与源系统保持一致，BDL 希望引入 ER 模型，IDL 基于维度模型方法构建集市层，ADL 则完成应用个性化和基于展现需求的数据组装。然而在构建 ER 模型时遇到了比较大的困难和挑战。

2008 年阿里巴巴集团的业务和数据还在飞速发展，以 Hadoop 为代表的分布式存储计算平台也飞速发展，阿里巴巴集团在拥抱分布式计算平台的同时，也开始建设第三代模型架构。阿里巴巴集团选择了以 Kimball 的维度建模为核心理念的模型方法论，同时对其进行了一定的升级和扩展，构建了阿里巴巴集团的公共层模型数据架构体系。阿里巴巴集团数据公共层建设的指导方法包括一致性的指标定义体系、模型设计方法以及配套工具。

2009 年飞天系统 ODPS 启动写下第一行代码，ODPS 即 MaxCompute 的前身，是一种快速、完全托管的 TB/PB 级数据仓库解决方案。向用户提供了完善的数据导入方案以及多种经典的分布式计算模型，能够快速解决用户海量数据计算问题，有效降低企业成本，并保障数据安全（产品地址：https://www.aliyun.com/product/odps）。

7.1.3 大数据数据仓库

阿里巴巴集团数据存储达到 EB 级别，部分单张表每天的数据记录数高达几千亿条。面对爆炸式增长的数据，阿里巴巴集团构建了统一、规范、可共享的全域数据体系，避免数据冗余和重复建设，并在此过程中形成了自己的方法体系。从业务架构设计到模型设计，从数据研发到数据服务，阿里巴巴集团数据公共层团队把这套方法论沉淀为产品。

该数据体系以维度建模作为理论基础，划分和定义数据域、业务过程、维度、度量/原子指标、修饰类型、修饰词、时间周期、派生指标，并在集团内部统一指标体系。数据模型分为三层：公共维度模型层（CDM）、操作数据层（ODS）和应用数据层（ADS）。其中公共维度模型层包括明细数据层（DWD）和汇总数据层（DWS）。操作数据层把数据几乎无处理地存放在数据仓库，公共维度模型层存放明细事实数据、维表数据及公共指标汇总数据。应用数据层存放加工得到的数据产品个性化的统计指标数据。

统计最常见的需求就是每天要写日报，每周要写周报，每月要写月报。为了节省资源，就可以使用日报的数据直接转成周报或月报。阿里巴巴集团线上系统在每天 6 点的时候要保证数据已经回笼到业务系统，系统要开始使用。搭建了数据仓库就可以把用户分析的数据用来进行个性化推荐、定向营销、风控，等等。数据仓库的市场价值在于需求场景驱动的集市层建设，各集市之间垂直构建。集市层深度挖掘数据价值，并需要快速试错。从数据计算频率的角度来看，阿里巴巴的数据仓库可以分为离线数据仓库和实时数据仓库。离线数据仓库与一般传统的数据仓库概念相同,数据计算频率主要以天(也有小时、周、月)为单位,一般每天凌晨处理上一天的数据。随着交易过程的缩短,用户对数据产出的实时性要求逐渐提高,阿里巴巴集团的实时数据仓库应运而生。

1. 数据库部门研发的实时数据仓库 Hologres

1)实时数据仓库 1.0 版

阿里巴巴集团电商搜索推荐实时数据仓库承载了阿里巴巴集团淘宝、淘宝特价版、饿了么等多个电商业务的实时数仓场景,提供了包括实时大屏、实时报表、实时算法训练、实时 A/B 实验看板等多种数据应用支持。这个版本主要是由 3 个板块组成:数据采集、数据处理、数据查询和服务。

在数据采集层,阿里巴巴集团将上游实时采集的数据分为用户行为日志和商品维表、商家维表、用户维表等,采集的用户行为日志将会实时写入实时计算 Flink,用户维表、商品维表等维表数据统一归档至 MaxCompute 中,在初步计算后通过数据同步工具(DataX)同步至批处理引擎中。在数据处理层中,流处理部分由 Flink 对实时写入的用户行为日志数据做初步处理,具体的处理包括数据解析、清洗、过滤、关联维表等。批处理部分,为了在数据查询和服务中根据属性查询、筛选数据,需要在 Flink 作业中将用户的实时行为和维表做关联计算,这就需要批处理系统能够支持高 QPS 查询,当时搜索业务的单表 QPS 最高达 6 500 万,经过多方调研,选择了 HBase 作为维表的批处理引擎。在数据查询和服务层,阿里巴巴集团使用的是 Lightning 引擎来承载 Flink 输出的实时明细数据,并基于 Lightning 实现查询流批一体,再对上层应用提供统一的实时数据查询服务。

2)实时数据仓库 2.0 版

在实时数据仓库 1.0 版本中,Lightning 的局限性也是非常明显的:第一是查询方式如果是非 SQL 类型,则不够友好,若是写 SQL 则需要二次封装。第二是 Lightning 采用的是公共集群,多个用户资源不隔离,当需要查询大量数据时,容易出现性能波动和资源排队等问题,使得查询耗时较久,在实际业务场景使用中有一定的限制。

阿里巴巴集团在 2011—2016 年沉淀下来的实时数据仓库本质上是 Lambda 架构。Lambda 架构的大致思路:首先在传统离线数据仓库的基础上加上一个处理实时数据的层,然后将离线数据仓库和实时链路产生的数据在 Serving 层进行融合(Merge),以此来对离线产生的数据和实时产生的数据进行查询。阿里巴巴集团在使用这套架构的过程中,随着业务量及数据的急剧增长,关系复杂度越来越大,成本急剧增加,迫切需要一种更优雅的方案去解决类似的问题。

阿里巴巴集团提出 HSAP(hybrid serving and analytical processing)理念,核心是首先要有一套非常强大的存储,能够同时存储实时数据和离线数据,统一数据存储;同时还要有一种高效的查询服务,支持复杂的查询及联合查询;能够直接对接前端应用,如报表和在线服务等,不需要额外地导入导出就能即席分析,减少数据移动。Hologres 是基于 HSAP 理念落地实践的流批一体的实时数据仓库。在实时数据仓库 2.0 版本中,阿里巴巴集团开始使用 Hologres。

对于典型的 Lambda 架构,首先将实时数据通过实时数据的链路写入到实时数据存储中,离线数据通过离线数据的链路写入到离线存储中,然后将不同的查询放入不同的存储中,最后做 merge。在 Hologres 中,数据收集之后可以走不同的处理链路,但是处理完之后的结果都可以直接写入 Hologres，不需要区分离线表和实时表，且支持多种异构数据源，包括 MySQL、Datahub 等，这降低了复杂度，能够达到每秒千万条的写入能力，写入即可查询。Hologres 最核心的组件名叫 blackhole，是一款完全自研的存储计算引擎，采用异步编程方式开发。Hologres 强大的能力也基于 SQL 接口和 JDBC 接口，使其具有广泛的兼容性，实现从数据处理到数据可视化分析等完整的大数据生态闭环。

数据处理阶段直接将用户维表、商品维表、商家维表以行存模式存储到 Hologres 中，以此替代 Hbase 存储。Flink 中的作业可以直接读取 Hologres 的维表，与行为日志进行关联。在数据查询和服务阶段，阿里巴巴集团将 Flink 处理输出的实时明细数据统一存储至 Hologres 中，由 Hologres 提供高并发的数据实时写入和实时查询。

阿里巴巴集团新一代云原生数据 Hologres 支撑了 2020 天猫"双 11"5.96 亿每秒的实时数据洪峰，单表存储高达 2.5 PB。基于万亿级数据对外提供多维分析和服务，99.99%的查询可以在 80 ms 以内返回结果，真正做到数据的实时及离线一体化，支持在线应用服务。关于 Hologres 的技术解读论文入选数据库顶会 VLDB（论文名称："Alibaba Hologres: A Cloud-Native Service for Hybrid Serving/Analytical Processing"）。

2. 阿里云研发的实时数据仓库 AnalyticDB

阿里巴巴集团业务繁多，其他数据仓库如 AnalyticDB for MySQL，也是实现海量数据（PB 级）的实时分析。AnalyticDB 于 2014 年在阿里云开始正式对外输出，支撑行业既包括传统的大中型企业和政府机构，也包括众多的互联网公司，覆盖外部十几个行业。AnalyticDB 已经成长为兼容 MySQL 5.x 系列，并在此基础上增强支持 ANSI SQL：2003 的 OLAP 标准（如 Window function）的通用实时数据仓库。AnalyticDB 承接着阿里巴巴集团广告营销、商家数据服务、菜鸟物流、盒马新零售等众多核心业务的高并发分析处理。

AnalyticDB 是一个支持多租户的 Cloud Native Realtime Data Warehouse 平台，每个租户 DB 的资源隔离，每个 DB 都有相应独立的模块（图 7-1 中的 Front Node, Compute Node, Buffer Node），在处理实时写入和查询时，这些模块都是资源（CPU，Memory）使用密集型的服务，需要进行 DB 间隔离保证服务质量。同时从功能完整性和成本优化层面考虑，又有一系列集群级别服务。

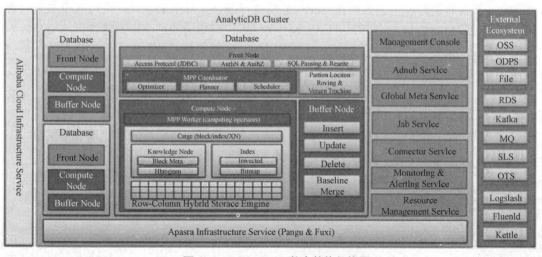

图 7-1 AnalyticDB 数仓整体架构图

AnalyticDB 中表组（table group）分为两类：事实表组和维度表组。事实表组（fact table group）在 AnalyticDB 里是一个逻辑概念，用户可以将业务上关联性比较多的事实表放在同一个事实表组下，主要是为了方便客户做众多数据业务表的管理，同时还可以加速 Co-location Join 计算。维度表组（dimension table group），用于存放维度表，目前有且仅有一个，在数据库建立时会自动创建，在维度表特征上是一种数据量较小但是需要和事实表进行潜在关联的表。

AnalyticDB 中表分为事实表（fact table）和维度表（dimension table）。事实表创建时至少要指定 Hash 分区列和相关分区信息，并且指定存放在一个表组中，同时支持 List 二级分区。维度表可以和任意表组的任意表进行关联，并且创建时不需要配置分区信息，但是对单表数据量大小有所限制，并且需要消耗更多的存储资源，会被存储在每个属于该 DB 的 Compute Node 中。对于 Compute Node 来说，事实表的每个 List 分区是一个物理存储单元（如果没有指定 List 分区列，可认为该 Hash 分区只有一个 List 分区）。一个分区物理存储单元采用行列混存模式，配合元数据和索引，提供高效查询。数据存储模型如图 7-2 所示。

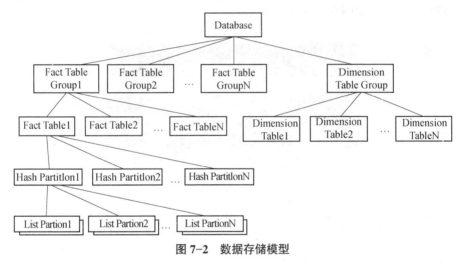

图 7-2　数据存储模型

实时数据仓库的数据导入导出能力至关重要。AnalyticDB 当前既支持内部数据导入，也支持通过阿里云数据传输服务 DTS、DataWorks 等从各种外部数据源入库。由于 AnalyticDB 兼容 MySQL5.x 系列，支持通过 MySQL、JDBC 方式把数据 Insert 入库。为了获得最佳写入性能，AnalyticDB 提供了 Client SDK，实现分区聚合写的优化，相比通过 JDBC 单条 Insert，写入性能有 10 倍以上提升。如果需要快速上传本地结构化的文本文件，可以使用基于 AnalyticDB Client SDK 开发的 Uploader 工具。对于特别大的文件，可以拆分后使用 Uploader 工具进行并行导入。对于 OSS、MaxCompute 这样的外部数据源，AnalyticDB 通过分布式的 Connector Service 数据导入服务并发读取并写入到相应 DB 中。Connector Service 还支持订阅模式，从 Kafka、MQ、RDS 等动态数据源把数据导入到相应 DB 中。AnalyticDB 对大数据生态的 Logstash、Fluentd、Flume 等日志收集端以及 ETL 工具等通过相应插件支持，能够快速把数据写入相应 DB。

AnalyticDB 目前支持数据导出到 OSS 和 MaxCompute，业务场景主要是把相应查询结果在外部存储进行保存归档，实现原理类似 insert from select 操作。insert from select 是把查询结果写入到内部表中，而导出操作则是写入外部存储，通过改进实现机制，可以方便地支持更多的导出数据源。

阿里云团队为 AnalyticDB 自研存储引擎玄武，采用多项创新的技术架构。玄武存储引擎采用读/写实例分离架构，读节点和写节点可分别独立扩展，提供写入吞吐或者查询计算能力。在此架构下大吞吐数据写入不影响查询分析性能。同时玄武存储引擎构筑了智能全索引体系，保证绝大部分计算基于索引完成，保证任意组合条件查询的毫秒级响应。

玄武存储引擎为 Buffer Node 和 Compute Node 提供了高可靠机制。用户可以定义 Buffer Node 和 Compute Node 的副本数目（默认为2），玄武存储引擎保证同一个数据分区的不同副本一定是存放在不同的物理机器上。Compute Node 的组成采用了对等的热副本服务机制，所有 Compute Node 节点都可以参与计算。如果 Buffer Node 节点异常导致 Compute Node 无法正常拉取最新版本的数据，Compute Node 会直接从盘古（阿里巴巴集团的分布式存储系统）上获取数据来保证查询的正常执行。

为了发挥行存储和列存储各自的优势，同时避免两者的缺点，AnalyticDB 设计并实现了全新的行列混存模式，如图 7-3 所示。

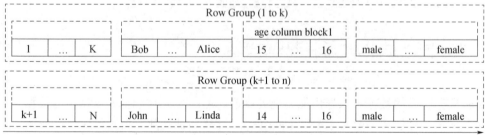

图 7-3　行列混存模式

对于一张表，每 k 行数据组成一个 Row Group。在每个 Row Group 中，每列数据连续地存放在单独的 block 中，每 Row Group 在磁盘上连续存放。用户的复杂查询可能会涉及各种不同的列，为了保证用户的复杂查询能够得到秒级响应，玄武存储引擎在行列混合存储的基础上，为基线数据（历史数据）所有列都构建了索引。玄武存储引擎会根据列的数据特征和空间消耗情况自动选择构建倒排索引、位图索引或区间树索引等，而用的最多的是倒排索引。对业务数据计算复杂并且数据量巨大的客户，AnalyticDB 提供 GPU 加速方案，在 Compute Node 中新增 GPU Engine 对查询进行加速。

Analytic DB 支持多维分析，传统企业要做 BI 数据分析的时候，面对的是一个静态的报表，只要预设了报表展示哪几个指标，不管谁来看报表，就只能看到这些东西。Analytic DB

在没有预先建模的情况下，允许从几百个上千个维度自由地去探查大量的数据。阿里巴巴集团内部很多面向海量互联网用户的产品的在线大数据查询，很大程度上依赖于 Analytic DB。比如淘宝有几亿会员，十几亿商品，如果需要从几百个维度去对几亿的消费者去做年龄、地域、消费层次等各个维度去探查的时候，如果没有这样的海量的实时响应的分析引擎是做不到的。

7.1.4　阿里巴巴集团数据仓库研发规范

数据仓库研发规范旨在为广大数据仓库研发者、管理者提供规范化的研发流程指导方法，目的是简化、规范日常工作流程，提高工作效率，减少无效与冗余工作，赋能企业、政府更强大的数据掌控力来应对海量增长的业务数据，从而释放更多人力与财力专注于业务创新。完整的阿里巴巴集团数据仓库研发规范见 https://help.aliyun.com/document_detail/115496.html，本节选取部分数据仓库研发规范。

阿里巴巴集团将角色分为数据产品经理、设计人员、开发人员、测试人员、运维人员以及信息安全与合规人员。其中，数据产品经理给出产品需求文档，设计人员负责表设计、Mapping 设计、调度设计等，开发人员实现并评审代码，测试人员通过测试发现代码问题与项目风险，运维人员发布任务并处理异常事件，信息安全与合规人员则负责需求实现的安全性与合规性。

研发流程采用业界常用的需求阶段、设计阶段、开发阶段、测试阶段、发布阶段以及运维阶段。

设计工作包含数据探查和系分设计两部分：首先，数据探查旨在了解来源数据的数据形态，如数据质量、数据分布等。结合业务场景，帮助分析和判断需求实现的可行性以及找出潜在的数据问题和风险。其次，系分设计则包括表设计、Mapping 设计和调度设计等最实际的设计工作。设计完毕后，最终将产出供开发人员参照实施开发的 ETL 设计文档、数据探查文档、调度设计文档，为需求的有效实现打下坚实的基础。

在设计阶段的流程中，数据探查的内容主要包括但不限于以下内容：源表数据主键字段重复数、源表字段空值/异常值的统计数、源表之间的关联关系、源表字段的数据格式、源表增量规则。数据探查的目的是了解数据的形态，找到潜在问题与风险。数据探查是决定数据可靠性的关键步骤。数据探查完成后，产出数据探查报告。

系分设计包括表设计、Mapping 设计和调度设计三部分。表设计是指依据需求设计目标产出表、中间产出表，包含表名、表名解释、字段名、字段类型、字段注释、主键和外键、表分区以及字段安全等级等。Mapping 设计则规划每个字段的生成逻辑、表与表之间的关系、目标字段与原字段间的算法逻辑，产出为 ETL 文档留存，ETL 文档将作为后续开发流程的第一参考依据。在调度设计中，将 ETL 文档抽象为多个相互依赖的代码节点形成上下游依赖关系，要求一个节点仅产出一张表、一张表仅由一个节点产出、下游节点的输入数据来自上游节点的产出数据、多并行少串行（在分布式系统下可发挥其优势）。如果数据研发的场景是在常见 T+1 离线的情况下计算场景，则应将不同调度任务按照实际业务需求，赋予小时、日、周、月和季度等不同的调度粒度。在传统 T+1（每日计算的是前一日产生的业务数据）的场景下，数据理应在第二天某个时间点按时产出以支撑 BI 或其他应用场景，因此应设置报警策略，以应对可能影响最终任务按时完成的事件。在 ETL 过程中，数据流向有如下限制：① 数据流向仅支持由低到高，即 ODS>DWD>DWS>ADS；② 数据不能跨层引用、逆向引用；③ DWS 层不同集市的数据不能相互引用，必须沉淀到 DWD 层。数仓分层中，ODS 层的非去重数据，默认不保留，ETL 临时表保留 14 日，镜像全量表的重要数据建议采用极限存储，流水全量表的数据，如果不可再生，则永久保存。在 DWD 层中，事实表按日分区且永久保留，维度表采用按日分区的极限存储模式；周期性快照事实表，采用极限存储或根据自身情况设置生命周期。DWS 层的汇总指标，可以自行选择保留月初、特定日期数据。

7.2 数据分析与可视化

阿里巴巴集团基于数据的应用产品有很多。对内部运营，阿里巴巴集团的数据平台产品主要有实时数据监控、自助式的数据网站或产品构建的数据小站、宏观决策分析支撑平台、对象分析工具、行业数据分析门户、流量分析平台等。对平台上的商家以及广大中小企业，则有生意参谋、Quick BI 等。

7.2.1 建设历程

从早期的淘宝指数到如今的生意参谋等，阿里巴巴集团对运营持续不断地开发新的产品。阿里巴巴集团的应用几乎都是自主研发，主要的研发语言是 Java。由于业务复杂且又需要互通，阿里巴巴集团对于分布式数据库、消息服务、缓存服务等中间件平台都采用了统一标准化，采用 HSF 服务框架的方式进行通信。

阿里巴巴集团对外数据产品有生意参谋等，对内的监督与运营也采用数据产品的形式。对内数据产品的建设历程大致可分为临时需求、自动化报表、自主研发 BI 工具、数据产品平台 4 个阶段。

随着业务得发展，为提升组织效能，数据分析几乎是所有员工必备的技能。阿里巴巴集团数据平台在一开始就布局 PC 版和 App 版的规划。根据不同的业务场景，规划落地了较多场景化或专题类的分析型数据产品。

2003 年，用户对数据的需要主要为获取业务现状的基本数据，阿里巴巴集团以临时取数的方式满足。此时用户提交需求给数据仓库团队，数据工程师将数据跑好后返回给用户。

2006 年，数据仓库团队将相似的需求合并同类项，同时总结提炼，同时引入商业化 BI 工具，通过报表和 Dashboard 的方式实现了自动化。最初选择的是 Oracle 的 MSTR 工具，随后升级为 BIEE 工具。为方便用户找到报表，将报表和集市以主题的方式进行组织。之后用户对数据需求愈加精细化和多元化，BIEE 难以拓展的特点使得用户的需求无法满足。

2008 年，天猫上线，淘宝技术团队同时支持天猫电商平台，此时天猫、淘宝、1688 三套电商体系各自独立运维。

2009 年，阿里巴巴集团的技术团队基于共享服务理念完成对淘宝平台的服务化改造，但是上线后接下来两个月发生的事情却让技术人员始料未及，平台在出现错误的时候很难定位问题，甚至出现了问题没人承认。此时在业务服务化之后的淘宝平台，用户在前端进行的一次订单创建的操作，会造成后端几十台服务器之间的访问和交互，从最终体现看，服务之间形成了错综复杂的调用关系。以一个每天被调用几千万次的服务为例，出现异常之后，通过测试的方法往往无法重现该问题，采用日志查看的方式就需要在海量日志信息中花费很长时间进行日志比对，效率非常低下甚至于无法定位问题。阿里巴巴中间件团队历时两年多的时间打造了针对分布式服务调用链跟踪平台——"鹰眼"。

鹰眼平台不仅能提供对业务各种指标值的实时监控、查看、统计等，也是一个 JStorm 流式计算引擎。鹰眼平台可以对应用集群接收到的日志进行解析、拆分，也可以根据不同的业务场景将拆分后的日志信息保存到不同的存储系统中。对于需要对日志信息进行实时业务统计的需求，会将日志信息保存到 HBase 中，并进行实时汇总计算，对于批量统计和分析的需求，则利用 Hadoop 提供此类业务场景下的计算和分析。为了更高效、快速地实现不同平台和应用与鹰眼平台对接，鹰眼平台中利用了阿里巴巴集团的中间件团队开发的海量日志分布式处理平台 TLog。

2009 年前后，阿里巴巴集团开始数据化运营，通过数据产品来解决获取及使用数据的问题。当时阿里巴巴集团最强大的数据团队（支付宝数据分析团队）先后开发了面向高管的数据仪表盘展现工具"观星台"、面向中层管理者的"地动仪"以及客服 360 等。这些产品属于描述性产品，带有少量的诊断能力，没有实时分析和预测功能。随后开发的"黄金策"可以让用户在 3 秒内看到不同标签下用户购物行为的异同。

淘宝的生态圈非常复杂，难以使用某个 KPI 确定业务的成效，此时数据团队的数据产品坚持数据泛化的方向，由分析师和数据技术人员组成的数据技术及产品部开发了对外的数据产品及生意参谋，也逐步把数据魔方、量子报告等产品综合到生意参谋上，同时建立了为集团各业务群共享数据资源的数据公共层。

2012 年年底，业务高速发展，数据维度和数据量增长迅猛，此时阿里巴巴集团大部分数据迁移上云，然而 BI 工具无法直接接入云上的数据。阿里巴巴集团构建"快门"和"小站"应用以帮助大家建数据和获取数据。

2013 年，阿里巴巴集团设立了首席数据官的岗位。

2014 年，"阿里数据平台"应运而生，这是为阿里内部用户打造一站式数据获取、分析、应用的数据产品平台。从这一年开始，数据产品可谓"百花齐放"。

阿里数据平台包括四个层次：数据监控、专题分析、应用分析与数据决策。对所有内部"小二"，都有查看或分析业务数据的需求，数据监控提供最基础的报表工具，供用户自助取数、多维分析、DIY 个性化数据门户。对于专题运营小二，他们对类目有强烈的分析诉求，主题分析按照分析师沉淀的成熟分析思路组织数据，实现他们自助分析行业异动原因、发现行业潜在机会，实现"人人都是分析师"，提高其数据化运营效率和质量。对于很多业务系统比如日常营销活动运营，需要选品选商搭建专场，那么如何选品选商，选择什么样的商品和商家，对整个活动非常重要，完全人工筛选在效率上会受到很大制约，为解决此类问题，阿里巴巴集团提供了应用分析层次的数据产品来完成对接。对于高管，既需要宏观的业务数据，又需要可下沉的数据，还需要丰富的趋势数据来辅助决策，他们通过数据了解业务进展、当前进展是否合理、接下来的业务方向等，针对此类需求阿里巴巴提供定制化的数据决策产品。

2015 年，阿里巴巴集团宣布启动中台战略。数据中台团队基于阿里巴巴集团内部多年的数据分析、数据运营经验打造了数据分析和展现平台——Quick BI，可实现云上集成、快速分析和智能决策。

阿里巴巴集团的多个团队分别负责不同的业务，像"双 11"这样的活动由专门的团队运营。每年天猫"双 11"的炫酷大屏实时显示则依赖于阿里巴巴集团的中间件团队自研的 TLog。如果将业务数据从在线交易数据库以 ETL 的方式同步到数据仓库，业务展现大屏通过访问数据仓库得到相关业务指标和统计数据，则可实现准实时（分钟级），但是此方式会占用在线数据库的能力。TLog 采用 Google Blockly 可视化编程工具，提供用户自定义日志处理流程编辑，TLog 的 API 还可以按照不同的关键字对数据进行排序和统计。应用方可以通过 TLog 提供的 API 或者数据提取工具实时获取处理后的数据，并将这些数据以报表的方式展示在大盘或监控平台上。

实时监控平台将用户登录、订单成功创建、成功支付等输出到日志中，TLog 日志处理平台从各个应用服务器上采集日志，将处理任务下发到 JStorm 流式引擎中，按业务大屏所需的数据信息，将不同的数据保存到 HBase 等平台上，然后通过 API 的方式给业务大屏提供数据，大屏可实时展现交易金额、移动端比例、top10 热销商品、top10 商家排名等。这些实时指标不仅可使商家掌握销售信息，也可使运营人员进行实时的营销工作，比如，运营人员发现某地区移动端用户占比较少，可通过在移动端发红包等方式提高移动端用户的比例。

对于大分辨率显示器（LHDs）的可视化技术阿里巴巴集团采用了 DataV，DataV 是一个软件即服务（SaaS）可视化部署工具，提供一个成熟的工具链，可以在 LHDs 上快速构建和跨平台发布交互式可视化。DataV 由 4 个部分组成，包括数据导入、可视化组件、编辑器工具链和应用程序发布。当使用 DataV 进行 LHD 视觉创建时，用户首先将数据加载到数据中心，然后添加用于视觉映射的组件，组件中心拥有丰富的预定义组件。该工具支持浮动布局，以自由控制图表位置。添加的组件可以在编辑器工具链中进行编辑，该工具链包括 3 个不同的编辑器：视图编辑器控制组件、蓝图编辑器和 3D 编辑器。DataV 的 SaaS 可视化发布支持跨平台访问、远程发布和运行时无缝更新。

7.2.2 Hologres 实时交互式分析

Hologres 是阿里云计算平台事业部提供的一款全面兼容 PostgreSQL 协议并与大数据生态无缝打通的实时交互式分析产品。它无缝对接 MaxCompute，无须移动数据，直接交互式分析，快速获取查询结果；既可以单独查询 MaxCompute，又可以与实时数据结合进行联合计算；提供 JDBC/ODBC 接口，轻松对接第三方 ETL 和 BI 工具，包括 Tableau、QuickBI、帆软等；以天猫国际为例，在实际业务中，通过 FBI（阿里集团内的一款可视化报表工具）内置的 Postgresql 引擎来直接连 Hologres 实现数据查询服务。

FBI 层面通过创建数据集，将商品、卖家、品牌的三个页面统一分析，力争通过一个数据集来动态实现查询服务。

```
from dwd_intl_trd_pay_itm_buyer_ri
where
stat_date='${bizdate：20200722}'
#if（（！${bu_level_two}）and（${bu_level_one}=="111"））
and bu_id='${bu_level_one}'
```

```
#elseif ((！${bu_level_two}) and (${bu_level_one}！="111"))
and bu_id_level2='${bu_level_two}'
#elseif ((${bu_level_two}) and (${bu_level_one}=="111"))
and bu_id='${bu_level_one}'
#elseif ((${bu_level_two}) and (${bu_level_one}！="111"))
and bu_id_level1='${bu_level_one}'
#else
and bu_id_level1='${bu_level_one}'
#end
group by
'${dims}'
```

FBI 的页面布局设计比较简单，直接通过报表的模式展示即可，但是需要同营销活动分析的级联模式保持一致，尤其是涉及行级关联的一些地方还需要一些设置。查询页面如图 7-4 所示。

图 7-4 查询页面

当前的 Hologres 中存储大量交易和流量 IPV 明细数据，因此在很多的数据看板、数据分析中都可以直接复用当前数据，直接在数据集上进行自由的交互式分析，提升数据研发、数据分析的效率。

7.2.3　Quick BI

为了帮助淘宝卖家进行数据化运营，阿里巴巴集团的数据部门会不断地为卖家后台推送数据分析报告，然而收效甚微。后来技术部门发现，很多淘宝卖家看不懂这些数据分析报告。在得出这一结论后，技术部门意识到，其实卖家真正需要的不是去理解这些晦涩庞杂的数据，而是让数据直接帮助他们更快更好地做出决策，让他们的运营效率产生质的飞跃。

电商业务需要根据数据来进行决策，最直观的数据表现形式是表和图。表和图在数据可视化中被大量采用，淘系"生意参谋"是知名的面向广大商家的可视化产品，其数据来源于淘系大盘数据，展示用户量、流量、访问量等数据指标。如果同时在多个平台销售或兼有线下销售，"生意参谋"则无法将多种数据聚合，同时"生意参谋"分析的颗粒度较大，无法具体到 SKU、订单、用户等指标，为解决这些困扰，阿里巴巴集团推出数据可视化产品 Quick BI。

为解决不同部门不同业务人员数据本地化、格式不同或者数据不一致，数据量激增而部门数据分析能力有限等问题，阿里巴巴集团为用户提供的大数据分析与可视化平台 Quick BI，经过数据源链接、创建数据集、图标或表格的可视化配置，即可生成各类报表或可视化图表。在 OLAP 的加速下，可以实现亿级数据的秒级汇总。Quick BI 可接入本地、线上以及云端等不同数据源，支持跨源、异构的数据关联及查询。在 PC 端配置完成后，可自动适配移动端和大屏终端。

Quick BI 默认使用阿里云提供的云数据源 SQL，也可以添加数据源，在相关页面通过填表的方式配置显示名称、数据库地址、端口、数据库名称、用户名、密码即可完成。新建数据源连接成功后，则可以创建数据集。系统从数据集中取数，用户可创建维度和度量字段并添加计算指标。在仪表板管理页面（如图 7-5 所示），单击"新建仪表板"—"常规模式"，可进入仪表板编辑页面（如图 7-6 所示）。

图 7-5　仪表板管理页面

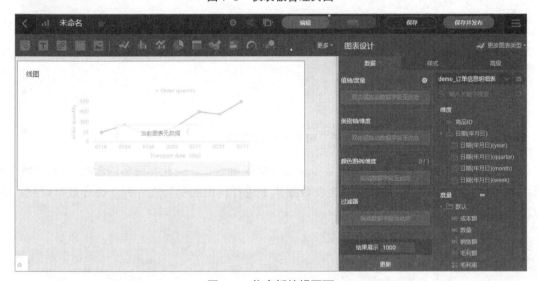

图 7-6　仪表板编辑页面

数据分析是数据辅助决策的"最后一公里"，是最终的数据可视化展示与探索分析的部分，选择使用最适合的数据展示方式，可以帮助分析人员大大提升分析效率。Quick BI 支持近 40 种数据图表，还支持 400 多种 Excel 函数，各类 Excel 报表分析均可通过电子表格实现，适用于熟悉 Excel 操作的用户，还可做专题分析、自助取数等。

仪表板分为 3 个区域，可进行基本的操作。

在图 7-7 中,"1"为数据集选择区,用户可以在此区域内切换已有的数据集。数据集中字段按照系统的预设分别展示在维度和度量列表中。可根据数据图表的构成要素,在列表中选择维度和度量字段。"2"是仪表板配置区,用户可以在此区域选择需要制作的图表数据,并根据展示需要,编辑图表的显示标题、布局和显示图例等。通过高级功能,也可以关联多张图表,多视角展示数据分析结果。还可以设置过滤数据内容,也可以插入一个查询控件,帮助查询图表中的关键数据。"3"是仪表板展示区,用户可以在此区域通过拖拽的方式调整图表的位置,还可以随意切换图表的样式。例如,切换柱形图为气泡图,系统会根据不同图表的构成要素,提示缺失或错误的要素信息。仪表板还提供了引导功能,帮助用户学习如何制作仪表板。以饼图为例,钻取设置如图 7-8 所示。

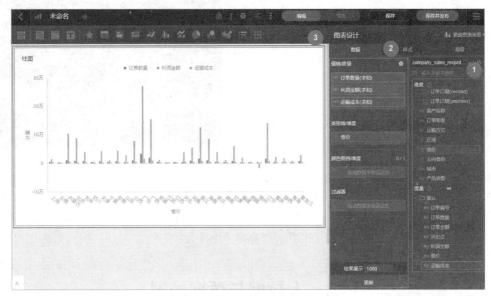

图 7-7 仪表板操作分区

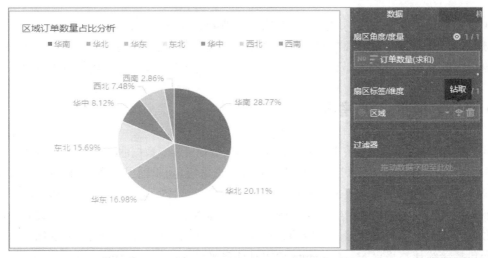

图 7-8 钻取维度界面

如果钻取的顺序为区域—省份—城市,则增加、修改、删除钻取维度可以在如图 7-9 所示的页面完成。

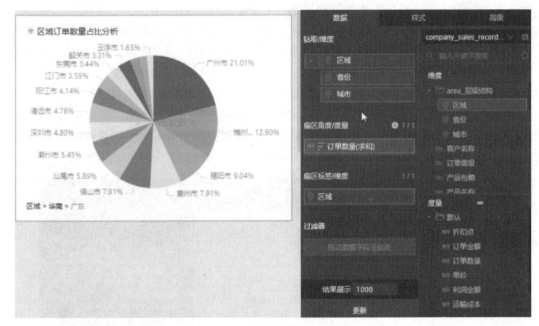

图 7-9　设置钻取维度界面

如需增加钻取维度，则将所需钻取维度拖拽至"钻取/维度"区域，并调整顺序。如需修改钻取顺序，则在"钻取/维度"区域选中目标字段并拖拽调整顺序。如需删除钻取维度，则在"钻取/维度"区域选中目标字段并单击"删除"图标。

7.3　大数据与数据挖掘

阿里巴巴集团几亿规模的用户（如商家、消费者、商业组织等）在平台上从事商业、消费、娱乐等活动，每时每刻都在产生海量的数据。数据存储达到 EB 级别，部分单张表每天的数据记录数高达几千亿条，只有建设高效的大数据平台才能应对纷繁复杂的海量数据需求。

7.3.1　大数据平台的建设

阿里巴巴集团的数据体系主要分为数据采集、数据计算、数据服务和数据应用四大层次。

数据采集层包括 Web 端日志采集和 App 端日志采集。阿里巴巴集团有面向各个场景的埋点规范，来满足通用浏览、点击、特殊交互、App 事件、H5 和 Native 日志数据打通等多种业务场景。传输方面采用 TT（time tunnel）与数据同步工具（DataX）直连异构数据库。

数据计算层包括数据存储、自研的计算云平台、数据整合及管理体系（OneData）。计算云平台包括离线计算平台 MaxCompute 和实时计算平台 StreamCompute。

数据服务层架构在多种数据库（如 MySQL、HBASE、阿里云数据库 RDS、表格存储等）之上，通过自建的 OneService 平台提供数据服务。OneService 平台以数据仓库整合计算好的数据作为数据源,对外通过接口的方式提供服务。

数据应用层则表现为各种应用产品,服务于搜索、推荐、广告、金融、信用、保险、文娱、物流等方面。

在阿里巴巴集团内部,基于 MapReduce 与 Hive 的计算已经能解决公司业务 90% 以上的离线数据分析任务。对于内存消耗高、计算要求快速迭代的算法任务,阿里巴巴集团算法平台选用 MPI 作为基础计算框架,核心机器学习算法的开发基于阿里云的 MaxCompute 的 MPI 实现。算法平台提供多种算法,从传统的分类、聚类算法到协同过滤、PageRank 算法再到深度学习算法,基本可以满足企业级数据挖掘应用的需要。工程师可以通过简易的命令式调用或拖拽式的可视化界面操作,将这些算法应用于自己的实际业务当中。

早年的阿里巴巴,淘宝、支付宝、1688、口碑、天猫等每一个业务板块都有自己搭建的数据平台。例如淘宝,有很大的 Hadoop 集群,其他业务也可能有 Oracle RAC,也可能有 GreenPlum,这些数据的共享就会变得非常的困难。广告业务需要用到淘宝的交易数据、会员数据、资金安全状况、搜索,甚至于蚂蚁小贷相关信息。以往的做法是,每一个业务板块都把同样一份数据复制到自有的数据平台上,然后再去运算。在这种情况下,硬件资源不能共享,数据是以非常低效的形式在重复存储,上层算法也无法共享。所以阿里巴巴集团很早就决定建设一个平台,所有业务板块用生态的思路来做大数据业务,这就是后来启动的"登月"项目,把全部异构的技术平台统一到数加平台上。数加平台工具构成如图 7-10 所示。

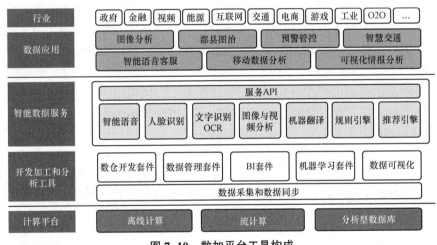

图 7-10 数加平台工具构成

2016 年,数加平台对有一定数据开发能力的外部团队开放,目前数加平台服务范围覆盖全球 200 多个国家和地区,已为众多企业、政府提供数据应用。阿里巴巴集团的部署不止于数加平台,目前也提供面向全社会商家和企业的在线计算平台。计算的在线就是人们经常提到的云计算。阿里巴巴集团将云计算的基础设施、平台以及存储以公共服务的形式推出,即"飞天"平台。

7.3.2 用户画像

对于在线交易,商家与消费者往往未曾谋面,出于商家运营成本、消费者注意力资源等的考虑，广告、商品的推送并不是全面覆盖，在资源有限的情况下，对于如何达到业务效果最大化，目前普遍采用精准营销的做法，通过客户细分精准找到相应客户。客户细分常用的特征维度有：利润贡献、生命周期、交易行为、需求偏好以及基于这些维度细分的多维组合。如果是有目标的划分，一般使用决策树模型，如果是无目标的划分，一般使用聚类分析。而客户细分的基础则是用户画像。

大多数用户在网上购物和浏览时只关注几个商品类别，用户在不同的商品类别有不同的购物行为，如重复浏览或有针对性的浏览。用户的这些浏览、点击、购买等行为都可以作为埋点在日志里得到。用户画像主要包含定性画像和定量画像两部分，其中定性画像主要包括用户的基本特征、行为刻画、兴趣模型等，定量画像主要包括用户基础变量、兴趣偏好等可量化的数据特征。用户画像可辅助完成数据挖掘和分析，用户画像数据的存储一般分为三类：关系型数据库、NoSQL 数据库（用户画像的存储主要使用列数据库和 Key-Value 数据库）和数据仓库。

用户画像主要表现为给用户加上不同的标签，用户标签通常来自用户自然属性、用户浏览数据、交易数据、用户资产数据、用户行为特征、第三方来源等，大致分为属性类标签、统计类标签、规则类标签、算法类标签等。其中属性类标签可通过系统直接采集用户的注册资料获得，比如性别、年龄、学历等；统计类标签可通过数据分析获得，比如一个月内浏览过 5 次机械键盘的用户、交易额大于 1 000 元的用户、历史购买金额、优惠券使用次数、近 30 日登录次数等；规则类标签一般通过经验/规则获得，比如某用户一年之内多次购买清洁用品，然而连续两个月未登录，可以判定为预流失用户；算法类标签则一般采用大数据技术通过计算得出。用户画像可以帮助大数据"走出"数据仓库，针对不同用户进行个性化推荐、精准营销、个性化服务等多种服务。用户画像不是产生数据的源头，而是对基于数据仓库 ODS 层、DW 层、DM 层中与用户相关数据的二次建模加工。阿里巴巴集团的用户画像标签的建立方式与通用的做法没有大的差异，但在实际的运营中更加贴合阿里的业务需求。

1. 淘宝用户画像

通用的"性别"标签是两个值，即用户注册时的"男"或"女"，而淘宝的用户性别标签却有 18 个。用户注册时填写的性别未必真实，阿里巴巴集团在经过仔细调查后，发现了一些可以识别用户性别的方法。比如，某个登录用户早上的浏览行为更男性化，晚上就会变得更女性化（也许是妻子在用）。真实的性别是 0 与 1 的关系，而现实却是 0～1 的关系，或者 70% 男性，30% 女性。在每一个场景内，性别的变化都确有原因，例如搜索、社交和广告等。静态的"真实"性别在 A/B 测试中的表现不如动态的虚拟性别有效。阿里巴巴集团的许多数据是通过运营得出的，而不是闭门造车或一成不变的。

常见的个人标签的矛盾点是，给某用户贴上了标签，但这个标签却是一直动态变化的，过了一段时间，会发现这个标签失效了，而在当时设置标签的时候却是正确的。比如，某用户贴上的标签是"母婴"，而 2 年之后，该标签的生命周期结束，在此过程中阿里巴巴集团会重新更新索引。

阿里巴巴集团业务众多，不同的业务部门采用不同的用户画像，相应的用户画像标签众多。以淘宝用户画像为例，淘宝用户画像分为数级，公开资料显示，一级分类大致包括人口属性、用户分类、商业属性、内容标签、行为标签等；二级分类则是对一级分类的细化，如基础信息、位置信息、用户价值、人群属性、经济实力、用户习惯、美妆标签、品牌标签、上网习惯、互动行为、购买行为等；三级分类对二级分类进行细化，如年龄、性别、家庭住址、单位地址、用户活跃度、用户影响力、年龄阶段、文化属性、消费能力等级、月收入、品牌偏好、支付方式、美妆分类、美妆常用关键词式、经典品牌、一线品牌、终端类型、上网时段、日收藏次数、订阅渠道、订阅产品等；四级分类更加具体，如年龄阶段分为15～24岁、25～34岁等。统计型标签直接从数据仓库中的各主题表加工建模而成，算法型标签需要对数据做机器学习的处理才能得到。

阿里巴巴集团的用户画像以产品的形式使用，用户通过简单界面上的选择即可查找相应人群，也提供简单易用的接口与业务系统相连接。随着精准营销的应用场景越来越多，四类模式最具代表性：清单筛选式营销、模型触发式营销、事件式营销、大数据预测营销。清单筛选式营销通过模型筛选目标客户群，在营销服务和业务处理环节主动推送产品或服务信息是目前最常用的大数据营销手段。举例说明，了解一组客户对特定产品的潜在需求、对各种渠道的喜好等，基于预测结果缩小目标客户的范围，只筛选更可能购买某产品的客户进行营销，采用客户最喜欢的渠道推送营销信息。这正是逻辑回归模型所擅长的。当已经发生的产品营销进入历史数据时，每个客户的"购买状态"是唯一的，买或者没买，是一个二元变量（0或者1），但是在营销之前的状态需预测购买的可能有多大，在统计学上表示可能的概率（客户可能购买某产品的概率是多少、客户接受各个渠道的概率是多少），基于预测概率来确定营销关键要素，营销得以精准。

2. 支付宝用户画像

支付宝处理用户数据的第一步是输入支付宝数据。对支付宝数据进行分类并将支付宝数据分为两类：一种是可测量数据，即数值数据，包括连续类型和离散类型；另一种是不可测量的数据，即无序和有序的数据。

支付宝处理用户数据的第二步是清洗传入的支付宝用户相关数据。此时对支付宝的用户数据进行有效性判断，必要时重新操作。

支付宝处理用户数据的第三步是对支付宝用户数据进行细分和贴标签。数据处理人员将用户的兴趣、偏好等进行观察、分析、总结并进行标记。标签必须语义清楚、泛化，以便机器可以对标签进行提取和分析。

在细分的过程中，首先对支付宝用户信息进行分类，用户画像的构建是为了还原用户信息，结构化数据和非结构化的数据（如音频、视频、文本等）都可以作为用户画像的数据来源。然后对支付宝用户做标记，用户数据分为静态数据和动态数据，静态数据如用户的基本信息等，如果用户的信息是真实的，则不需要做太多的建模和预测，可以自动标记。对动态数据如用户的行为等则建立用户行为模型、剖析用户标签。除此之外，还要通过建模来确定每个标签的权重。

支付宝用户画像分为定性画像与定量画像。支付宝提供6个样本模型：个人、家庭、公司、学校、医院和政府，并将大量的事实、观点、想法等进行提炼得到定性标签，从这些事实、观点、想法等可以推导出用户实际的和理想的需求，对企业产品设计和提供服务可以提供指导性意见。在标记定性标签的过程中，也会使用定量的方法通过用户行为建模来判别标签的合理性与实用性。

支付宝用户画像的数据模型包括分析用户行为、建模并输出标签和权重。购物行为建模的三个要素是：时间、地点和人，详细描述谁在什么时间、什么地点做了什么。定量用户画像可以更准确地理解用户，对用户做标签的同时可以分析并学习各标签的权重。

在实际业务中，支付宝用户画像也提供可视化效果，用户画像中图标的大小、色相、饱和度和形状等各种视觉参数可用于表示用户画像的属性。目前可视化工具有 Excel、R 语言和 Magic Mirror 等。

7.3.3 数据挖掘的应用——个性化推荐

随着用户量和商家数量的增长，用户的查询需求更加多种多样，商家的商品也需要更多的曝光机会，即使对同一种商品，不同用户的款式偏好、价格接受度、购买习惯、耐心程度等也各不相同，而电脑或手机页面展示空间有限，早期的关键字排序起到了一定效果，然而大量的长尾商品得不到很好的曝光机会。根据用户的偏好、购物特点进行个性化推荐不仅可以使用户快速发现需要的商品，也可以增加长尾商品的曝光率。比如，每天上亿人到淘宝购物，平台反馈给每个人的商品都不同，如此复杂的决策只能由机器来完成。

2013 年，淘宝搜索就进入千人千面的个性化时代，搜索框背后的查询逻辑，已经从基于原始 Query 演变为"Query+用户上下文+地域+时间"。

2014 年，阿里巴巴首先实现了特征数据的全面实时化，将用户和商品的实时数据引入搜索的召回与排序中。2014 年"双 11"，算法效果上，PC 端成交金额提升 5%，移动端提升 7%。

2015 年，阿里巴巴在探索智能化的道路上迈出一大步，引入排序因子在线学习机制，以及基于多臂机学习的排序策略决策模型。模型训练从离线升级到在线，更快、更准确地捕捉数据变化，引入 MAB 技术实现策略的智能化投放。2015 年"双 11"当天，在线学习和决策使成交提升 10%以上。

2016 年，在线学习和决策能力进一步升级，实现了排序因子的在线深度学习和基于强化学习的排序策略决策模型，使搜索的智能化进化至新的高度。2016 年"双 11"，实时计算引擎从 istream（自主研发的运行在 Hadoop YARN 上的实时计算引擎）时代平稳升级到 Blink/Flink 时代，使用大规模在线深度学习和强化学习等前沿技术，取得了显著的业务成果，成交额提升 20%以上。

用户在淘宝的搜索框中输入一个词，或者点击某个地方会出现什么内容，这些事情都是机器直接决定的。也许有人会产生这样的疑问："我怎么知道机器做得好还是不好？"其实这就是模型、算法、反馈要改进的过程。在优化过程中，服务会逐步变得精准和智能。这里介绍阿里巴巴集团几个著名的不断优化的个性化推荐模型。

1. 在线广告的推荐模型——DIN

在阿里巴巴集团做广告，多以竞价与点击量的多少来计费。在阿里巴巴集团的 CPC（cost-per-clicks）广告系统中，广告的排名由 eCPM（effective Cost Per Mille）决定，eCPM 是竞价价格与点击率（click-through rate，CTR）的乘积。点击率需要由系统进行预测，在广告系统中起着关键作用。

业界常用的 CTR 预测方法遵循类似的 Embedding&MLP 模式：先将大规模的稀疏输入特征映射成低维度的嵌入向量，然后以分组的方式转化为定长向量，最后将这些定长向量连接在一起送入全连接层（多层感知层，MLP）学习特征间的非线性关系，与逻辑回归模型相比，可以减少大量的特征工程工作，大大提升模型能力，适合实际的业务中使用。

在阿里巴巴集团这样的综合性电商平台中，用户的兴趣是多样化的，同一用户对不同种类商品的兴趣。表现为对不同种类商品的浏览、点击、购买等用户行为数据。在embedding&MLP方法中，用户行为向量被转化为固定长度的向量，即用户的不同兴趣被压缩到一个固定长度的向量中，这限制了emdedding&MLP的表达能力，为了使表征有足够的能力来表达用户的不同兴趣，需要在很大程度上扩大固定长度向量的维度，然而这极大地扩大了学习参数的大小，并在有限的数据下加重过拟合的风险，同时增加了计算和存储的负担，这对于流量庞大的高效在线系统是不能容忍的。

阿里巴巴提出一种深度兴趣网络（deep interest network，DIN）模型，此模型考虑与给定候选广告的历史行为的相关性，自适应地计算用户兴趣的表示向量。例如，一个女性游泳爱好者会点击一个推荐的泳镜，主要是因为她买了泳衣，而不是她上周购物清单中的鞋子。DIN模型引入本地搜索单元，通过搜索用户的历史行为来关注用户兴趣，并采取加权和池化的方式获得用户兴趣相对于候选广告的表示。与候选广告相关性较高的行为会获得较高的激活权重，在用户兴趣的表示中占据主导地位。

工业CTR预测任务中的数据多为多组分类形式，如 [weekday=Monday, gender=Male, visited_cate_ids=Phone, Book, ad_cate_id=Book]，通常通过编码将其转化为高维稀疏二元特征，如上四组特征转换为四个向量。阿里巴巴集团表示的用户行为特征通常是多热编码向量，包含丰富的用户兴趣信息，在阿里巴巴集团CPC广告系统的设置中，没有组合特征，特征的交互由深度神经网络来捕捉。然而，不同的用户有不同的行为数量，有的用户对广告的点击数量多，有的用户则很少，因此多数行为特征向量的非零值的数量在不同的实例中有所不同，导致相应的嵌入向量列表的长度是可变的。由于全连接层只能处理固定长度的输入，阿里巴巴集团的做法也是通常的做法，通过池化层对嵌入向量列表进行变换，得到一个固定长度的向量。

在有限的维度下，是否有一种优雅的方法可以用一个向量来表示用户的不同兴趣？阿里巴巴集团的DIN模型通过关注给定广告的局部激活兴趣的表现来模拟这一过程。DIN不是用同一个向量来表达所有用户的不同兴趣，而是通过考虑历史行为与候选广告的相关性来自适应地计算用户兴趣的表现向量。这个表现向量在不同的广告中是不同的。DIN引入了一个新颖设计的本地激活单元，并保持其他结构不变。具体来说，激活单元应用于刻画用户行为特征，以加权和池的方式自适应地计算给定候选广告的用户表示 v_u，即便同一个用户在不同的广告中也会有不同的变化。如果一个用户的历史行为包含90%的电子产品和10%的书，对于手机和书两个候选广告，手机在模型中激活了大部分属于电子产品的历史行为，可能比书获得更大的 v_u 值（兴趣强度更高）。

在阿里巴巴集团的广告系统中，商品和用户数量规模高达数亿。在大规模稀疏输入特征的情况下进行训练是一个很大的挑战。阿里巴巴集团采用了两种在实践中被证明有帮助的重要的技术。一是微批量感知正则化器。随着细粒度特征的增加，如维度为0.6亿的goods_ids特征，在没有正则化的训练过程中，模型性能在第一期训练之后迅速下降，在输入稀疏、参数上亿的训练网络上直接应用传统的正则化方法不实用。如果采用基于SGF的优化方法，则计算量极大，在参数达到上亿的情况下也不可接受。阿里巴巴集团广告系统采用微批量感知正则化器，只计算每个微批中出现的稀疏特征参数的L2正则化项，这使计算成为可能。二是阿里巴巴集团自己设计的Dice函数，如图7-11所示。

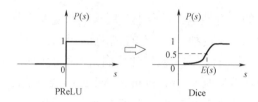

图 7-11　PReLU 与 Dice 控制函数

Dice 函数可以看成 PReLU 的一种泛化。Dice 函数的主要思想是根据输入数据的分布情况自适应地调整修正点，其值被设置为输入的平均值。Dice 函数能够平稳地控制两个通道之间的切换。当 $E(s)=0$ 且 $Var[3]=0$ 时，Dice 函数退化为 PReLU。在实践中，阿里巴巴集团部署了以下技术以加速 CPU-GPU 架构下的商务在线服务：为充分利用 GPU 的能力而将 CPU 的相邻请求进行合并；改善访问模式，GPU 内存优化；允许多个 CUDA 内核并发处理矩阵计算。这些技术的优化使单机的 QPS（每秒查询）能力提高了一倍，DIN 的在线服务也得益于此。2017 年 5 月至 6 月，阿里巴巴集团的展示广告系统进行了 A/B 测试，CTR 提高了 10.0%，，这是一个显著的进步，证明了 DIN 的有效性，由此 DIN 在阿里巴巴线上部署并服务于主要流量。

阿里巴巴集团将 DIN 模型代码开源，开源代码下载网址：https://github.com/zhougr1993/DeepInterestNetwork。

2. 在线广告的推荐模型——DIEN

DIN 中直接把用户行为看作兴趣，然而用户潜在的兴趣很难被用户行为直接反映出来，而且，用户的兴趣是变化的，捕捉这种动态变化很重要。DIEN 模型是在 DIN 模型的基础上进行改进，在经典的 Emmbedding & MLP 模型基础上加入了 GRU 与 Attention，并修改了损失函数。DIN 模型对每一类特征加入一个激活单元，与目标物品相关性较高的特征得到较高的权重，与目标物品相关性较低的特征得到较低的权重或者权重为 0，对于淘宝这样的综合性网站，与候选物品相关的用户历史行为更有价值。2018 年阿里巴巴集团提出 DIN 的演化版本——DIEN。DIEN 的应用场景与 DIN 相同，DIEN 创新地使用序列模型模拟用户兴趣的演化过程。

假如某用户上周购买了书架，购买行为发生之后兴趣就发生了改变，本周购买了椅子，DIEN 对用户历史行为序列进行建模，如果购买书架之后购买椅子的概率在全局统计意义上足够高，那么在用户购买书架时，推荐椅子也会成为一个不错的选项。用户的历史行为在时间上存在序列关系，或多或少存在一定的前后依赖关系，将这样的序列信息提取出来用于推荐，DIEN 通过在 DIN 中加入"兴趣进化网络"来完成。

兴趣进化网络分为三层：行为序列层（behavior layer）、兴趣抽取层（interest extractor layer）、兴趣进化层（interest evolving layer）。其中，行为序列层的主要作用是将原始的行为序列转换为 Embedding 序列，与普通的 Embedding 层一致。兴趣抽取层则通过模拟用户兴趣迁移过程来抽取用户的兴趣，采用 GRU（gated recurrent unit）网络，将用户的行为向量进一步抽象化，形成兴趣状态向量。在兴趣进化层则加入注意力机制，以针对性的模拟与目标广告相关的兴趣进化路径，模型设计上主要是在原 GRU 的更新门（update gate）的基础上加入注意力得分，形成 AUGRU（GRU with attentional update gate）结构。

序列模型非常适合根据用户历史行为预估下一个行为，但是序列模型训练复杂度比较高，在线上推荐过程中进行串行推断使时间延迟较大,增大了上线的难度。在实际运用中,通常需要在模型提升效果和维护成本中进行权衡。DIEN 在淘宝的广告系统部署使用以后,CTR 提升了 20.7%。

阿里巴巴集团将 DIEN 代码开源,开源代码下载地址为 https://github.com/StephenBo-China/DIEN-DIN,阿里巴巴集团数据集链接地址为 https://tianchi.aliyun.com/dataset/dataDetail?dataId=56。

3. 在线广告的推荐模型——MIMN

广告推送模式与推荐相似,首先进行用户的个性化点击率预估,然后结合广告商的出价,排序后取 Top k 进行展示,k 的值根据广告位数量而定。阿里巴巴集团在 2019 年采用的 MIMN 是 DIEN 的改进版本,在 DIEN 的基础上,将用户的兴趣细分为不同的兴趣通道,模拟用户在不同兴趣通道上的演化过程,产生不同兴趣通道的记忆向量,再利用注意力机制在模型中发挥作用。这种技术迭代就是用户长期兴趣的挖掘。

更长时间的历史行为特征可以挖掘不同的兴趣通道,然而线上系统的性能压力会越来越大,因为这意味着需要存储更长时间的用户行为历史数据,给内存占用和计算耗时都带来巨大的压力。淘宝电商平台上总共有超过 6 亿的用户,如果对每个用户构建长度为 150 的用户行为序列,那将会消耗 1 TB 的存储空间;当用户行为序列的长度增长到 1 000 的时候,存储空间的消耗将会达到 6 TB,而且消耗的空间会随着用户行为序列长度增长而线性增长。线上实时 CTR 预估为达到低延迟多采用内存存储,但巨大的内存占用对用户行为特征的更新和计算带来巨大挑战。

DIEN 是通过 GRU 对用户原始行为序列进行时序的建模,但是由于一定的系统瓶颈,可以处理的最大历史行为长度为 100。历史行为长度 100 仅对应用户 14 天的行为,当用户行为窗口增加到 120 天时,用户历史行为长度爆炸到了 1 000。当行为序列长度为 100 时,DIN 和 DIEN 现有的复杂度逼近计算极限,由于计算资源的约束,在现有的模型下想把行为序列扩展至 1 000 是不可能的。另外,用户的行为特征存储在线上服务引擎,阿里巴巴集团有亿级的用户,如果每个用户存储的行为序列特征由 100 扩展到 1 000,将带来极大的存储消耗和模型服务 IO 问题。因此阿里巴巴集团的技术团队面临延迟约束和存储限制的系统瓶颈。为了解决以上的系统瓶颈,必须从一个更高的角度进行思考,阿里巴巴集团的工程师通过 Co-Design 算法和系统的突破,得出以下三个突破点,即计算解耦、存储压缩、增量复用。

围绕着计算解耦、存储压缩、增量复用这三点,阿里巴巴集团的工程师进行了以下的整体设计。在模型的选择方面,他们选择了 Memory Network 来进行基础模型的构建。围绕这个模型能力,阿里巴巴集团进行以下的系统设计:一是异步计算模块,实现兴趣向量独立更新;二是兴趣向量的存储,不仅服务在线计算,而且辅助兴趣向量增量更新。

MIMN 算法是由两部分组成的,一部分是用户兴趣提取,另一部分是 CTR 预估。阿里巴巴集团引入 NTM(neural turing machine)来存储和更新由长序列行为带来的用户长期兴趣表达,采用一个单独的模块 UIC(user interest center)来完成用户行为序列的建模计算工作。MIMN(multi-channel user interest memory network)从多峰兴趣角度进行记忆模块构建,因为在电商环境中用户的兴趣广泛。它借鉴 NTM 的思路,采用 memory-based model 建模,在 GRU 时序模型的基础上引入 external memory 向量,显式存储行为信息。

为了能更好地捕捉用户兴趣,MIMN 设计了 MIU(memory induction unit)来捕捉用户兴趣演化。在实际的部署中，离线部分学习模块（Learner）定期利用系统日志（Logs）训练并更新模型，模型更新之后部署在实时预估服务器。线上 A/B 实验的效果，相较于 DIEN，采用 MIMN 后收入增长 6%，CTR 提升 7.5%。线上收益方面，在猜你喜欢的场景带来了 7.5% 的 CTR 提升，而 RPM 有 6%的提升。

阿里巴巴集团将 MIMN 代码开源，开源代码下载地址：https://github.com/UIC-Paper/MIMN/tree/master/script。

4. 预排序系统的设计——COLD

在推荐系统、在线广告等工业系统中，预排序也称粗排，是衔接推荐匹配与排名之间的模块，将用户的特征与广告、产品的特征进行匹配得到的候选集数据量庞大，将数据集中的每一项都展示给终端会给系统带来庞大的计算量和流量压力，从而对个性化推荐的反馈造成延迟。

为解决这一问题，一般的办法是囿于计算能力的限制来简化排名模型、使用基于向量—产品的深度学习架构、以离线方式预计算等。这些都导致模型的性能不够理想。阿里巴巴集团设计并使用了称为 COLD（computing power cost-aware online and lightweight deep pre-ranking system）的预排名系统。2019 年 COLD 被部署在阿里巴巴集团的展示广告系统中，并服务于几乎所有产品的主要流量。设计 COLD，将预排名模型与算力成本联合进行优化。在算力成本可控的约束下，带有交叉特征的任意深度模型可以在 COLD 中使用。通过应用优化技巧进行推理加速，算力成本降低，从而为更复杂的深度模型达到更好的性能带来了空间。尤其是训练和服务都以在线的方式进行，大大提升了系统的处理能力。一般而言，排名前系统的候选集规模达到数万，在后续的排名系统中变成数百，系统对排名的延迟一般接受时间为 10～20 毫秒，预排名系统往往通过简化排名模型而设计成轻量级排名系统。

COLD 是一个七层全连接的深度神经网络，并带有 SE（squeeze-and-excitation）块。SE 块可以进行特征组选择，以便从复杂的模型中得到一个轻量级的版本。这种选择通过考虑模型性能与算力成本来权衡，从而实现算力成本可控。

推理加速则运用优化技巧，在阿里巴巴集团的展示广告系统中，预排名模块的在线推理引擎主要包含两部分：特征计算和网络计算。特征计算部分主要负责从索引中拉取用户和广告的特征并且进行交叉特征的相关计算。而网络计算部分，会将特征转成 embedding 向量，并将它们拼接进行网络计算。在现有实际条件的制约下，阿里巴巴集团电商平台以工程完成和技术落地为目标，寻找并实现最优的解决方案。比如获取的数据包括两部分：模型参数和线上特征，为保证这两部分数据的实时性，许多公司采用内存数据库 Redis 来实现，而使用 Redis 成本比较高，容量也有限制。实际工程中，采用"瘦身"的方式，首先采用"主成分分析"等方法进行特征筛选，在不显著降低模型效果的前提下减少所用的特征。针对不好取舍的特征，进行离线评估和线上 A/B 测试，最终达到工程上可以接受的水平。

并行计算是 COLD 采用的一项优化技巧，在各层同时进行并行计算，不同广告的预排名得分是相互独立的，这意味着它们可以并行计算，代价是有一些用户特征可能会重复计算。基于列的计算也是 COLD 采用的优化技巧。传统上，特征计算是以基于行的方式进行的：广告被一个一个的处理。COLD 采用基于列的方法，将一个个特征列的计算放在一起，使用（single instruction multiple data，SIMD）等技术加速特征计算。实际应用上 COLD 还采用低精度 GPU 计算。COLD 中大部分计算是矩阵乘法，GPU 具有强大的矩阵乘法能力，理论上

Float16 的 FLOPS（每秒浮点运算次数）峰值可以是 Float32 的 8 倍，但是会损失一些精度。COLD 中可以采用混合精度，如全连接层使用 Float16，BN 层使用 Float32。另外的方式是使用无参数归一化层，在这种方式中，设计了一个被称为线性对数算子的片化平滑函数来进行处理，它将 Float32 数字转化至一个合理的范围。COLD 使用 900 多亿个样本进行训练，这些样本都是采集自真实系统的日志。在平时的运营中，COLD 的 CTR 相较于前一个模型提高了 6.1%，在双 11 活动期间，CTR 提高了 9.1%，像"双 11"这样当数据发生剧烈变化时，可以让模型适应最新的数据分布。

7.3.4 阿里巴巴的智能化客服

电商平台随着用户量、业务量的增大以及用户越来越重视购物体验和服务质量，传统客服所存在的问题越发突出，例如，人工客服存在工作时间问题，由于服务能力不足而存在客户长时间等待，无法应对服务的突发增长（如"双 11"购物狂欢节）。阿里巴巴集团经过多年探索建立了庞大的智慧客服体系，将人工客服从一些基本的、常见的和重复性的工作中解放出来，真正地聚焦于的确需要人工参与的客服交流中，普通消费者接触更多的是智能咨询系统，如阿里旺旺电商客服、电话咨询、多媒体在线、淘宝商品检索等。

阿里小蜜（AliMe）的功能，在架构体系端围绕着 SaaS 和 PaaS 体系，逐步将前端和后端体系进行模块化处理，逐步完善和构建整个平台体系；在算法端，逐步在单个领域结合实际业务场景进行纵深探索，并且不断进行创新。阿里小蜜前端结构体系如图 7-12 所示。

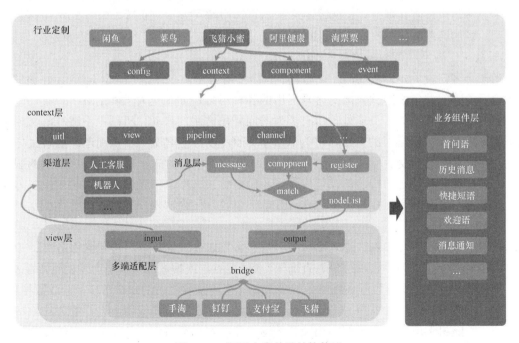

图 7-12　阿里小蜜前端结构体系

阿里小蜜后端架构体系如图 7-13 所示。

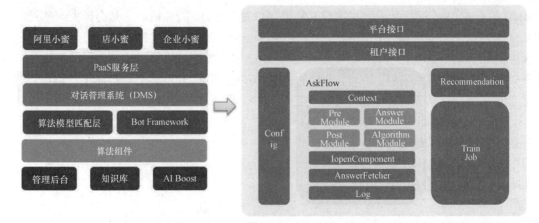

图 7-13　阿里小蜜平台后端架构体系

1. 在线客户解决方案推荐

像阿里巴巴集团这样的大型电商每天为客户提供数十万的客户服务，这些客户服务包括退款、发货查询、红包使用说明等多个话题，为了能在系统运行时在线确定符合客户需求的解决方案，阿里巴巴集团提出一个智能框架来识别客户服务场景。电子商务客服在企业盈利和客户满意度方面发挥着重要作用，与涉及大量人力的传统客服不同，使用智能客服可促进轻松的客户体验和提高效率。具体来说，先进的智能客服不仅是多渠道而且应该是全渠道，它允许组织通过统一的自助及人工服务渠道来促进有效互动。

客户服务作为业务链的重要组成部分，几家大型电商企业在多年探索基础上，制订了标准化的业务需求，使其规范化，这些要求是：① 客服解决方案应正确确定；② 客服体系应涵盖尽可能多的客服解决方案；③ 尽量减少客服对话时间；④ 使最终的客户满意度达到最大化；⑤ 客服系统应满足尽可能多的业务领域。

当一个客户投诉她购买的鞋子质量不佳时，业务方应意识到她想"退鞋"，为她提供如何退鞋的解决方案并申请退款。面对客户提出的各种问题，如果是人工确定解决方案，则灵活而人性化，但要求业务人员能处理所有类型的问题，常用的自动化机制也不够准确，阿里巴巴集团采用基于机器学习的方法，称为 ICS-Assist，以方便客服人员识别理想的解决方案。ICS-Assist 使用两阶段学习模型（粗粒度学习和细粒度学习）来识别最终用户匹配的服务场景，再根据业务人员之前构造的映射表进一步确定解决方案。在细粒度识别时使用多方面特征（如多轮对话、客户简介、员工简介、订单细节等）作为输入，采用新颖的"小组-学生"学习方案。

在数据预处理中，输入数据是由历史客户服务日志生成的，该日志包含服务会话中的客户话语和员工操作（如单击、悬停、查询等）。员工点击或搜索的服务与客户的话语配对后，形成正样本。但是一些常规服务场景数量庞大，有些场景实例用的却非常少，造成数据稀疏，难以学习一个很好的广义模型。为解决这一问题，阿里巴巴集团应用上采样的方法，将其扩大百倍，并随机选取同等数量的不相关服务场景和顾客话语对作为负样本。粗粒度学习模型主要使用简单的方法缩小候选集的范围并过滤掉不相关的场景，将排名前 K 的候选信息输入细粒度学习模型。细粒度学习模型要求的精度非常高，采用知识蒸馏的方式。知识蒸馏是将从教师模型中学到的知识进行精馏，然后迁移至学生模型以建立准确的轻量级学生模型。

第7章 商务智能案例——阿里巴巴集团

然而在实际的应用中，阿里巴巴集团的业务广泛而复杂，使用的三种常用教师网络都没有完全训练出一个高度概括的学生模型，不能在商业领域中取得与教师网络一样的效果。阿里巴巴集团探索了一种"小组–学生"的知识蒸馏方法，先对每个教师模型的设置进行微调，再将三个教师模型组合成一个可概括的小组，提炼出一个更一般化的模型，效果得到明显提升。这个系统的目的是为客服人员推荐合适的服务场景和解决方案，在阿里巴巴平台的实际应用中显示，使接受率、覆盖率、满意度、服务效率都有大幅提高。

2. AliMe Assist 智能助手

阿里巴巴集团推出 AliMe Assist 智能助手，在问答的基础上提供协助服务、客户服务和聊天服务，它能够接受语音和文本输入，结合上下文的问答，并支持多轮交互。

1）总体架构

整个系统由三个服务模块组成：助手服务（assistance service）、客户服务（customer service）、聊天服务（chatting service）。模块由一系列判别策略串联。用户输入会通过处理流程确定分配到哪个服务中。整体架构分为四层：输入层、意图分类层、组件层和知识库层。

第一层为输入层，支持多端（如手机端、pad 端、PC 端）的语音和文本输入；第二层为意图分类层，意图层决定每个问题的路径（如协助服务或客户服务）；第三层说明了用于处理问题的组件；第四层为知识库（问答对和知识图谱），从知识库中检索答案。

当用户输入问题后，问题进入商业规则解析模块。解析模块采用基于 Trie 的模式匹配。如果问题匹配了某个模式，那么将进行如下判定：如果问题是类似于订机票这样的请求任务，那么问题将会被分发给填槽模块，对用户输入的处理也只需要识别出用户需求所包含的属性，并让用户补充属性的值进行填充即可；如果问题是询问促销等情况，那么会从系统预置的解答中检索回复；如果问题请求的是人工客服，那么问题就会转给真实的客服人员；如果问题没有匹配任何模式，那么问题就会被分发给意图识别模块进行分类，再提交给基于 Trie（前缀树匹配结构，由大量的样式组成）的语义分析模块。如果语义分析模块能在问题中识别到语义标签（知识图谱中的实体），那么 AliMe 会将问题作为一个商业相关问题，使用知识图谱引擎进行检索，以检索结果补充问题的内容，并重新提交语义分析。如果这时依然无法发现任何有意义的信息，那么 AliMe 将会采取继续向用户提问的策略，直到问题可被识别，然后再提交聊天引擎，开展机器人对话。

AliMe Assist 的意图识别分为三类：（a）寻求帮助，例如"我想订一张机票"；（b）询问资料或解决方案，例如"如何找回我的密码？"；（c）聊天类，例如"我不开心"。每个类别根据支持的业务场景进一步细化。

商业规则分析模块和意图分类模块共同用于识别每个客户问题的意图。商业规则分析模块使用了频繁项挖掘和基于 Trie 的模式匹配技术，构建出数十万个模式。意图分类模块使用 CNN 构建。

2）意图识别

意图模型的输入是问题中每个单词的嵌入向量，以及从当前问题和前面的问题中识别到的语义标签（它的上下文）。词嵌入向量采用 FastText 预先训练，并在 CNN 模型中做进一步调优。

3）任务导向的协助服务

辅助服务场景助理通常需要客户提供多个属性（或槽位）的信息。例如，如果客户要订一张机票，需要向客户提供起飞时间、目的地和出发日期等信息。AliMe Assist 的解决方案是首先指定必需的信息，然后使用填槽的方法让用户输入，填充预定义槽位中的内容。槽位填充引擎主要使用了字典和模式，它可以识别 15 种类型的属性，例如，产品、位置和日期。

4）知识型客户服务

在 AliMe 的协助下，寻求信息/解决方案的客户问题尽可能地被精确解决。AliMe 使用知识图谱解决前述问题。知识图谱的构建模块是实体和关系。阿里巴巴集团首先通过使用分词、POS 和 TF-IDF 过滤从自然语言文本中抽取到的基本动词和名词，基于这些抽取信息使用互信息构建实体。然后让业务分析人员检查实体，并设计关系来构建层次结构。生成知识图片以层次结构存储在 Neo4j 中，并使用 Neo4j 作为知识的查询引擎。

语义规范化（semantic normalization）是将不同类型的表达（utterance）转换为知识图谱中的语义等价实体。在实践中，由于客户的问题是高度多样化的，因此语义规范化非常重要。AliMe 采用表达多样化和模式匹配解决了这个难题。AliME Assist 首先识别一组表达多样化的知识项，然后从客户与客服人员的历史聊天记录中找出类似的回答。相似性计算的算法基于语句嵌入设计，并使用 MapReduce 实现，用于捕获语义相似性。一旦得到了知识项与一组多样化表达间的映射关系，就可以使用频繁项抽取实体的单词模式。这些模式进而可用于基于 Trie 的语义分析模块，识别每个用户问题的语义标签。

5）聊天服务

在 AliMe Assist 中，大部分的客户问题都是与业务相关的，但也有 5%左右是与聊天相关的。为了提高用户体验，AliMe Assist 中构建了一个开放域的聊天引擎。阿里巴巴集团提出了一种混合方法，使用 Attentive Seq2Seq 模型来优化 IR 模型与 Seq2Seq 生成模型所给出的结果。AliMe Assist 在阿里巴巴集团电商平台上使用，每天为数百万客户提供服务，能解决 85%的问题。

3. AliMe KBQA

在运营过程中，除用户提出的各种无法详尽列举的问题外，业务人员也经常针对类似或重复的问题（如促销计划）进行检索，为问题定义一个通用的模式结构可以在很大程度上缓解这一问题。为应对这一挑战，阿里巴巴集团启动了知识云项目，旨在构建一个系统化的结构化知识表示，使 AliMe 能够更好地理解客户的问题，而不是简单地根据文本或语义相似度将问题与知识项进行匹配。这便是针对电子商务客户服务的结构化知识问答（AliMe KBQA）。这是 KBQA 在客户服务行业的首次尝试。

一般情况下，知识图谱以节点（实体）和连接（关系）的形式组织，定义为一个三元组。但是这种表示法在获取实用知识和问题方面是不够的。阿里巴巴集团将知识表示进行扩展：① 一个属性可以分解为子属性从而形成属性层次结构；② 除内置的值类型外，引入键值结构（key-value structure）和复合值类型（compound value type，CVT）。在本体中，属性被视为映射函数，它将类型为"类"（域）的实体映射到类型为"Value_Type"（范围）的值。当配置类的属性值时，实体将该类的属性具体化。为简单起见，阿里巴巴团队为每个 CVT 定义一个将被查询的主（回答）列，并将其他列作为条件或约束。

如果属性是复合的，则可以根据业务知识将其分解为子属性，由此产生层次结构。子属性的值可以是一个简单值（如 String 或 Integer），可以是一个文本块（字符串或分段 wiki 风格文档），可以是一个组合值。键-值结构允许根据需要分割长答案文本，使用 CVT 来描述属性的多个域可以捕获知识的多个约束。

如此设计的知识表示不仅能够捕获实例级的知识,还能够捕获类级的知识(如规则)。从知识管理的角度来看,结构化表示极大地减少了知识项的数量,方便了知识管理,提高了模型匹配性能(如果仅仅使用大量相似的问题-答案对,则模型难以区分、匹配)。

在 KBQA 方法方面,阿里巴巴集团提出了基于知识图的分段查询图和基于约束识别与绑定的多约束查询图。在 KBQA 应用中利用结构化表示知识,并使用 DL 模型(CNN、Bi-GRU、注意力机制、标签嵌入等)来执行任务。具体来说,首先通过一个基于 trie 的规则引擎从问题中识别实体,然后用特殊符号替换上述实体,最后通过定制的 DNN 分类模型将 masked 问题映射到已识别实体的候选子属性。得到的查询图有多个,阿里巴巴集团采用基于 LambdaRank 的排序模型对候选图进行排序并使用 Top-K 图的答案进行回复。

KBQA 系统首先在阿里万象(AliMe 家族的一个产品)面向天猫商家的营销推广场景中使用,模式包括 121 个属性,其中 73 个属性与 CVT 相关联,并涵盖 320 个原始问题-答案对。在 2018 年"双 11"期间,服务超过 100 万客户问题,实现 90%以上的解决率。

4. 智能客服系统中用户查询的内涵分类

用户在电商平台的输入多种多样,内涵如果仅凭查询关键词或上下文,往往不能给用户需要的反馈。例如,"如果这件外套褪色,我就会退货"是一种商品问题的内涵意图,而"这件外套褪色,我想退货"是一种商店服务的内涵意图。为解决用户输入的内涵分类,阿里巴巴集团采用了 4 个模型,这里介绍 WSM(词相似度最大化)模型。

由于标记数据的不可用性,以及内涵意图的数量较多,而 KNN(k-nearest neighbor)是一种基于实例的方法并且可解释,业务人员可以验证预测结果,阿里巴巴集团选择 KNN 作为内涵意图分类模型。同时由于跳字模型在识别单词之间的语义关系方面表现最好,WSM 采用跳字模型来估计词嵌入。在 AliMe 中,通过训练分类模型自动检测用户的查询目的意图和子意图。通过对历史用户查询的分析,阿里巴巴集团业务专家将查询分类为不同的意图和子意图,具体来说,有 6 种意向类型,分别是"商店服务""特价""商品问题""物流问题""订单和支付""聊天和互动",子意图则分为 142 个,如"物流问题"分为"免费送货""交货时间"等 17 个子意图。在实际应用中,阿里巴巴集团根据经验将 KNN 中的参数 k 设为 3,word2vec 模型中每个向量的维数设为 100。考虑到复杂度和处理速度,该模型性能足够 AliMe 平台使用。

5. 智能客服中多轮对话的对齐处理

对于客户提出的一个问题,现有的模型和知识库基本能够给出对应的回答,然而在线客服的问答很可能是多轮对话,而且在电商平台很多人使用口语,可能会使用大量简短的话语表示相同的意思,中间还可能穿插一些聊天信息,甚至拼写错误、非正式表达等,这些都使数据非常嘈杂。面对这样的问题,阿里巴巴集团设计了一种端到端的模型(RPN)来对齐问答,使用循环指针网络,一方面能够对会话上下文和不同问答之间的相互影响进行建模,另一方面以一种统一的方式解决无对齐或一对多对齐的问题。

阿里巴巴集团首先使用内部客服数据构建一个数据集,从一个人对人的客服系统中采样 10 000 个对话集,每个对话集拥有大约 6~20 个对话。为了构建提问(顾客的话语)与回答(服务人员的话语)之间的明确对齐,该团队建立一个标注网站并邀请 5 人进行标注。对于给定的服务器中的语句,他们注释相应的客户语句。如果服务器中的语句无意义,不能回答任何问题,则标注为"无对齐",另有一人检查所有的对齐标记,并删除一些不一致的情况。

将每个服务器的话语（答案）与相应客户的话语（问题）之间对齐，阿里巴巴集团将这个任务定义为一个序列多分类多标签的分类任务。基于 encoder-decoder 框架的工作和指针网络研究，阿里巴巴集团采用端到端神经网络模型对多轮会话进行建模。采用一个模型编码所有会话信息，另外两个模型分别独立编码客户和服务器的话语。

阿里巴巴集团采用指针网络作为对齐译码器。首先，根据一些明确的规则得到初始的对齐得分，然后，通过函数转换为预测对齐概率值。对齐话语的过程是为每个话语寻找"匹配的话语 id"。

模型输入的是话语序列，输出的是对齐的索引序列，训练模型采用序列对序列（Seq2Seq）学习。对于汉语的话语，用"jieba"将话语分成若干词串进行预处理，将 URL 转换成特殊标签。此模型有效地解决了问答的一致性问题。

6. 客户服务对话情感分类

不论是传统业务还是在线业务，客户服务都至关重要。在线业务中难以直接感受客户的情绪，因此客服对话挖掘成为业务智能的重要部分。电商中的对话情感挖掘不同于日常生活中的对话挖掘，如"我没看到物流信息""我上周订的"，在日常生活中被认为是中性的，但是在电商货物交付的场景下，则表达了消极情绪。因为动机是询问运输和交付缓慢的原因，而且客户询问问题或表达不满时，客服应解决问题。不同角色的动机不同，话语情绪模型也应该能根据动机确定不同的情绪。如果能够将主题语境中词汇中的"上周""仓库"等与不同角色结合起来建模，将能够提高在线客户的智能化。阿里巴巴集团提出一种主题感知的多任务学习方法（html），包括主任务和 3 个辅助任务，即通过总体主题推理、客户角色主题推理、客服角色主题推理 3 个辅助任务捕获各种信息，进而辅助主要任务。

阿里巴巴集团使用高质量的电商客服真实数据集作为语料库进行标注。主任务主要包括两个部分：BERT 话语编码和注意力机制的语境话语建模。预先训练过的 BERT 模型已被证明可以改善下游的自然语言处理任务，阿里巴巴集团将其进行微调后使用。在一段对话中，双方的情绪线索很有可能相互依赖，为了表示对话信息流，阿里巴巴集团将话语表示输入到一个 LSTM 中，LSTM 将对话上下文按顺序连接起来，使用注意力机制来计算上下文表示。三个辅助任务分别建模，因为客户与客服角色不同，所以建模中使用的特征不同。最终使用门控融合将主任务和辅助任务的话语表示组合起来，采用联合损失函数来同时优化所有的主要和辅助任务。实际结果表明此模型效果明显优于单独使用 BERT、LDA、LSTM、LDA-LSTM、LDA-BERT、CMN、ICON 等。

7. 阿里聊天机器人

阿里聊天机器人每天为数百万用户提供问答服务（主要是中文，也有一些英文），其中大多数是与业务相关的，但也有 5% 是面向聊天的（几十万个）。为了提供更好的用户体验，阿里巴巴集团构建了开放领域的 AliMe Chat（聊天机器人）。

AliMe Chat 采用的混合的方法，首先使用信息检索模型检索出一组问答对作为候选集，然后使用注意力机制的 Seq2Seq 模型将候选集重新排序：如果最高得分高于某个阈值，它将被视为答案；否则，答案将由 generation based model 提供。阿里巴巴集团使用在线客服中心近 6 个月的聊天日志（客户与员工之间的对话）作为原始数据源，将每个问题与相邻的答案配对，从而构建问答对（也有可能是相邻问题连接起来的）。检索模型的输入特征是词语，模型首先为每个输入找到最相似的问题，然后得到匹配的答案。构建过程中首先进行分词，通过将每个单词映射到包含该单词的一组问题,为问答集合建立反向索引。首先给定一个问题,阿里巴巴集团将它分割成一组词,删除停用词,用它们的同义词扩展该集合,并使用扩展后的集合回调一组问答对。然后使用 BM25 计算输入的问题与检索到的问题的相似性,并将最相似的问答对作为答案。而 generation 模型和重排模型的输入特征是词嵌入,并在这两个模型中进行微调,两者采用相同的 Seq2Seq 结构,前者计算输出而后者进行评分。为了处理不同长度的问题和答案,采用 Tensorflow 提出的桶机制。在解码阶段,使用波束搜索保留前 k 个输出序列,而不是一个贪婪搜索结果。重排名模型引用注意力机制对候选答案评分,实践证明选择均值概率性能较好。

该模型被部署在阿里巴巴集团的聊天机器人中,75%以上的问题在重新排序时的答题时间少于 150 ms,在生成时的答题时间少于 200 ms。该模型之后被整合到"阿里助手"中,不仅支持聊天,还支持客服(如退货)导购和生活帮助。

8. 电商客服聊天机器人的用户满意度预测

传统的人工客服可以直接收集用户的满意度反馈,聊天机器人通过在线平台与客户对话,可以降低成本、改善用户体验,然而不同的客户对服务质量的接受程度不同,网络上的行为习惯不同。提高客户的满意度是电商的重要业务之一,预测用户对聊天机器人服务的满意度不仅可以作为聊天机器人能力的反馈渠道,而且可以帮助平台对客服做出合适的调整。在实际应用中,如果发现用户对现有的机器人服务不满意,系统可以主动切换为人工服务,确保用户的问题得到解决。这是一个目前很少有人研究的领域:由于用户与聊天机器人交互的一段会话通常由几轮对话组成,需要对多轮对话进行建模,且需要建立不同回合的问答之间的关系;另外,对于相同服务质量的聊天,不同用户的接受程度不同,越是宽容的用户越容易感到满意,因此有必要考虑用户的偏好。

在阿里巴巴集团预测聊天机器人满意度的相关模型中,首先将会话的所有内容提取出来获取会话的整体语义表示。考虑到用户的最后一句话通常直接反映了用户的情绪(如感谢或愤怒),直接对应满意或不满意。从经验来看,聊天机器人的答案是否与用户的问题相关对满意度影响巨大。因此,该模型不仅衡量了多轮对话问答对的匹配关系,还根据用户的历史会话引入用户信息以发现用户偏好。该模型提取出的特征有 3 个部分:会话内容表征、交叉匹配分值、用户表征。会话内容表征模块获取会话的整体语义信息,它由 3 层组成。第一层使用注意力机制的 BiLSTM 将每一轮对话编码,再将问答的表征连接起来。第二层将所有的问答对输入另一个注意力机制的 BiLSTM 模型,得到会话表征。第三层则将第二层的结果与会话中该用户的最后一个问题连接起来作为会话内容表征。用户表征模块与会话内容表征模块类似,也是采用注意力机制的 BiLSTM 模型,数据来自该用户之前的 m 个会话和他/她之前的所有问题。该模型 2019 年在 AliMe 上使用以预测用户满意度,之后阿里巴巴团队也探索模型的变体以提升性能。

9. 客服语音对话总结和主题建模

在客服中,为了提高服务效率,需要对客服对话创建摘要,人工创建摘要耗时耗力,系统自动对对话创建摘要存在语言噪声、聊天信息等多种困难,像阿里巴巴集团这样的电商平台,客服面向特定主题,因此开发面向特定主题的长对话创建摘要。对话总结是一项旨在浓缩对话同时保留重要信息的任务,通过自动创建简洁的摘要来避免耗时的对话阅读和理解,从而可以提高服务效率。然而口语对话往往不是结构良好的句子,闲聊以及转录错误大量存在，如果采用常用的将所有对话点串起来再总结的方式，从统计上难以区分有用和无用的内容，也不合适高效的即时在线客服。而客服对话中，参与的角色是稳定的：客户通常有明确的动机和目标来提出特定的问题，由客服人员提供解决方案。

阿里巴巴集团提出一种全新的两阶段神经模型（two-stage dialogue summarizer，TDS），TDS 模型架构图如图 7-14 所示。首先，为了从公共用语和对话噪声中区分潜在的客服有效信息，阿里巴巴集团引入 SATM（saliency-aware topic model）模型，该模型将主题分为信息性主题和其他主题两组。其次，为了捕获角色信息并从对话中提取语义主题，分别对客户话语、客服话语和整体对话进行多角色主题建模。

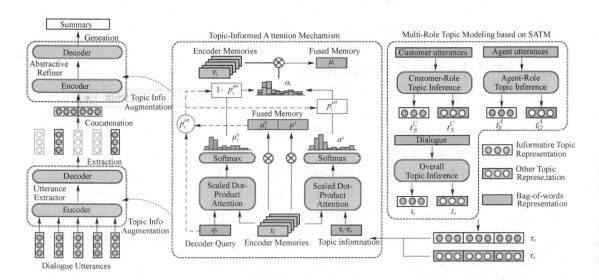

图 7-14 TDS 模型架构图

7.3.5 PAI-studio 可视化建模

一般用户对算法模型并不了解，然而他们也同样有算法建模的需求，阿里巴巴集团提供了可视化界面，提供零代码、零编程也可使用的人工智能服务。PAI-Studio 提供可视化的机器学习实验开发环境，实现零代码开发人工智能服务；同时，系统提供丰富且成熟的机器学习算法，覆盖商品推荐、金融风控及广告预测等场景，可以满足用户不同方向的业务需求。

PAI-Studio 支持使用模板或手动创建实验。通过模板可以快速创建实验，运行成功后，直接进行模型部署。手动创建实验时，系统提供百余种算法组件，并支持接入 MaxCompute 表数据或 OSS 数据等多种数据源。进行模型训练时，系统支持 AutoML 自动调参及导出 PMML（predictive model markup language），辅助用户获得最佳模型。PAI-Studio 提供的算法组件包括：传统机器学习组件（包括数据预处理、特征工程、统计分析、时间序列、文本分析及网络分析等算法组件）和深度学习框架组件（包括 TensorFlow、Caffe、MXNet 及 PyTorch 等深度学习框架）。使用 PAI 可视化首先需要身份认证，得到授权之后，经过创建项目、准备数据、数据预处理，以逻辑回归二分类为例建模过程如下：

（1）登录 PAI 控制台。

（2）在左侧导航栏，选择“模型开发和训练”→“Studio–可视化建模”。

（3）在“PAI 可视化建模”页面（如图 7–15 所示），单击“进入机器学习”。

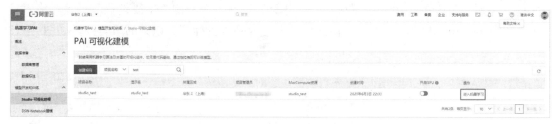

图 7–15　PAI 可视化建模界面

（4）在左侧菜单栏，单击“组件”。

（5）在组件列表，将“统计分析”下的“全表统计”组件拖入画布，并与数据预处理中的组件拼接为实验，如图 7–16 所示。

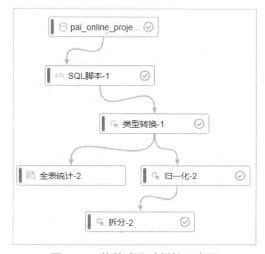

图 7–16　拖拽式实验拼接示意图

（6）右键单击画布中的“全表统计”组件，在快捷菜单中，单击“执行该节点”。

（7）实验运行结束后，右键单击画布中的“全表统计”组件，在快捷菜单，单击“查看数据”，可以查看数据的全表统计信息，如图 7–17 所示。

	colname	datatype	totalcount	count	missingcount	nancount	positiveinfinitycount	negativeinfinitycount	min	max	m
1	age	double	303	303	0	0	0	0	29	77	5
2	ca	double	303	303	0	0	0	0	0	3	0.
3	chol	double	303	303	0	0	0	0	126	564	2
4	cp	double	303	303	0	0	0	0	0	2	1.
5	exang	double	303	303	0	0	0	0	0	1	0.
6	fbs	double	303	303	0	0	0	0	0	1	0.
7	ifhealth	double	303	303	0	0	0	0	0	1	0.
8	oldpeak	double	303	303	0	0	0	0	0	6.2	1.
9	restecg	double	303	303	0	0	0	0	0	2	0.
10	sex	double	303	303	0	0	0	0	0	1	0.
11	slop	double	303	303	0	0	0	0	0	2	0.
12	thal	double	303	303	0	0	0	0	0	2	0.
13	thalach	double	303	303	0	0	0	0	71	202	1
14	trestbps	double	303	303	0	0	0	0	94	200	1

图 7–17　全表数据示意图

（8）以逻辑回归二分类为例，首先，在左侧菜单栏，单击"组件"。在组件列表，选择"机器学习"→"二分类"，将"逻辑回归二分类"组件拖入画布，并与数据可视化中的组件拼接为实验。然后，单击画布中的"逻辑回归二分类"组件，在右侧"字段设置"页签，将"目标列"设置为"ifhealth"，将"训练特征列"设置为除"目标列"以外的所有列，如图 7-18 所示。

图 7-18　组件设置界面示意图

（9）右键单击画布中的"逻辑回归二分类"组件，在快捷菜单，单击"执行该节点"。之后模型的评估操作同样采用类似拖拽式方式即可。

7.4　阿里巴巴集团的发展现状

经过多年的发展，截至 2020 年 9 月 30 日，阿里巴巴集团员工已从创立之初的 18 人发展至 12 万人，合并高鑫零售之后，截至 2020 年 12 月 31 日，阿里巴巴集团员工总人数为 25 万人。2003 年，GMV 为 0.227 1 亿元，整个 2020 财年，阿里巴巴集团营业收为人民币 5 097.11 亿元（约合 719.85 亿美元），阿里巴巴集团数字经济体的商品交易额（GMV）为 7.053 万亿元人民币（约 1 万亿美元）。

第 8 章
相关法规与商务智能发展的趋势

8.1 商务智能的相关法规

现代商务智能不仅给高层管理者提供决策建议,也给中层管理者和业务人员提供支持,不可避免地需要使用算法来处理用户的个人信息。但是个人信息的无节制使用可能侵犯用户的个人隐私,某些算法也导致"杀熟"等从而侵犯消费者利益。面对不断发展的新技术,多国都采取了一定的措施来进行数据保护。

8.1.1 国际上关于数据保护的规范

国际上关于数据保护的立法模式主要有两种:一是统一立法模式,以欧盟为主要代表,通过专门制定统一的个人信息保护法进行规范。二是分散立法模式,以美国为主要代表,根据各个领域的特点制定针对性的法律进行规范。

国际上关于数据保护的规范包括:欧盟发布的《网络和信息系统安全指令》(NIS 指令)、《通用数据保护条例》(GDPR),英国于 2018 年发布的《2018 数据保护法案》(DPA)代替《1988 数据保护备忘录》;此外,英国数字、文化、媒体和体育部门于 2018 年 8 月发布的《道德数据框架》也覆盖部分技术研发领域。在海量数据的收集中,用户个人隐私安全的保障尤为重要。除《2018 数据保护法案》外,2018 年,英国数字、文化、传媒和体育部(DCMS)与英国国家网络安全中心(NCSC)联合制定了《消费类物联网设备安全行为准则》。

欧盟的《通用数据保护条例》(GDPR)为保护个人数据安全提供了高标准的立法保障。从用户的角度来看,GDPR 扩大了个人数据的范围,在 GDPR 中,用户个人的 IP 地址、Cookie 等与其他的机密数据处于相同的保护等级。用户同意是数据处理的合法基础,其适用对象不仅包括企业,也包括任何个人、机构,还涵盖政府部门、公共机构、司法机构以及其他实体。"被遗忘权""数据可携权"是 GDPR 最新引入的两项权利,如 GDPR 第 20 条规定,"技术可行下,数据主体有权将个人数据转移"。

此外，GDPR 要求企业引入数据控制员、数据处理员以及数据保护员并进行了权利配置。即便数据是交给合作伙伴处理的，数据处理员仍将为该组织违规行为负责。如果某些核心环节涉及处理或存储大量的欧盟公民数据，或者涉及处理或存储特殊类型的个人数据，则企业必须指定数据保护员。数据保护员的职责之一是依据有关数据保护法律，进行隐私评估以确保符合相关安全规定。GDPR 中非常具有约束力的一点是，将最高罚金提高到 2 000 万欧元，或者占其全球营业额的 4%——以较大金额为准。

对于金融等商务分析的应用领域，由于算法及用户个人数据的使用直接关系到用户的收益或亏损，在这样的领域发布了一些专门的规定，如《欧盟机器人民事法律规则》提出，金融投资顾问机器人运营者适用过错责任而不适用严格责任，但要求他们强制性购买保险以保障其赔付能力，并且设立赔偿基金，用于覆盖强制保险不能够覆盖的损失。

个人数据的使用可能会与消费者和员工的隐私预期发生冲突，给个人、团体和社会带来复杂的挑战。英国的《2018 数据保护法案》（DPA）在 GDPR 的基础上又补充了一些规定，进一步强化了个人数据的保护。例如，在采集数据时，用户的同意或授权许可必须"明确且易于撤销"；再如，用户向数据控制者获取数据必须简单易行且不得收费。另外，GDPR 和 DPA 规定，在每种设备和服务中，设备制造商和物联网服务提供商都负有向消费者提供清晰、透明的信息的义务并应说明其数据使用方式、使用人与使用目的。

《数据道德框架》表述了企业及从业人员在生成、分析和传播数据时应进行数据道德或数据伦理方面的价值判断。《数据道德框架》可以使决策层或运营专业人员认识到道德对于科学的限制；数据从业者必须确保他们在设计数据方法时考虑了道德因素；信息技术提供商则应根据科学项目的道德期望适当地制定产品。他们还建议数据类科学家应该签署类似于希波克拉底誓言的道德协议。一些民间组织如国际计算机学会制订了道德行为准则，并主张技术上的道德意味着采取合理措施，以最大限度减少软件对个人、社会和环境造成的伤害。

GDPR 引发"购买欧洲"效应，许多公司采用简单的方式来遵循法律，为避免出现复杂的法律程序，许多公司更加谨慎地使用非欧洲数字服务提供商（如云存储）。使用符合同一条例的欧盟产品，公司可以减少检查细节的工作量，至少在重要功能上，避免使用非欧盟数字服务提供商，否则无法保证符合数据保护的要求。

德国也建立了专门的数据保护机构，在数据保护方面的花费比其他欧盟国家都多。德国对隐私的关注度相对较高，但隐私问题受到文化因素的影响，并且在不同国家存在很大差异，即便是解读和执行 GDPR 的方式，在欧洲各国也存在一定程度的差异。

美国个人信息保护立法体系主要由 1974 年通过的《隐私法》以及一些特殊领域一系列的专门法所构成。《隐私法》是美国个人隐私权利保障的基本法，主要规范美国联邦政府遵循一定的程序与规则对个人信息进行处理，该法主要对信息收集、处理、利用的过程进行统一细致的规定，确定了隐私权作为基本人权对个人信息的安全进行保障。除此之外，社会上存在某些特殊的领域，其对个人信息权利的侵害尤其严重，并且信息主体的权益需要法律特别保护。美国针对这些特殊的领域制定了专门的法律，采取分散立法的形式对其权利进行保护，如关于儿童信息的《儿童网上隐私法》、电子通信领域的《电子通信隐私法》等。

美国在没有制定专门立法的领域采取行业自律机制，通过民间组织为主导来制定行业组织内部规范，要求行业内部遵守行业制定的规定进行自我约束，促进个人信息的流通同时对其进行保护。这是美国对个人信息进行保护特有的模式。

8.1.2　算法及应用环境的潜在风险

尽管人们关注个人隐私，但有研究表明，更多人因为便利性会让渡个人信息。企业之所以选择不遵守法规，不仅因为执法不严，还因为对符合法规或"数据保护友好型"产品的需求有限。在 B2C 方面，受访者认为，在实践中，大多数终端用户看重的是功能和便利性，而不是数据保护，并且缺乏对隐私是如何受到侵犯或保护的理解。这限制了作为卖点的数据保护的产品应用。例如，有一家社交网站为了应对监管压力和几起丑闻，曾积极试图标榜自己为"隐私友好型"，但发现用户并不认为这是一种有竞争力的差异化，尤其是在它导致功能受损的情况下。

目前，我国电商行业有些大企业提出自律、行业规范或建议，但法律界更多关注的还是金融、生命责任等问题。例如，算法给出了投资建议，一旦出现的后果如亏损等，由谁来负责；再如，自动驾驶风头正劲，一旦出现交通事故，由谁负责、如何负责等。以智能投资顾问为例，用算法来评价成千上万的场景并进行商务分析，以构建一个基于用户个体当前的资产、投资眼光和风险承受能力的组合。然而，即便是最成熟的机器人顾问，能够根据投资者的具体信息提供完全个性化的建议，通常也会为投资者提供比传统投资顾问更狭窄的投资选择范围，通常会限制投资者选择成本低的基金。机器人给出的建议是利用事先设计的算法，根据投资者对有关背景、风险承受能力和目标的初始问题的回应，推荐投资组合供用户选择。机器人顾问的支持者认为，计算机生成的建议不像人类顾问那样存在利益冲突或行为偏差，但也有人指出，算法带来了与机器人顾问相关的最大风险（算法的缺陷可能是最大风险，其次是不当销售和隐私及数据保护问题）。有人认为金融中的不确定性和风险永远不能被完美地建模、减少或消除。尽管新的金融技术和人工智能商务分析取得了诸多进步，但在这个充满不确定性和随机的人类参与者的世界里，没有哪台机器能完美地预测金融未来和经济风险。目前有行业专家建议对算法进行强有力的尽职调查和监督。

现在的商务分析用到的人工智能开放平台也存在一定的风险。在人工智能领域，为了便于交流和分享，往往会由学术机构或产业巨头主导形成一些通用的开放规范或标准，并在此规范基础上共享和开源相关成果及资源，称之为人工智能开放平台。BSD 是 Berkeley software distribution（伯克利软件套件）的缩写，BSD 给予使用者很大的自由，允许使用者修改和重新发布代码，也允许使用者在 BSD 代码上开发商业软件和销售。ASL（Apache software licence）是著名的非营利开源组织 Apache 采用的协议。该协议和 BSD 类似，鼓励代码共享和尊重原作者的著作权，允许代码修改并再发布，不同的是，每一个修改后的代码必须放置版权说明。GPL 协议允许开源代码免费使用，修改后的代码也可免费使用，但不允许修改后和衍生的代码作为闭源的商业软件发布和销售。

谷歌为了安卓系统的商业化，选择了 Apache 协议，允许谷歌不完全开源安卓系统，AI 开源平台里最流行的 Tensorflow 框架也是谷歌开发的，也选择 Apache 协议，因此 Tensorflow 的话语权实质上也被谷歌所掌握。主导方实质上对平台有很强的掌控权利，一旦发生商业策略变化或者商业纷争，主导方有可能修改规则或关闭平台，从而对相关的产业链造成重大影响。GitHub 的统计显示，Tensorflow 的流行度现已遥遥领先其他的深度学习框架。如果主导方修改规则或关闭平台,采用这些框架的商务分析平台会发生相应变动,变动可能会给用户带来的影响已经引起部分学者的关注。

8.1.3 我国数据保护的相关法律、法规

一些学者认为个人信息是可以识别本人信息的组合,不仅包括个人的生理、心理、智力,还包括个人基本信息、兴趣、偏好、习惯、家庭等众多方面。在进行电子商务交易过程中,消费者个人信息被描述为以下几类:消费者个人的基本信息,如性别、收货地址、联系电话等;网络活动中的个人信息,如浏览记录、浏览时间、点击记录、下单时间等;网络中存储的个人信息,如注册信息、用户标签等。在电商平台飞速发展与大数据算法日臻成熟的背景下,消费者的个人信息、浏览记录、偏好等往往成为大数据分析的依据,而传统的法律体系难以进行有效规制。

就消费者个人而言,为了享受电商平台提供的便捷服务,往往会让渡必要的信息。电商平台还可以通过要求消费者登录来获取信息,或者可以与其他服务建立伙伴关系以访问或交换用户信息,有些 App 甚至要求消费者同意电商平台能够获取手机短信、相册等授权才能提供服务。电商平台利用自己所掌握的消费者的大量数据,通过大数据分析,进行精准定位,算出消费者能够忍受的最高价款。最高价款与应当提供的价款的差额,一方面弥补初期对该消费者的优惠,另一方面给其他新用户提供优惠,从而吸纳更多用户。

在平台经济下,互联网平台的性质仍属于居间人,但是与传统意义上的居间人差异巨大。平台并非完全中立的立场,匹配的信息、推送的信息未必是完全满足消费者需求的顺序,内容也是优先平台的利益,甚至对定价有决定权。在信息安全治理上,很多专家认为不要给平台增加过多的责任,但根据自古以来的社会治理规律来看,信息技术越发达,社会信息获取的成本越低,就应该让获取信息成本最低的一方承担社会治理责任,由此,应该让平台承担相应的责任,或者国家对平台进行一定程度的监管,以保证最低限度的信息安全,这样才能保障平台和电子商务产业有更好的发展空间。

在中国的法律体系中,并不缺乏关于个人信息保护的相关立法。2012 年全国人大常委会制定的《关于加强网络信息保护的决定》,2016 年的《网络安全法》,2017 年的《民法总则》,2019 年的《电子商务法》,2021 年 1 月 1 日起施行的《民法典》都有涉及个人信息保护的法律规则。在司法解释的层面上,最高人民法院与最高人民检察院在 2017 年联合发布的《关于办理侵犯公民个人信息刑事案件适用法律若干问题的解释》有专门涉及个人信息保护的条文。在其他社会规范的层面上,国家标准委员会在 2017 年正式发布了《信息安全技术以及个人信息安全规范》的国家标准。但目前存在的问题是,我国既有的个人信息保护立法存在严重的碎片化,同时缺乏实际的可操作性。虽然看上去很多立法都涉及个人信息保护,但往往流于原则宣示,或局限于针对某一特定领域或方面的问题做出规定。由此导致规则之间的不协调,违反规则的责任主体、责任形态含糊不清。

2015 年 7 月,阿里云与英特尔、浪潮、用友、新奥特、数梦工厂等企业发起"数据保护倡议",也是首个行业自律条款,其中提到,"任何运行在云计算平台上的开发者、公司、政府、社会机构的数据,所有权绝对属于用户"。然而具体落实问题上却不尽如人意,我国出现大量企业管理人员出卖个人信息的安全事件。例如,企业员工通过网络购买、相互交易的方

式获取他人个人信息。

《消费者权益保护法》里消费者有知情权、公平交易权和自由选择权。然而在网络上的实际消费中，消费者并不清楚自己哪些权利受到了侵犯，例如，根据用户个人信息、历史消费记录以及浏览记录的分析，平台可能制定"千人千面"的价格，有人称之为"杀熟"。被"杀熟"后，消费者无法了解同一商品面向全部消费者的价格，无法判断自己多支付的价格。《消费者权益保护法》里后悔权的应用期限是 7 天，大数据"杀熟"的消费者往往很难在 7 天内发现并采取措施。

2016 年 11 月出台的《网络安全法》规定，网络运营商应当建立健全用户信息保护制度，收集、使用个人信息必须符合合法、正当、必要的原则，目的明确的原则，知情同意的原则等，同时还规定了网络运营商应遵守对收集信息的安全保密原则、公民信息境内存放原则、泄露报告制度等。《网络安全法》规定，公民发现网络运营者违反法律、行政法规的规定或者双方的约定收集、使用其个人信息的，有权要求网络运营者删除其个人信息；发现网络运营者收集、存储的其个人信息有错误的，有权要求网络运营者予以更正。通过引入了删除权和更正制度，进一步提高了个人对隐私信息的管控程度。《网络安全法》明确了对侵害公民个人信息行为的惩处措施。网络运营者、网络产品或服务提供者以及关键信息基础设施运营者如未能依法保护公民个人信息，最高可被处以 50 万元罚款，甚至面临停业整顿、关闭网站、撤销相关业务许可或吊销营业执照的处罚，直接负责的主管人员和其他直接责任人员也会被处以最高 10 万元的罚款。

2017 年，国务院印发的《新一代人工智能发展规划的通知》对人工智能伦理和法律框架的建立与时间表提出了具体要求。《新一代人工智能发展规划的通知》提出，要加强人工智能相关法律、伦理和社会问题的研究，建立保障人工智能健康发展的法律法规和伦理道德框架；开展与人工智能应用相关的民事与刑事责任确认、隐私和产权保护、信息安全利用等法律问题研究，建立追溯和问责制度，明确人工智能法律主体以及相关权利、义务和责任等；到 2030 年建成更加完善的人工智能法律法规、伦理规范和政策体系。

2020 年发布的《法治社会建设实施纲要（2020—2025 年）》已提出研究制定个人信息保护法相关法律，健全互联网技术、商业模式、大数据等创新成果的知识产权保护方面的法律法规。

2021 年 8 月 20 日，十三届全国人大常委会第三十次会议表决通过《中华人民共和国个人信息保护法》自 2021 年 11 月 1 日起施行。这是为了保护个人信息权益，规范个人信息处理活动，促进个人信息利用，根据宪法制定的法规。

8.2 商务智能与商务分析

8.2.1 商务智能的研究内容

近十几年来商务环境的快速变化使商务智能的关注点也发生转变，电子商务的蔓延、电子化的社交和购物等生活方式使数据分析能够应用于各行各业。通过对数据的统计、计算进行业务洞察，已经不再局限于报表、预测和预报、下钻、仪表板等传统形式。商务智能已经是结合架构、工具、数据库、分析工具、应用和方法的涵盖性术语。商务智能的主要目标是实现对数据的交互访问，从而实现对数据的操纵，并使管理人员和分析师能够进行适当的商务分析，以便决策者获得有价值的洞察，使他们能够做出更明智和更好的决策。

2000 年之前，对更多功能报告的需求导致了一种专门为高管及其决策需求而设计和开发的决策支持系统的出现。这些系统被设计成图形化的仪表板和计分卡，这样它们既可以作为视觉上吸引人的显示，又可以专注于决策者要跟踪的最重要的因素——关键绩效指标。为了使这种高度通用的报告成为可能，同时保持业务信息系统的事务完整性完好无损，人们必须创建一个中间数据层，作为专门支持业务报告和决策的存储库。这个层称为数据仓库（data warehouse，DW）。在很短的时间内，大多数大中型企业都采用了数据仓库作为企业决策的平台。仪表板和计分卡从数据仓库获取数据，这样做并不会妨碍业务交易系统的效率。

随着数据仓库中积累的纵向数据量的增加，决策者更多、更高的需求也要求软件、硬件处理能力的提升。作为全球化竞争市场的需要，决策者需要以一种非常容易理解的形式来处理商业问题，也需要及时利用关于市场机会的最新信息。由于数据仓库中的数据是定期更新的，所以它不能反映最新的信息。为了缓解这种情况，数据仓库供应商开发了更频繁地更新数据的系统，这导致了术语"实时数据仓库"的出现，或者更现实的说法是"正确时间数据仓库"，它与前者的不同之处在于采用了基于数据项所需新鲜度的数据刷新策略（例如，并非所有数据项都需要实时刷新）。由于数据仓库中收集的数据非常庞大且功能丰富，数据挖掘和文本挖掘等新兴的计算趋势变得非常流行，即"挖掘"企业数据，以"发现"新的有用的知识块，以改进业务流程和实践。随着数据的数量和种类的增加，对更多存储和处理能力的需求出现了。不少大公司投入大量资源解决这个问题，而中小型公司则寻找财务上更易于实现的模式。这种需求导致了面向服务的体系结构以及 SaaS 的软件和基础设施。这样一来，小公司就可以根据需要获得分析功能，并且只支付它们所使用的服务，而不是投资于财务上令人望而却步的硬件和软件资源。

在 21 世纪初，人们已经看到数据捕获和使用方式的又一次范式转变。由于互联网的广泛使用，新的数据生成媒体应运而生。在所有新的数据源中（如 RFID 标签、数字电表、点击流 Web 日志、智能家居设备和可穿戴健康设备等），也许最有趣和最有挑战性的是社交网络/媒体数据。尽管这种非结构化数据源具有丰富的信息内容，但从软件和硬件的角度来看，它的分析对计算系统构成了重大挑战。各种硬件（如具有非常大的计算内存的大规模并行处理和高度并行的多处理器计算系统）和软件/算法（如 Hadoop、MapReduce 和 NoSQL）被开发出来以应对这种挑战。分析领域新范式转变之间的时间间隔已经缩短，在可预见的未来，这种趋势还将继续。到时用什么新术语来命名新范式的商务智能/商务分析，人们很难预测。本书聚焦于商务智能分析已经出现的和可预见的趋势。

描述性分析、预测分析和规范性分析是商务分析的三个层次，三种分析可能同时存在于单个项目的运营之中。图 8-1 描述了以价值主张和计算复杂度为特征的商务智能分析描述。

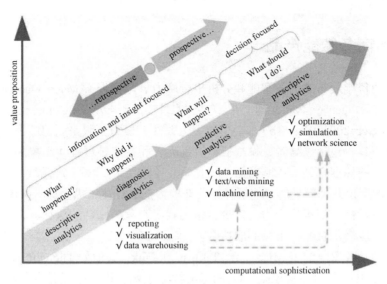

图 8-1 以价值主张和计算复杂度为特征的商务分析

描述性分析和诊断分析被称为传统商务智能,预测分析和规范性分析也被称为高级分析。预测本质上是对某些变量(如顾客需求、利率、股票市场波动等)未来价值做出智能/科学估计的过程。规范性分析使用优化、模拟和基于启发式的决策建模技术,它们不仅被用于一些非常具体的问题类型,如收益/收益管理、运输建模、调度等,还被用于更广泛的业务问题。数据的质量和数量(数量和表现的丰富性),数据管理系统的准确性、完整性与及时性,在分析过程中使用的分析工具和程序的能力和复杂度,这些因素组合起来决定了商务智能分析系统的有效性。

今天的商务智能/商务分析不仅是收集和分析数据的方法,而是已经被大量决策者接受,大量决策者愿意让数据指导或辅助公司业务的决策过程。各种规模的组织都在使用分析来支持业务核心功能,如市场营销、商品推销、销售和风险管理。从银行业到制造业,从零售业到医疗保健业,数据分析被用于突破性发现、提供更好的服务并丰富客户体验。许多公司正在使用分析来获得各种业务利益,包括新的收入机会,改进的运营效率,更好的客户服务,更有效的营销和竞争优势。

贝宝正在使用预测分析来保护其用户免受欺诈,并在欺诈交易被处理之前停止交易。医疗保健行业已经使用商务智能分析来快速处理大量信息,更快地提供挽救生命的诊断或治疗选择。它还被用于改善病人护理和提前识别潜在的健康风险。银行和其他企业使用商务智能分析来根据信用风险、使用情况和其他特征对客户进行分类和细分,并使用算法将客户特征与适当的产品匹配。一位正在考虑投资一条新航线的航空公司经理使用分析工具来预测目的地未来的旅行需求。运营分析可以检查产品成本、质量控制和生产线资源的吞吐量。优化生产和工作计划已经进行了多年。计分卡和关键绩效指标是常用的分析方法。营销团队使用预测分析来为销售打先锋。今天的商业世界由非常复杂的系统组成,这些系统在我们的日常生活、科学和经济中扮演着重要的角色。因此,理解这些复杂的系统,用数学描述它们,使用它们进行预测,并最终控制它们是 21 世纪的主要智力和科学挑战。

8.2.2 著名商务智能产品

高德纳公司每年发布的商务智能和分析平台魔力象限报告(《Magic Quadrant for Analytics and Business Intelligence Platforms》，详见网址：https://www.gartner.com/doc/reprints?id=1-1YOXON7Q& ct=200330&st=sb)都会引起很大关注。魔力象限是高德纳公司用于分析行业内厂商的一个工具，包括领导者、挑战值、有远见者和特定领域者 4 个象限，依据高德纳公司预先定义的一些标准来划分；横坐标"前瞻性"，包括市场理解、产品战略、营销战略、商业模式、产品的定位和创新性等，能解释企业在业内的领先度；纵坐标"执行力"，包括产品与服务的整体可行性、销售执行力与定价、市场状况、营销团队的执行、客户体验以及公司的整体运营等，能揭示企业在市场的成功度。

一直处于领导者象限的有 Microsoft、Tableau 和 Qlik，其他如 ThoughtSpot 从特定领域者经由有远见者象限进入领导者象限，Oracle 由特定领域者进入有远见者象限。Salesforce、Sisene、SAS 与 SAP 一直在有远见者象限。IBM 则从有远见者退入特定领域者象限。MicroStrategy 则在有远见者和挑战者象限之间徘徊。2020 年阿里云的产品 Quick BI 入选特定领域者象限。

8.2.3 数据分析文化与数据素养

近年来，大数据与商务智能分析引起人们相当多的关注，虽然将其合并到企业的决策过程具有挑战性，但是预期的利益也是不言自明。不少企业不仅在数据、算法等技术上采用商务智能和分析，也在组织、信息管理等层面采用适应的方式。

数据素养，也就是阅读、处理、分析数据以及与数据争论的能力，在分析经济中变得越来越重要。在 2017 年高德纳公司就预测，80%的公司将致力于提高员工的数据素养。为了实现这一改变，领先的软件公司开始提供这类程序，一些组织也采取相应措施来提高数据素养。阿里巴巴集团提供的面向各行各业的商务智能产品 Quick BI，在不断更新过程中曾提出"降低技术要求，人人都是分析师，让数据为业务创造更多价值"。

关于商务智能分析的未来研究，有学者划分为三种类型，即工具、实施、组织影响，组织影响包括企业数据分析文化。跟踪商业分析项目的数据，监控结果，并持续改进和扩大分析的使用，分析已经成为每个管理者工作的一部分。例如，在联合利华，财务职能部门创建了一个数据仪表盘，它利用从社交媒体到市场研究机构等多种数据来源，提供一组全球相关、一致和有形的 KPI。关键的是，它们可以与损益表和现金流联系起来。

在已建立起商务智能分析文化的企业中，也出现了许多有趣和创新的用途。一个特别有趣的例子是亚太地区最大的无酒精瓶装饮料装瓶商和分销商（Coca-Cola Amatil）的员工开发了 Trax 零售执行应用程序。Coca-Cola Amatil 的销售代表使用 Trax 零售执行基于图像的技术，用他们的移动设备拍摄商店货架的照片，这些图像被发送到 Trax 云并进行分析，几分钟内，可操作的报告会返回给销售代表，同时管理层也能获取更详细的在线评估。

发展一种有效的数字文化，可能是一个组织在其数字化转型中迈出的第一步。数据素养、数字道德、隐私、企业和供应商的数据计划都包含了"数字文化"。数据素养不仅会成为一项业务技能，而且会成为一项关键的生活技能，从而影响到所有员工。由于担心人工智能、数字社会的隐私等问题，个人、社会和政府对数字道德越来越感兴趣。

8.3　用户端发展趋势

商务环境总是在动态变化，这种变化要求企业的商务智能进行重新配置，这制约着信息管理能力和组织能力。从这个角度出发，信息管理能力和组织能力被认为是商务智能的实现条件。组织能力决定了信息管理能力和商务智能的实现，这似乎是中小企业实现商务智能的首要前提，它整合了公司的资源和洞察力。新的变化要求新的决策，而商务智能是一种综合的决策辅助，新的决策为商务智能提供了新的创新。不断变化的现象迫使中小企业考虑新的商业决策。此外，新的决策要求中小企业有针对性地形成商务智能。因此，信息管理和决策就成为适应变化的必要条件。可以预期，使用商务智能和分析技术以可接受的可靠性水平来预测未来的企业将迅速增多。数据分析也有望成为所有类型专业人士的关键核心能力。

就人们对技术、产品的接受程度而言，感知易用性、感知有用性以及对使用的态度是关键的因素。商务智能的应用可以使用技术接受模型，感知有用性和感知易用性这两个主要因素也会对用户的态度产生相当大的影响。虽然有多位学者根据不同行业、不同应用进行改进，考虑用户培训、系统特征、用户参与设计、实现过程等，从而提出扩展的模型。但是感知易用性、感知有用性、对使用的态度一直是大公司将产品推向社会的关键考虑因素。要使大量用户感知到易用、有用，必然符合用户的生活方式或趋势。有关研究显示，虽然商务智能发展的趋势略有变化，不同公司、学者也有自己的预测，但是移动商务智能、自助商务智能、随处分析、讲故事产品等仍是近几年的趋势。

8.3.1　移动商务智能

随着手机的广泛使用，人们的搜索、购物、交流更多地在移动端进行，视频和照片数据大幅增长——手机都配备了能够收集各种数据的传感器。世界上大约有超过 500 亿台智能连接设备，社交网络上发布的信息、更新和图片都导致了数据爆炸。同样，越来越多的公司开始从客户那里收集数据。沃尔玛每小时从其客户交易中收集超过 2.5 PB 字节的数据。移动商务智能的渗透率仍在增长，在当今竞争激烈的市场中，全天候访问、编辑和发送数据的可能性至关重要。

商务智能分析领域有部分供应商试图将移动解决方案推向市场，最初试图复制桌面体验，但不太成功。因为很多人希望在手机上获得不同于笔记本电脑或台式机的体验，所以供应商重新设计和定义数据分析在移动电话和桌面电脑上的表现。商务智能公司重新定义整个交付界面，以解决诸如小屏幕尺寸和用户界面设计等问题，例如，甲骨文公司已经致力于在移动设备上提供更好的分析方法。

微软公司的商务智能领先产品"Power BI"，提供 Windows、iOS 和 Android 版移动商务智能应用，用户可以在任意设备上安全访问和查看实时"Power BI"仪表板及报表。用户可以直接从手机上监视业务，可以访问存储在 SQL Server 的本地数据或云端数据。通过"Power

BI"移动版的应用，可以随时随地360°洞察数据，保持掌控KPI和报表，此外，powerBI还可以使用触摸屏批注报表。微软公司移动商务智能交互示意图如图8-2所示。

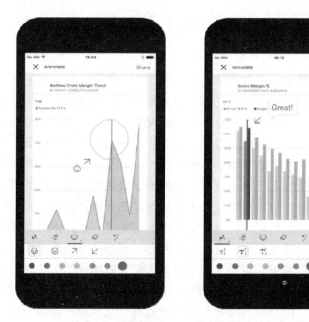

图8-2　微软公司移动商务智能交互示意图

商务智能领域另一知名公司Tableau的移动商务智能，能够使用户针对最重要的KPI，更便捷地获取经过整理的一致视图。只需单击，即可从任意Tableau仪表板创建指标，并直接在手机上跨多个仪表板查看指标。Tableau公司手机端定制化的数据标题示意图如图8-3所示。

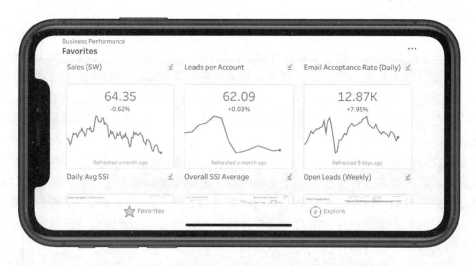

图8-3　Tableau公司手机端定制化的数据标题示意图

8.3.2 自助商务智能

高德纳公司在 2015 年的一项研究中指出,商务智能的关注点从 IT 主导的报告转向了业务主导的自助分析。根据这项研究,许多公司已经用更敏捷的解决方案来增强它们的传统商务智能平台,以改善它们的核心运营或推出全新的商业模式。创新公司采用的现代商务智能平台旨在通过自助服务功能,如易用性、敏捷性和灵活性,实现分析的普遍应用。

业务人员、经理、分析师和知识工作者如何获得数据以及得到决策支持,业界已经有了较为成熟的方法。自助服务是消除问题、及时洞察、制定决策的关键组件,通过将数据发送到合适的人手中,还可以降低报告、分析和指标驱动管理的成本,已经有学者提出了所需的步骤、路线图和最佳实践的解释。

自助商务智能面向的是不具备 IT 背景的业务分析人员,这在一定程度上摆脱了对 IT 部门的大幅度依赖。不同于以往"IT 主导的报表模式",转而向"业务主导的自助分析模式发展"。自助商务智能提供便于交互分析的可视化界面,并且前期建模、数据采集和准备、分析内容、分析结果、洞察传递都可以自助实现。目前的自助式商务智能工具,已经将维度的选择集成到控件组件的拖选操作,自动建模技术避免了手动建立数据模型。从而使数据的交互、解释和理解发现变得更加容易。

Gartner 公司的报告 2020 Gartner Magic Quadrant for Analytics and BI Platforms 显示,现代分析和商务智能平台的特点是易于使用,支持从数据准备到可视化探索和生成洞察力的完整分析功能,并强调自助服务和增强功能。用户可以轻松地访问高级分析功能,高级分析功能可以包含在现代分析与商务智能平台中,也可以通过导入和集成外部开发的模型来使用。

以市场营销为例,营销人员不再凭直觉行事,而是要求数据驱动。在传统商务智能平台下,营销人员只会查看带有过去几个月数据的预先构建的仪表盘,这个界面可以回答的问题有限。有效的、全面的策略需要能够看到随着时间的推移各种事物的相互影响。这种分析需要访问来自多个来源的大量数据。它不再仅仅是一个仪表盘,这种自助服务的理念可以扩展到数据管理本身。对于例行或例行化的商务智能分析,可以被纳入决策支持和决策自动化系统,用户可以直接调取、展现;对于非例行的、特殊的商务研究分析,可以由分析人员用于在非重复决策情况下准备建议。通过自助数据集功能,普通业务人员就能对数据做筛选、切割、排序、汇总等,自助灵活地达成期望的数据结果。自助商务智能也可以为数据使用制订远景和计划,以帮助引导预测分析工作。在计划中包括用户希望回答的问题和打算实现的目标。这个过程需要关键员工的参与。业务用户与数据科学家之间的障碍正在被商务智能方案不断解决。这些解决方案里提供的平台,连接各种数据源及工具,通过自动化输出的方式将不同的数据形式合并,并以用户定义的形式展现出来。

8.3.3 随处分析

更多的人希望与数据打交道,更多的交互和流程需要分析,以实现自动化和规模化。在更多的场合,分析服务和算法都被越来越多地应用。无论是证明下一个重大战略举措的合理性,还是逐步优化数百万笔交易和交互,分析工具和为它们提供动力的数据正出现在它们以前很少出现的地方。用户友好的接口，让每个人都能轻松使用以前依赖于复杂分析工具，只能向特定人员提供的信息。来自同部门的所有决策者都可能希望获得相关信息，这要求在商务智能系统中内置按需获取和健壮的在线指南，以回答任何问题。

很长一段时间以来，分析的使用和交互都集中在拖放式仪表板列表框或可视化窗口上。通过自然语言处理技术可以接收要处理的分析内容，通过语音识别功能首先识别出数据分析的需求，继而将分析的结果以语音的形式表现出来，这项技术在虚拟助手和聊天机器人的帮助下，通过 API 集成，提供了一种新的交互方式。如果 iPhone 用户在车里，他们可以通过向 Siri 提问来获得免提体验，业务决策者可能会需要这种体验的便利性，比如要求商务智能应用程序调出该公司当月的数据。这样的应用程序将在商务智能领域产生巨大影响。

Gartner 公司的报告 2020 Gartner Magic Quadrant for Analytics and BI Platforms 显示，现代分析与商务智能平台包括的 15 项关键能力中包括与第三方应用程序协作的功能。语言识别功能可能来自其他应用程序，也可能来自商务智能系统本身。在现代分析与商务智能平台数据分析中发现的见解，自然语言生成可以自动创建丰富的描述。在分析上下文中，当用户与数据交互时，叙述会动态变化，以解释不同图表、仪表板，或者关键发现的含义。甚至数据可视化技术的领导者 Tableau 也正在使用自然语言处理（NLP）和其他机器学习（ML）工具推出会话分析功能，允许用户以简单的英语提出查询要求，并收到最优可视化效果。自然语言处理（NLP）和自然语言生成（NLG）协作，允许用户以简明的语言对数据做出问答。这种能力打破了业务用户进入商务智能的藩篱，允许几乎任何人访问并对重要数据洞察采取行动。这种方式看似简单：你只需要提出问题，而不需要键入搜索字符串。比如，你可以问"为什么华南地区的销量下降了？"，就会得到一个可视化和文本解释的易理解的答案。这样你就可以利用这些信息做点什么，而不需要了解任何数据科学了。而 NLP 和 NLG 背后的动能则是 AI。AI 提供了一种智能，可以使用简单的语言并将其转换为查询，然后获取结果，并以一种可理解的方式呈现出来。

8.3.4　讲故事产品

技术人员可能会说，一组特定的数据提供了不言而喻的见解。但是因为很多客户不懂数据分析，不会操作大数据、建模等，以产品的形式直接给结果，虽说是经过优化的，但是仍然有用户会持怀疑态度。Daniel Kahneman（丹尼尔·卡内曼）曾在 2002 年获得诺贝尔经济学奖，他指出："没有人会因为一个独立的数字做决策，人们需要一个故事（更丰富的背景信息）。"通过数据讲故事可以使用分析逻辑来弥合差距。为了理解数据的真实含义，许多公司创建解决方案以引入讲故事的工具。

据 Gartner 公司的报告 2020 Gartner Magic Quadrant for Analytics and BI Platforms 显示，到 2025 年，数据故事将成为最广泛的消费分析方式，75% 的故事将使用增强分析技术自动生成。将交互式数据可视化与叙述技术相结合，以令人信服、易于理解的形式交付给决策者。业务数据科学家这个新角色已经出现。本质上，业务用户意识到可用的仪表板工具并不能提供他们所需要的一切，比如它所交付的数据的叙述或上下文，他们需要一个能够分析和解释数据的人。然而，数据科学家是稀缺的专业人才，并不是所有公司都能拥有。一个新的需求已经出现，有人称之为数据解释器。已经有新的供应商进入市场，建立故事讲述工具，用数据讲述长篇故事，也有企业建立了自己的内部数据讲故事平台。

图 8-4 是 Tableau 产品利用 NLP 技术由机器生成的数据故事，右上方列出了一些相关的故事描述。这些故事描述完全是由自然语言处理生成的，并不是由人（设计者）总结的。点击有下划线的部分，可以在该窗口实时生成对应的数据故事。

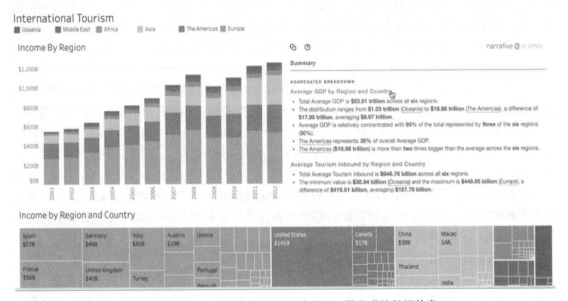

图 8-4　Tableau 产品利用 NLP 技术由机器生成的数据故事

这些描述信息可以帮助用户读取埋藏在数据中的真相，在一定程度上讲故事，甚至用户在与柱形图交互的同时，描述也是相关联变化的，会突出显示相关的属性。同时，用户可以在属性面板上指定描述信息的样式、颗粒度等细节。目前，Tableau、Power BI、Qlik 等几家大的公司已经在建设并优化用数据讲故事的产品。这些讲故事产品不仅支持离散数值的分析，也可以提供连续时间段的故事，可以多维度汇总，也支持动态的刷新。

8.4　影响商务智能发展的主要技术

对于商务智能分析来说，技术是让公司与客户保持密切联系的一种手段。

预测分析通过分析当前和历史数据，以可接受的可靠性水平洞察将发生什么和为什么会发生。它不仅是预测一个可能的未来，而是根据决策者的行动预测多种未来。统计分析、数据挖掘、文本分析、媒体挖掘、预测建模等都已被用于识别特定操作的潜在结果或可能结果的概率。

新兴的规范性分析技术超越了预测性模型，并显示了每个决策的可能结果。它进一步深入到未来，试图确定应该做什么以及为什么要做。规范性分析采用决策建模、模拟和优化等技术，以确定组织可以采取的行动，实现预期的结果。

8.4.1　多数据源的整合

Gartner 公司的报告 2020 Gartner Magic Quadrant for Analytics and BI Platforms 显示，数据源连接是现代分析与商务智能平台的关键能力之一，现代平台应支持用户连接和接收各种类型的存储平台（包括本地和云端）中包含的结构化和非结构化数据的功能。现代平台支持拖放、用户驱动的、来自不同来源的数据组合，以及创建分析模型（如用户定义的度量、集合、组和层次结构）。多数据源的整合使平台能够支持复杂的模型，包括处理多个事实表、与其他分析平台互操作和支持知识图部署的能力。

非结构化数据构成了世界上大部分的数字数据，这些数据包括文本文件、Web 和社交媒体帖子、电子邮件、图像、音频、电影等。JSON 已经成为在 Web 上传输数据的文件格式，可由人或机器阅读。当任意两个应用程序在互联网上相互通信时，它们很可能使用 JSON 进行通信，每种编程语言都可以处理 JSON。每一个组织中的数据既有非结构化的，也有半结构化的，比如电子邮件、文档、网页等中的数据。半结构化数据由应用程序、网址、移动设备、物联网设备和传感器大量涌入，这些半结构化数据易于搜索、管理和分析，而在以前需要多个本地存储系统来存储这些数据。将半结构化数据加载到数据仓库的某表的列中，人们就不必再解析数据，可以直接处理。

相较于数据集成、支持的度量类型、聚合查询处理和增量维护，在实时数据仓库中使用半结构化多维建模，更能够整合来自操作源的实时数据更新。它不仅减少了查询响应时间，还增加了实时商务智能。然而普通用户不会使用数据仓库，不同数据源的整合与数据仓库的使用也被集成到商务智能软件之中。

大数据是随着社交媒体和博客的发展而出现的。这将基本的分析和商务智能活动置于新的数据源上，并提供深度的、实时的分析和业务集成的商务智能。商务智能分析不仅能通过交易记录检测欺诈行为，也可以通过分析项目非结构化文本数据中的基于语言和内容的线索，检测欺诈行为，如 Kickstarter 等众筹平台。商务智能形式的分析被定义为一组技术、过程和工具，使用数据来预测个人、机器或其他实体可能的行为。如果使用了正确的分析类型，大数据可以提供更丰富的见解，并揭示隐藏的模式和关系。此外，大数据和商务分析团队在大数据分析项目的成功中起着至关重要的作用。大数据技术的规模和复杂性要求团队成员具有高度的积极性。大数据并不是数据仓库的替代品，而是数据仓库的扩充。但大数据利用了 Hadoop 和内存分析的速度，从而产生更快、更好的决策。

关系分析的出现凸显了图表、位置和社会分析技术的使用，以理解不同的利益实体（人、地点和事物）是如何联系在一起的。分析非结构化、不断变化的数据可以为用户提供关于网络关联的信息和上下文，以及提高预测准确度和决策准确性的见解。

在新工具的帮助下，企业可以利用大数据分析来驱动一系列业务目标，从精简运营到改善客户关系。事实上，大数据分析将改变几乎所有的商业活动，为提高客户服务、优化生产水平、卓越的产能规划、降低维修和维护成本以及提高营运资本利用率带来机会。根据 2016 年 Forester 的一项研究，最主要的 3 个可见的商务智能分析的好处是利润率、盈利能力和总销售额的增加。与传统分析相比，社交媒体大数据的获取和管理面临巨大的挑战，这与社交媒体数据的关键特征有关，数量、速度、多样性和准确性等特征都区别于传统的数据分析。

结构化和非结构化数据被合并到商务智能阶段中,随着企业内外数据量的快速增长,无缝分析这两类数据以建立健壮的商务智能变得非常重要。

8.4.2 增强分析

据 Gartner 公司的报告 2020 Gartner Magic Quadrant for Analytics and BI Platforms 预测,增强分析功能正成为各商务智能平台的差异点。增强分析指利用机器学习和人工智能等技术来协助数据准备、洞察生成和洞察解释,以增强人们在商务智能平台上探索和分析数据。它还通过自动化数据科学、机器学习和 AI 模型开发、管理和部署的许多方面来帮助专家和数据科学家。

传统的商务智能关注提取、转换、加载和报告,而新一代的商务智能更关注数据探索和可视化。随着数据库的规模和复杂性的扩大,数据探索和可视化技术帮助人们更好地理解大数据,为各种业务实体探索、理解和获得有价值的见解以在全球范围内运营和竞争提供了重要的支撑。商务智能分析是一个系统的思考过程,应用定性、定量和统计计算工具和方法来分析数据,获得见解,提供信息,并支持决策。任何特定的分析都可以使用多种技术,包括诊断、预测、规范性分析和优化模型。诊断分析、预测分析和规范性分析都是业务分析和数据分析的子类型。图像识别为信息系统研究人员提供了探索下一代分析方法的机会,如深度学习和强化学习。GPU 的处理能力和内存能力的最新改进,正在推动革命性方法的巨大增长,如深度学习以及自动特征提取,可以获得改进的特异性和灵敏度。根据要完成的任务,可以使用各种类型的深度神经网络。

可穿戴传感器增加了数据的数量、速度和种类。以生活方式为中心的研究也可以集中在有说服力的计算范式上,技术可以改变人类的行为。个人助理如 Amazon Alexa,谷歌 Home 等是用来根据用户的要求提供信息和推荐的。理论上,同样的工具也可以用来为更好的生活方式提供主动的建议。反馈循环可以由分析或推荐引擎来驱动。随着移动计算成为主导和普及的技术,未来的研究可以集中在移动计算、有说服力的计算和分析驱动决策的集成上。

在众包应用程序中使用位置分析来理解信息扩散模式的机制,可以转化为灾难救援场景。在方法论方面,深度学习等新的人工智能技术也为提高众包数据等大数据源的预测性能提供了新的机会。

有人提出一种新的模型,以自动适应特定领域问题回答而取代商务智能场景的传统手工操作。因为商务智能应用程序已经扩展到需要从 Web 上检索信息,而问答系统允许用户在 Web 上获得问题的简明答案。将人工智能与智能助手相结合,将为用户和供应商带来更多可能性,在最近的发展中,用户可以在软件中用简单的语言提问——智能助手会立即得到答案建议。

2018 年,Schuff 等人在论文"Enabling Self-Service BI: A Methodology and A Case Study for A Model Management Warehouse"中,提出了一种结构化的方法论,重点关注管理模型,特别是在预测分析项目的模型制定阶段。该方法采用模型管理仓库的形式,并实例化为维度文档集市。仓库中的维度映射到正在构建的分析模型的各个主要方面(如建模领域、变量和技术),使用这些信息可以方便地查询模型库,以进行模型选择和相关任务。该方法具有广泛的适用性和可扩展性,使分析和建模过程更容易地集成于各种应用程序,在未来可能看到更广泛的适用性。

在机器学习的帮助下，语境意识和增强人类智能将应用于数据分析，以至于公司的每个人都将在软件的帮助下创建复杂的数学模型。将人工智能与智能代理、机器人、自动化技术、数据集、可视化、仪表板和报告等分析工具结合起来，将使数据变得更有用。增强分析使用机器学习自动化数据准备、数据发现、模型开发等，将成为现代分析平台的一个关键特性。它将用更短的时间向组织内的每个人交付分析，对熟练用户的要求更低，与目前的手工方法相比也不会有太多的解释偏见。由于数据科学任务的自动化，业务数据科学家在数量上将超过专业的数据科学家。增强分析首先表现为业务，而不是技术。但是对于业务人员来说，让他们学习掌握人工智能、机器学习等技术并不现实。在增强型分析技术的支持下，分析的门槛降低了，业务人员主动进行数据分析，并不依赖技术人员提供的报表、仪表板。因此，比较切合实际的做法是商业化的软件产品，将增强分析内置于现代分析与商务智能产品之中。随着机器完成数据科学任务越来越多，在商务智能领域，没有一个供应商不考虑如何自动化他们的工作，原因是该行业的技能短缺，而且人们普遍想少花钱多办事，因此，相关专家预测人工智能商务智能产品会被广泛采纳。

现代分析和商业智能平台的特点是易于使用，支持从数据准备到可视化探索和生成洞察力的完整分析功能，并强调自助服务和增强功能。高德纳公司的报告 2020 Gartner Magic Quadrant for Analytics and BI Platforms 预测，现代分析与商务智能平台的数据可视化能力区别不大，数据可视化能力也逐渐成为商品。平台之间的差异转而体现在以下方面：（1）对企业报告功能的集成支持。有些平台敏捷数据可视化能力较强，企业对这些平台如何帮助他们实现现代化需求感兴趣。目前，这些需求通常由 SAP、Oracle 和 IBM 等供应商的旧商务智能产品来满足。（2）增强分析。机器学习和人工智能辅助的数据准备、洞察生成和洞察解释正迅速成为供应商竞争差异化的关键来源，并因此成为核心投资。

8.4.3 嵌入式技术

工业 4.0 战略的目标之一是自学习能力，如自适应、自组织、自重构和自诊断等，向智能化转变。多种适用于机器人和自动化系统上的轻量级嵌入式系统的算法被开发出来以检测效率和瓶颈，新的方法也不断出现。住宅和汽车等大宗采购项目嵌入了 IT 硬件和软件，以提供新型的安全、便利、节能和娱乐功能。同样，电视和家用电器等家居用品，以及手表和其他可穿戴设备等消费产品，现在也嵌入了重要的信息技术，以提供创新的新功能。甚至像尿布这样的一次性物品也开始嵌入它。例如，好奇推出了一款名为"TweetPee"的内置湿度传感器，它可以检测尿布上的湿气，并向父母发出信息，告诉他们该换尿布了。嵌入式产品的创新非常普遍，许多信息技术部门已经考虑如何对嵌入式产品的创新过程的不同阶段作出贡献，如何提高交付给客户的价值，以及最终如何提高公司的绩效。随着物联网技术的成熟，嵌入式技术也逐渐被广泛应用。在非完备无线网络条件下，通过低成本硬件设备和优化预测软件可以解决数据丢失等问题。有越来越多的用例，特别是在物联网、离线移动和沉浸式分析方面，在本地运行工作负载比通过公共数据中心更有利，本地分析在延迟、带宽、自主性和隐私方面表现更优，因此，直接在各种设备上的工作负载将增加。

嵌入式技术用例还可包括数据分析和商务智能软件公司将有关内容嵌入到自己开发的商

业应用及操作程序中的做法，它们这么做是为了抵达第一线的企业决策者，对销售部门来说这是有其作用的。Qlik 则试图通过引起开发者社群的兴趣来大力推进在该领域的发展。不仅如此，软件公司还在努力提高其平台的开放性，从而促进社群用户在一定范围内拓展这些技术的应用，如可视化、算法、计算和预置的分析应用等形式。随着数据、计算和使用变得更加分布式，企业的技术环境也变得更加分布式。企业寻找容易拼接在一起的部件，因为不同软件系统之间的通信更为重要，这意味着新环境中的分析平台需要具有开放的、可互操作的、具有可扩展性、可嵌入性的特征，这种互操作性与分析功能被嵌入到工作流程中，模糊了商务智能应用和数据应用之间的界限。嵌入式分析功能包括一个带有 API 的 SDK 和对开放标准的支持，以便将分析内容嵌入到业务流程、应用程序或门户中。商务智能供应商继续提供更多的商务智能嵌入式解决方案，企业也在寻找展示和报告数据的专业方法，而不需要投资构建自己的解决方案或使用不会带来附加价值的静态报告。嵌入式应用市场的规模很难量化，因为其主要开发形式是以定制开发为主的。供应商考虑如何分解产品，如 Looker 在 Slack 中嵌入分析功能，而不需要人们进入商务智能应用程序，内容将被推到人们想要和需要消费分析的地方。数据发现与可视化过程将更加灵活、敏捷。

8.4.4 实时分析

传统的、具有专用硬件的、专门角色的实时系统发展到今天，已经可以通过无处不在的网络和传感器设备与动态变化的环境交互，这种现代实时系统不断感知物理环境，并从传感器接收反馈。因此，实时任务的计算需求和资源分配等特性会随着时间的变化而变化。例如，无人侦察机，其着陆、起飞和普通/专业侦察模式，每一种模式都代表着不同的目标，在相应的环境下它所面对的是不同的数据。

大量的应用程序参与了海量数据的连续生成。大数据的持续供应被称为流。数据流可以由单个或多个大数据产生。连续处理和实时分析数据流是一个巨大的挑战，因为收集的数据是异构的，可能是任何性质的，可能出现结构化、半/非结构化、对称或倾斜。大数据在体量、速度、波动性、变动性、准确性等方面的特性具有很高的商业价值。实时流产生的大量数据中有很大一部分需要实时处理/分析，因为数据的新鲜度是数据的价值所在。实时流处理（指在内存中处理大量数据）通常可以分为两种类型的应用领域：第一种是需要组织数据以达成决策（实时）；第二种是在实时的基础上产生一定的反应，特别是在低延迟的情况下。在加载到这些应用程序之前，需要对流进行处理，以确保数据质量。这就需要实时流处理/分析。流处理需要一些操作，包括数据清洗、查询处理、流-流连接、流-磁盘连接、数据转换等。到目前为止，已经开发了一大类方法、工具和技术来克服流处理的挑战。这些方法可以处理数据的多种形状和存储模型，并在这些流上应用多个操作。此外，处理后的输出必须具有低延迟、有限资源、准确性和在几秒内做出实时反应和决策的可能。针对实时流处理的深度挑战已经产生了大量的研究，需要对所提出的解决方案进行系统的分析。由于云存储的经济性和可扩展性，将数据仓库应用到云架构中具有巨大的业务需求。

最近，新的大数据和商务分析方法不断被开发和实施，以分析不同商业组织产生的大量数据。因此，每个业务都需要更快地了解不断增长的事务数据量。实时分析数据有助于组织查看过去和预见未来。这就是流分析的美妙之处，它通过了解发生了什么（描述性）、理解为什么会发生（诊断性）、预测可能发生的事情（预测性）以及最终决定如何影响未来发生的事情（规范性）来实现。大数据和高级（预测和规范）分析开始在商业领域出现，从传统商务智能到实时决策支持的转变代表了一个真正的范式转变。实时分析很可能会成为一个多产的研究领域，因为有位置感知功能的社交媒体和移动应用的增长。尽管大数据很重要，但到目前为止，利用大数据分析进行决策的研究还很有限。

卡纳曼 D.在他的《思考快与慢》一书中写道，我们都希望有一个警钟，每当我们即将犯严重错误时，它就会大声敲响，但现实世界没有这样的警钟。然而，在组织决策过程中，现代分析与商务智能平台可以集成实时预测产生的警告。如果计算机系统提供有关决策结果的警告，并实时提供明确的改变建议，管理者是否会支持他们的决策，这仍然是一个悬而未决的问题。当商务智能系统对决策者做出的决定给出警告时，在线实时计算的结果将为决策者提供深刻的见解。目前，工业、商业中的一些实时分析决策已经由系统自动执行。

8.4.5 数据质量与数据治理

大数据并不等于好的数据。它可能伴随着一些不完美的因素，这是不完美世界的结果。有些人有数据可视化、数据分析就是垃圾进来、垃圾出去的印象。人们有必要了解所收集数据的不完善程度，以便校准和理解关于数据的清洁度或质量的含义。

在数据清洗过程中，与研究问题无关的数据被剔除，以确保人们能够识别支持兴趣假设的重点关系。这是最关键的阶段之一。对于大数据，如果数据中没有不必要的数据元素，那么数据越多越好，因为这些数据元素会影响分析结果。在处理大数据时，由于庞大的数据量，数据清洗具有更为关键和烦琐的性质。基于一组规则的自动流程可用于消除不需要的数据。

数据治理判断数据是否准确、可用和经过审计。准确的商务分析需要与信息技术部门建立牢固的合作关系，以确保数据的准确性，还要确保分析解决方案提供适当的安全选项，允许用户安全地创建和发布他们的工作，然后，还应确保在任何时候都有完整的安全控制和用户跟踪。对于一个组织来说，当小数据可以回答它的问题时，花时间计算大数据是一种浪费。谷歌曾经进行过流感趋势的预测，在一个项目中，谷歌试图通过测量数百万个与流感相关的谷歌搜索词来预测流感暴发。然而，由于高估了结果，提出的流感预测大数据分析方法失败了。这次失败是由于错误的测量方法，因为搜索"流感"的人可能实际上并没有患流感。如果从建模或分析的角度理解数据的来源、数据的清洁程度或质量，就可以避免这种错误。分析人员应理解模型中的假设，验证数据以识别和消除坏数据、异常值等。现代方法将数据治理视为创建自助分析的重要步骤。现代商务智能平台支持用户组织更大的可访问性、灵活性，并能从不同数据源分析洞察。

8.4.6 云技术

一些研究表明，云计算（cloud computing，CC）是工业 4.0 的一个不可或缺的工具。云计算提供了不同的计算基础设施，如软件即服务（SaaS），它有助于与利益相关者共享信息。与客户共享信息有助于提高业务绩效，增加信任，特别是在服务行业，云计算可以帮助服务企业与客户进行互动，增加客户的信任或购买行为。

第 8 章　相关法规与商务智能发展的趋势

一方面，信息共享有助于产生积极的顾客态度和行为；另一方面，中层管理人员在日常运营管理、战略规划、主动行动以及决策制定中的角色对企业来说是不可或缺的。中层管理人员对运营相关技术的认知至关重要。SaaS 将为客户提供灵活性，以访问与他们未来决策相关的信息。中层管理者与客户关系密切，能够更好地了解客户行为。中层管理者普遍认为企业应该采用 RTIS（实时信息共享）来改善客户的购买行为。研究结果表明，与客户的互动在构建积极购买行为中起着重要作用。RTIS 是顾客购买行为的关键决定因素。

云计算技术（CCT）已经成为通过互联网满足企业基础设施和软件需求的首选技术。麦肯锡全球研究所（McKinsey Global Institute）的一项研究表明，变化的步伐正在加快，数据收集和计算能力的进步推动了分析变革的势头。对云的广泛访问、深刻的数据可视化、交互式业务仪表板和自助分析的兴起，使各种规模的企业都可以获得并负担得起这项技术。在资源受限的小型公司中使用自建商务智能系统的情况很少，归因于高成本壁垒和内部专业知识的复杂性。云商务智能可以降低成本、复杂性和专业知识的需求。如果实时数据仓库与云计算集成，它就可以处理关系数据和非关系数据，并可以作为服务提供。可以开发更多的工具和技术来实现云数据仓库的概念。

云数据仓库的兴起有很多原因，包括可伸缩性、灵活性、较低的成本和连接性等。通过将所有数据存储在一个地方，组织不必处理分散的业务系统和数据，这也大大降低了成本。根据亚马逊的说法，自己运营一个数据仓库每年每 TB 的成本为 1.9 万～2.5 万元，平均而言，企业使用云数仓 CDW 可以节省 96% 的成本。CDW 的最强大和最具影响力的功能之一是转储原始数据并对其进行正确分析的能力，该功能可与 SQL 相结合，可以容易地进行更新、更改或删除。结构化和半结构化数据可以在同一个系统中管理，云数据仓库使存储、分析和使用变得更容易。

云服务的快速增长甚至会超人们想象的数量。但在 2018 年，出于监管、安全、成本和性能方面的考虑，一些数据从云计算中移出。这意味着能够处理多云、多平台和混合环境的数据分析架构也成为不可忽视的市场需求。云虚拟化允许在云中托管虚拟服务器，最终提供更低的硬件和软件成本，同时提供更好的资源利用，有的商务智能提供多种场景。然而有的企业既需要使用商务智能，又拥有不能完全外包给云环境的敏感数据。多种场景指示可以通过遵循本地和云部署模型来移动，而不是完全使用云基础设施或完全不使用。

据 Gartner 公司的报告 2020 Gartner Magic Quadrant for Analytics and BI Platforms 显示，现代分析和商业智能平台在市场上的供应商数量众多，从长期存在的大型科技公司到由风险投资基金支持的初创企业。较大的供应商与更广泛的产品相关，包括数据管理功能。这个市场上的大多数新支出都是在云部署上。基于云技术，使平台基于云中和内部数据，甚至可以跨多云部署并进行分析，成为现代商务智能平台的一项关键能力。

参 考 文 献

[1] INMON W H. Building the data warehouse [M]. 4th ed. Hoboken, USA: Wiley Publishing, 2005.

[2] HAN J W, KAMBER M, JIAN P. 数据挖掘概念与技术 [M]. 北京: 机械工业出版社, 2012.

[3] WATSON H J. Recent developments in data warehousing [J]. Communications of the association for information systems, 2002, 8 (1): 1-25.

[4] 王丽珍, 周丽华, 陈红梅, 等. 数据仓库与数据挖掘原理及应用 [M]. 北京: 科学出版社, 2009.

[5] PALOPOLI L, PONTIERI L, TERRACINA G, et al. A novel three-level architecture for large data warehouses [J]. Journal of systems architecture, 2002, 47 (11): 937-958.

[6] ARIYACHANDRA T, WATSON, HUGH J. Key factors in selecting a data warehouse architecture [J]. Business intelligence journal, 2005, 10 (2): 19-26.

[7] BROBST S, LEVY E, MUZILLA C. BI experts' perspective: enterprise application integration and enterprise information integration [J]. Business intelligence journal. 2005, 10 (2): 27-32.

[8] VYAS S, VAISHNAV P. A comparative study of various ETL process and their testing techniques in data warehouse [J]. Journal of statistics and management systems, 2017, 20 (4): 753-763.

[9] BRESLIN M. Data warehousing battle of the giants: comparing the basics of the kimball and inmon models [J]. Business intelligence journal, 2004, 9 (1): 6-20.

[10] ADAMSON C. The complete reference™ Star Schema [M]. NewYork, USA: McGraw-Hill Professional Publishing, 2010.

[11] HALL M. Seeding for data growth? [J]. Computer world, 2002, 36 (16): 52.

[12] AKBAY S. Data warehousing in real time [J]. Business intelligence journal, 2006, 11 (1): 22-28.

[13] RAINARDI V. Building a data warehouse [M]. Berkeley, USA: Apress, 2008.

[14] SABAPATHI R, PAWAR P. Data warehouse and its trends driving the revolution [J]. AADYA-national journal of management and technology, 2015, 3 (2): 166-171.

[15] PARZINGER M J, FROLICK M N. Creating competitive advantage through data

warehousing [J]. Information strategy, 2001, 17 (4): 10-15.

[16] KIMBALL R. The data warehouse toolkit [M]. Hoboken, USA: John Wiley & Sons, 2009.

[17] KIMBALL R. The data warehouse lifecycle toolkit [M]. Hoboken, USA: Wiley, 2008.

[18] SEN A. Metadata management: past, present and future [J]. Decision support systems, 2004, 37 (1): 151-173.

[19] KIMBALL R, REEVES L, ROSS M, et al. The data warehouse lifecycle toolkit [M]. Hoboken, USA: Wiley, 1998.

[20] HOFFER J A, RAMESH V, TOPI H. Modern database management [M]. Pearson, 2016.

[21] SAMMON D, FINNEGAN P. The ten commandments of data warehousing [J]. The data base for advances in information systems, 2000, 31 (4): 82-91.

[22] VYAS S, VAISHNAV P. A comparative study of various ETL process and their testing techniques in Data warehouse [J]. Journal of statistics and management systems. 2017, 20 (4): 753-763.

[23] SHAKER H A E, ABDELTAWAB M A H, ALI H E B. A proposed model for data warehouse ETL processes [J]. journal of king saud university-computer and information sciences, 2011, 23 (2): 91-104.

[24] MADSEN M. Deciding to buy or build ETL for your data warehouse: buy versus build is a multidimensional decision. which option is right for you? [J]. Information and management, 2004, 14 (10): 41-43.

[25] GARANI G. Integrating star and snowflake schemas in data warehouses [J]. International journal of data warehousing and mining, 2012, 8 (4): 22-40.

[26] GONZÁLez R, GASCÓ J, LLOPIS J. Information systems outsourcing reasons and risks: review and evolution [J]. Journal of global information technology management, (2016) 19 (4): 223-249.

[27] WARD M, GRINSTEIN G, KEIM D. Interactive data visualization: foundations, techniques, and applications [M]. Boca Raton, USA: CRC Press, 2010.

[28] KIM S C, SEO K K, KIM I K, et al. Readings in information visualization: using vision to think [J]. The journal of urology, 1999, 161 (3): 964-969.

[29] 任磊, 杜一, 马帅, 等. 大数据可视分析综述 [J]. 软件学报, 2014 (9): 1909-1936.

[30] 崔迪, 郭小燕, 陈为. 大数据可视化的挑战与最新进展 [J]. 计算机应用, 2017, 37 (7): 2044-2049, 2056.

[31] 朱朋飞. 基于数据可视化的专题应用分析研究 [D]. 北京: 北京邮电大学, 2019.

[32] THOMAS J J, COOK K A. Illuminating the path: research and development agenda for visual analytics [M]. USA: IEEE Press, 2005.

[33] 胡立如, 陈高伟. 可视化学习分析: 审视可视化技术的作用和价值 [J]. 开放教育研究, 2020, 2: 63-74.

[34] 潘如晟, 韩东明, 潘嘉铖, 等. 联邦学习可视化: 挑战与框架 [J]. 计算机辅助设计与图形学学报, 2020, 32 (4): 513-519.

[35] 赵卫东. 商务智能[M]. 北京：清华大学出版社，2016.
[36] WEINSTEIN M，PANGARKAR A M，KIRKWOOD T，et al. Keys to KPI optimization [J]. Training，2019，56（4）：30–33.
[37] 卡普兰，诺顿. 平衡计分卡：化战略为行动[M]. 广州：广东经济出版社，2013.
[38] 卡普兰，诺顿. 平衡计分卡：战略实践[M]. 北京：中国人民大学出版社，2009.
[39] MONTGOMERY D C，WOODALL H W. An overview of six sigma[J]. International statistical review，2008，76（3）：329–346.
[40] BERZAL F，NICOLFÁS M. Data mining：concepts and techniques by Jiawei Han and Micheline Kamber[J]. Acm sigmod record，2002，31（2）：66–68.
[41] JIAWEI H，MICHELINE K. Data mining：concepts and techniques[M]. 北京：机械工业出版社，2012.
[42] PANG S L，GONG J Z. C5. 0 classification algorithm and application on individual credit evaluation of banks[J]. Systems engineering-theory & practice，2009，29（12）：94–104.
[43] SHARDA R，DELEN D. Predicting box-office success of motion pictures with neural networks[J]. Expert systems with applications，2006，30（2）：243–254
[44] SANGALLI L M，SECCHI P，VANTINI S，et al. K-mean alignment for curve clustering [J]. Computational statistics & data analysis，2010，54（5）：1219–1233.
[45] 韩璐，苏治，李爱华. Sugeno 测度下的征信用户聚类研究[J]. 系统工程理论与实践，2019，39（11）：2750–2759.
[46] AGRAWAL R，SHAFER J C. Parallel mining of association rules[J]. IEEE transactions on knowledge and data engineering，2002，8（6）：962–969.
[47] 吕晓玲，季飞. 广东省 3G 业务潜在用户群调查分析[J]. 数理统计与管理，2008，27（1）：17–22.
[48] JAIN A K，MAO J，MOHIUDDIN K M. Artificial neural networks：a tutorial [J]. Computer，2015，29（3）：31–44.
[49] SUN J G, LIU J, ZHAO L Y. Clustering algorithms research[J]. Journal of software，2008，19（1）：48–61.
[50] HAI M. Survery of clustering algorithms for big data[J]. Computer science，2016，43（6A）：380–383.
[51] EIELITZ L，SCOTT D. Prediction of physical performance using data mining[J]. Research quarterly for exercise and sport，2003，74（1）：25.
[52] CHEN C Y，LIN Y H. A new market research approach in sport data mining[J]. The sport journal，2006，9（3）：46–51.
[53] NORMAN N H. SPSS statistical package for the social sciences[J]. Encyclopedia of information systems，2003，13（1）：187–196.
[54] BARTSCHAT A，REISCHL M，MIKUT R. Data mining tools[J]. Wiley interdisciplinary reviews. data mining and knowledge discovery，2019，9：e1309.
[55] 王婷，杨文忠. 文本情感分析方法研究综述[J]. 计算机工程与应用，2021，57（12）：11–24.

[56] 沙尔达，德伦，特班. 商务智能与分析：决策支持系统：原书第10版［M］. 北京：机械工业出版社，2018.

[57] 宗成庆. 统计自然语言处理［M］. 2版. 北京：清华大学出版社，2013.

[58] 翟成祥，肖恩·马森. 文本数据管理与分析：信息检索与文本挖掘的实用导论［M］. 北京：机械工业出版社，2019.

[59] 宗成庆，夏睿，张家俊. 文本数据挖掘［M］. 北京：清华大学出版社，2019.

[60] BOLLEN J，MAO H，ZENG X. Twitter mood predicts the stock market［J］. Journal of computational science，2011，2（1）：1-8.

[61] 李洋，陈毅恒，刘挺. 微博信息传播预测研究综述［J］. 软件学报，2016，27（2）：247-263.

[62] KEMPE D，KLEINBERG J，TARDOS É. Maximizing the spread of influence through a social network［C］. Proceedings of the ninth ACM SIGKDD international conference on Knowledge discovery and data mining. 2003：137-146.

[63] 陈卫. 社交网络影响力传播研究［J］. 大数据，2015，1（3）：82-98.

[64] KIM S. Challenges in the management of data in the "big data" age［J］. International journal of business research & information technology（IJBRIT），2015，2（1）：1-13.

[65] 王宏志. 大数据分析原理与实践［M］. 北京：机械工业出版社，2017.

[66] SIRIN E，KARACAN H. A Review on business intelligence and big data［J］. International journal of intelligent systems and applications in engineering，2017，5（4）：206-215.

[67] SUZANNE J. Business intelligence and big data：realizing the value［J］. IQ：the RIM quarterly，2014，30（2）：26-29.

[68] MICHAEL O，ARUN K. Big data：a boon to business intelligence［J］. Financial executive，2012，28（7）：63-64.

[69] DEAN J，GHEMAWAT S. Mapreduce：simplified data processing on large clusters［J］. Communications of the association for computing machinery，2008，51（1）：107-113.

[70] ANTHONY B，BOUDNIK K，ADAMS C，et al. Professional hadoop［M］. Hoboken，USA：Wiley，2016.

[71] ZIKOPOULOS P C，EATON C，DEROOS D，et al. Derstanding big data［M］. NewYork，USA：McGraw-Hill，2012.

[72] CHEN J K，LEE W Z. An introduction of NoSQL databases based on their categories and application industries［J］. Algorithms，2019，12（5）：106.

[73] https://www.educba.com/big-data-vs-data-warehouse/.

[74] BARLOW M. Real-time big data analytics：emerging architecture［M］. Sebastopol，CA：O'Reilly，2013.

[75] KOLAJO T，DARAMOLA O，ADEBIYI A. Big data stream analysis：a systematic Lliterature review［J］. Journal of big data，2019，6（1）：1-30.

[76] TANTALAKI N，SOURAVLAS S，ROUMELIOTIS M. A review on big data rreal-time stream processing and its scheduling techniques［J］. International journal of parallel，emergent and distributed system，2019，35（5）：571-601.

[77] UTHRA R，MAHALAKSHMI A. Real-time big data analytics：applications and challenges

[J]. International journal of computer sciences and engineering,2019,7(4):273-276.

[78] BAHRI1M,BIFET A,GAMA J,et al. Data Stream analysis:foundations,major tasks and tools [J]. Wires data mining and knowledge discovery,2021,11(3):1-17.

[79] COSTA C,SANTOS M Y. The data scientist profile and its representativeness in the European e-competence framework and the skills framework for the information age [J]. International journal of information management,37(6):726-734.

[80] DAVENPORT T H,PATIL D. J. Data scientist:the sexiest job of the 21st century [J]. Harvard business review,2012,90(10):70-76.

[81] CAO L B. Data science:a comprehensive overview [J]. ACM computing surveys. 2017,50(3):1-42.

[82] FRELINGER J A. Big data,big opportunities,and big challenges(review)[J]. Journal of investigative dermatology symposium proceedings,2015,17(2):33-35.

[83] 阿里巴巴集团. 互联网时代才刚刚开始：马云内部讲话2.0 [M]. 北京：红旗出版社，2015.

[84] 阿里巴巴数据技术及产品部. 大数据之路：阿里巴巴大数据实践 [M]. 北京：电子工业出版社，2017.

[85] https://baijiahao.baidu.com/s?id=1678774125838437328&wfr=spider&for=pc（阿里云云栖号）.

[86] https://www.sohu.com/a/435732664_612370.

[87] http://www.vldb.org/pvldb/vol13/p3272-jiang.pdf.

[88] https://blog.csdn.net/b0q8cpra539hafs7/article/details/85085842（阿里技术）.

[89] https://yq.aliyun.com/product/678.

[90] https://help.aliyun.com/document_detail/115496.html.

[91] https://help.aliyun.com/document_detail/115539.html?spm=a2c4g.11186623.6.1084.51f717e5eFT0oK.

[92] 车品觉. 决战大数据 [M]. 杭州：浙江人民出版社，2016.

[93] 曾鸣. 智能商业 [M]. 北京：中信出版社，2018.

[94] https://mp.weixin.qq.com/s/iESmYRQUnp9uXwa4aSbWIA.

[95] https://mp.weixin.qq.com/s/e4yqJ-LLxqVziUDvDNIvXg.

[96] 钟华. 企业IT架构转型之道 [M]. 北京：机械工业出版社，2019.

[97] MEI H,GUAN H,XIN C,et al. Datav:data visualization on large high-resolution displays [J]. Visual informatics,2020,4(3):12-23.

[98] https://www.sohu.com/a/428312438_612370.

[99] https://help.aliyun.com/document_detail/184193.html?spm=5176.13910061.sslink.120.232f6ad3AicqLi.

[100] 阿里巴巴集团. 马云：未来已来 [M]. 北京：红旗出版社，2017.

[101] https://mp.weixin.qq.com/s/xIC8R8n6nNKdvEEdXnaLHg.

[102] https://yq.aliyun.com/product/678.

[103] 王振武. 大数据挖掘与应用 [M]. 北京：清华大学出版社，2017.

[104] 王坚. 在线 [M]. 北京：中信出版社，2018.

[105] YAN H, WANG Z, LIN T H, et al. Profiling users by online shopping behaviors [J]. Multimedia tools and applications，2018，77（17）：21935-21945.

[106] 牛温佳，刘吉强，石川. 用户网络行为画像：大数据中的用户网络行为画像分析与内容推荐应用 [M]. 北京：电子工业出版社，2016.

[107] 车品觉. 决战大数据（升级版）：大数据的关键思考 [M]. 杭州：浙江人民出版社，2016.

[108] 陈春宝，阚子扬，钟飞. 大数据与机器学习：实践方法与行业案例 [M]. 北京：机械工业出版社，2017.

[109] MA X, WANG X. Construction of user portrait based on alipay big data [C]. International conference on applications and techniques in cyber security and intelligence. Springer, Cham, 2020：467-472.

[110] 阿里巴巴集团双 11 技术团队. 尽在双 11：阿里巴巴技术演进与超越 [M]. 北京：电子工业出版社，2017.

[111] ZHOU G, ZHU X, SONG C, et al. Deep interest network for click-through rate prediction [C]. Proceedings of the 24th ACM SIGKDD international conference on knowledge discovery & data mining. 2018：1059-1068.

[112] ZHOU G, MOU N, FAN Y, et al. Deep interest evolution network for click-through rate prediction [C]. Proceedings of the AAAI conference on artificial intelligence. 2019，33（1）：5941-5948.

[113] PI Q, BIAN W, ZHOU G, et al. Practice on long sequential user behavior modeling for click-through rate prediction [C]. Proceedings of the 25th ACM SIGKDD international conference on knowledge discovery & data Mining. 2019：2671-2679.

[114] 王喆. 深度学习推荐系统 [M]. 北京：电子工业出版社，2020.

[115] https://blog.csdn.net/b0Q8cpra539haFS7/article/details/79256475，（阿里技术）.

[116] FU M, GUAN J, ZHENG X, et al. ICS-Assist: intelligent customer inquiry resolution recommendation in online customer service for large E-commerce businesses [C]. International conference on service-oriented computing. Springer, Cham, 2020：370-385.

[117] LI F L, QIU M, CHEN H, et al. Alime assist: an intelligent assistant for creating an innovative e-commerce experience [C]. Proceedings of the 2017 ACM on conference on information and knowledge management. 2017：2495-2498.

[118] LI F L, CHEN W, HUANG Q, et al. Alime kbqa: question answering over structured knowledge for e-commerce customer service [C]. China conference on knowledge graph and semantic computing. Springer, Singapore, 2019：136-148.

[119] SONG S, CHEN H, SHI Z. Intension classification of user queries in intelligent customer service system [C]. 2017 international conference on Asian language processing (IALP). IEEE, 2017：83-86.

[120] HE S, LIU K, AN W. Learning to align question and answer utterances in customer service conversation with recurrent pointer networks [C]. Proceedings of the AAAI

conference on artificial intelligence. 2019, 33 (01): 134–141.

[121] WANG J, WANG J, SUN C, et al. Sentiment classification in customer service dialogue with topic-aware multi-task learning [C]. Proceedings of the AAAI conference on artificial intelligence. 2020, 34 (05): 9177–9184.

[122] QIU M, LI F L, WANG S, et al. Alime chat: a sequence to sequence and rerank based chatbot engine [C]. Proceedings of the 55th annual meeting of the association for computational linguistics (volume 2: short papers). 2017: 498–503.

[123] CHEN C, FU C, HU X, et al. Reinforcement learning for user intent prediction in customer service bots[C]. Proceedings of the 42Nd international ACM SIGIR conference on research and development in information retrieval, 2019: 1265–1268.

[124] https://m.sohu.com/a/328352614_99940985.

[125] YAO R, SONG S, LI Q, et al. Session-level user satisfaction prediction for customer service chatbot in E-commerce(Student Abstract)[C]. Proceedings of the AAAI conference on artificial intelligence. 2020, 34 (10): 13973–13974.

[126] ZOU Y, ZHAO L, KANG Y, et al. Topic-oriented spoken dialogue summarization for customer service with saliency-aware topic modeling [C]. Proceedings of the AAAI conference on artificial intelligence. 2021, 35 (16): 14665–14673.

[127] https://help.aliyun.com/document_detail/114522.html?spm=a2c4g.11186623.6.574.62263a12cp4GwD.

[128] LEB, https://www.sohu.com/a/259807727_100056096.

[129] MARTIN N, MATT C, NIEBEL C, et al. How data protection regulation affects startup innovation [J]. Information systems frontiers, 2019, 21 (6): 1307–1324.

[130] 程健, 徐波. 构建自主可控开源开放平台 [J]. 前沿科学, 2019 (2): 88–91.

[131] 司颖锜. 消费者保护视角下大数据"杀熟"的法律规制 [J]. 六盘水师范学院学报, 2020 (2): 71–77.

[132] 戈晶晶. 法律与新技术发展应相辅相成 [J]. 中国信息界, 2019 (5): 32–35.

[133] 涂萌, 何培育, 陈博. 伦敦智慧城市用户信息安全保障机制及其对我国的启示 [J]. 重庆邮电大学学报（社会科学版）, 2020 (1): 26–36.

[134] https://www.sohu.com/a/300177476_354877.

[135] 拉姆什, 沙尔达, 等. 商务智能: 数据分析的管理视角: 原书第4版 [M]. 北京: 机械工业出版社, 2018.

[136] DELEN D, RAM S. Research challenges and opportunities in business analytics [J]. Journal of business analytics, 2018, 1 (1): 2–12.

[137] KOWALCZYK M, BUXMANN P. Big data and information processing in organizational decision processes [J]. Business & information systems engineering, 2014, 6 (5): 267–278.

[138] POWER D J, HEAVIN C, MCDERMOTT J, et al. Defining business analytics: an empirical approach [J]. Journal of business analytics, 2018, 1 (1): 40–53.

[139] http://www2.cio.co.nz/article/667045/5-key-trends-shaping-evolution-analytics-business-int

elligence/. (accessed 31 Jan 2021).

[140] ALI S, MIAH S J, KHAN S. Analysis of interaction between business intelligence and SMEs: learn from each other [J]. JISTEM-journal of information systems and technology management, 2017, 14: 151-168.

[141] VENKATESH V, DAVIS F D. A theoretical extension of the technology acceptance model: four longitudinal field studies [J]. Management science, 2000, 46(2): 186-204.

[142] BACH M P, ČELJO A, ZOROJA J. Technology acceptance model for business intelligence systems: preliminary research [J]. Procedia computer science, 2016, 100: 995-1001.

[143] https://www.datapine.com/blog/business-intelligence-trends/.

[144] https://www.dezyre.com/article/how-big-data-analysis-helped-increase-walmarts-sales-turnover/109.

[145] https://powerbi.microsoft.com/zh-cn/mobile/.

[146] https://www.tableau.com/zh-cn/products/mobile.

[147] https://www.gartner.com/smarterwithgartner/managing-the-data-chaos-of-self-service-analytics/.

[148] POWER D J, HEAVIN C, MCDERMOTT J, et al. Defining business analytics: an empirical approach [J]. Journal of business analytics, 2018, 1(1): 40-53.

[149] ATTARAN M, STARK J, STOTLER D. Opportunities and challenges for big data analytics in US higher education: A conceptual model for implementation[J]. Industry and higher education, 2018, 32(3): 169-182.

[150] https://cloud.tencent.com/developer/article/1380155?from=information.detail.clearnlp.

[151] MASHINGAIDZE K, BACKHOUSE J. The relationships between definitions of big data, business intelligence and business analytics: a literature review [J]. International journal of business information systems, 2017, 26(4): 488.

[152] AJAH, NWEKE. Big data and business analytics: trends, platforms, success factors and applications [J]. Big data and cognitive computing, 2019, 3(2): 32.

[153] STIEGLITZ S, MIRBABAIE M, ROSS B, et al. Social media analytics–challenges in topic discovery, data collection, and data preparation [J]. International journal of information management, 2018, 39: 156-168.

[154] GUPTA A, DEOKAR A, IYER L, et al. Big data & analytics for societal impact: recent research and trends [J]. Information systems frontiers, 2018, 20(2): 1-10.

[155] BONCI A, PIRANI M, LONGHI S. An embedded database technology perspective in cyber-physical production systems [J]. Procedia manufacturing, 2017, 11: 830-837.

[156] TARAFDAR M, TANRIVERDI H. Impact of the information technology unit on information technology-embedded product innovation [J]. Journal of the association for information systems, 2018, 19(8): 2.

[157] KOUKI R, SALHI H, Bouani F. Embedded predictive control strategy based on internet of things technology: application to a thermal process under imperfect wireless network [J]. Proceedings of the institution of mechanical engineers, part i: journal of systems and

control engineering, 2020, 234 (7): 775-791.

[158] BAEK H, SHIN K G, LEE J. Response-time analysis for multi-mode tasks in real-time multiprocessor systems [J]. IEEE access, 2020, 8: 86111-86129.

[159] MEHMOOD E, ANEES T. Challenges and solutions for processing real-time big data stream: a systematic literature review [J]. IEEE Access, 2020, 8: 119123-119143.

[160] DELEN D, MOSCATO G, TOMA I L. The impact of real-time business intelligence and advanced analytics on the behaviour of business decision makers [C]. 2018 International conference on information management and processing (ICIMP). IEEE, 2018: 49-53.

[161] ASAMOAH D A, SHARDA R. CRISP-eSNeP: towards a data-driven knowledge discovery process for electronic social networks [J]. Journal of decision system, 2019, 28 (2): 1-23.

[162] PEDONE G, MEZGÁR, I. Model similarity evidence and interoperability affinity in cloud-ready industry 4.0 technologies [J]. Computers in industry, 2018, 100: 278-286.

[163] GHOURI A M, MANI V. Role of real-time information-sharing through SaaS: an industry 4.0 perspective [J]. International journal of information management, 2019, 49 (12): 301-315.